U0895297

高等师范院校教育科学丛书
Gaodeng Shifan Yuanxiao Jiaoyu Kexue Congshu

教育原理

陈焕章

上海教育出版社
Shanghai Jiaoyu Chubanshe

序言

教师是一种特殊的专门职业，他们的工作对象是人。而中学教师的工作对象主要是12—18岁左右的中学生。作为一名中学教师，其职责是对学生进行思想道德素质、科学文化素质、身心健康素质等方面的培育，促进学生德智体美全面发展，成为社会主义的建设者和接班人。为此，教师必须具备一定的师德、师智和师能。师德，包括有高度的思想政治觉悟，高尚的思想道德品质，强烈的社会责任感和事业心；师智，包括有厚实的专业基础知识，宽广的教育科学知识，聪颖而敏捷的思维；师能，主要指从事教师职业的各种能力，包括教学能力、科研能力、组织活动能力、学习能力、创造能力，以及做学生工作的能力等。

教师培育学生的工作是一种专门的学问和科学，决非每个人都能承担这一光荣和繁重的任务。因为他们的工作对象是处在生理和心理发展变化过程中的青少年，这些青少年来自不同的地区、家庭和生活环境，具有不同的兴趣爱好和个性特点，具有不同的智商、能力和学习基础。有的人基础较好、反应灵敏、接受能力较强；有的人基础较差，反应迟钝，接受能力较弱；有的人渴求知识，学习努力，上进心强；有的人不爱学习，害怕艰苦，不求上进；有的人贪图安逸、享乐，自我控制能力差；有的人性格孤僻，不太合群……。面对这些活泼的、个性各异的、基础不同的中学生，学校和教师要在有限的3年到6年内，通过教育活动，使他们在原有的基础上各方面都要有较大的提高，较大的进步，是十分艰巨和困难的。

教育活动的范围很广，而教学活动是教育活动的主要形式，是培育和促进学生健康成长的重要途径之一，学校必须遵循教育规律和学生身心发展规律来开展教学活动。因此作为一名未来的教师，则必须掌握教育科学知识，懂得教育规律，了解学生身心特点。教学科学是每个教师必备的知识，是支撑教师职业的基本科学。

我国高等师范教育长期来存在学术性和师范性之争，因此在课程设置上存在不同的看法，有人主张学术性和专业性应该强一些，这是有一定道理的，但不应建立在削弱教育类课程的基础上。目前的问题是多数高师院校在教学安排上教育类的课程较少，仅开设《教育学》、《心理学》和《教材教法》，而且教育类课程的内容也比较陈旧、落后，有的泛于理论，不太切合实际；有的局限于经验主义，缺乏理论高度。这一状况必须改变，才能增强师范教育的适应性。

江泽民总书记在第三次全国教育工作会议上指出，教育是知识创新、传播和应用的主要基地，也是培育创新精神和创新人才的摇篮。我们各级各类教育机构，我们的全体教育工作者，对增强包括民族凝聚力在内的综合国力，承担着庄严的职责。这是党中央对学校和教师提出的殷切期望和光荣职责，也是时代赋予的崇高的历史使命。要培养学生有创新精神，教师必须有创新精神，创造能力。学校要以“育人为中心、教学为主体、科研为先导”，每个教师都应从事科研工作，提高学术水准，不直接从事科研活动的教师则不可能有创造能力，也很难提高教学水平和教学效果。一所大学如果学术空气不浓，学术水平不高，也就不可能有很高的教学水平和教学质量。但是，高等师范院校的主要任务是培养中学教师，因此学术性不能与师范性脱离和对立，而要服务于师范性，即培养出来的人才必须是胜任素质教育的、有创新精神和实践能力的中学教师。

为了克服高师教育类课程的落后状况，为了适应 21 世纪我国基础教育发展和改革的需要，我们组织了一批专家、教授，对高等师范院校教育类课程作了较大的改革。一方面明确了该类课程的性质是师范专业基础课，即作为师范生的专业课对待；另一方面增加了课程门类，拓宽了教学内容，把科学性、理论性与实践性、操作性紧密结合起来，形成教育学和心理学两大系列，共7门课程。将以前的《教育学》、《心理学》增加到《教育原理》、《教学与课程导论》、《德育与班主任》、《教育科研方法》、《心理学与教育》、《学习心理与教学》、《青少年心理与辅导》等7门课。

教育学系列包括4门课程：

《教育原理》，主要论述了教育的基本概念，教育活动的基本特点，教育实践中的基本问题，以及保障教育活动实施的教育法律。

《教学与课程导论》，从师范生未来从事教师工作出发，着重介绍教学与课程的基本知识、基本原理，剖析了教学的各要素，帮助学生确立科学的教学观和课程观，提高分析教学与课程现象的能力。

《德育与班主任》，主要论述如何在中学做好德育工作和班主任工作，德育者应具备的素质，德育对象的主要特点，以及为保证德育的有效性而必须具备的德育条件。

《教育科研方法》，按照教育科研的进程，从教育科研的准备阶段、实施阶段、总结阶段，全面介绍了各种教育科研方法，使未来的教师对教育科研的基本方法有一个系统的认识。

心理学系列包括3门课程：

《心理学与教育》，主要阐述心理学的基本理论、基本知识，着重论述最基本的心理现象、规律及其在教育中的应用。

《学习心理与教学》，主要阐述学习心理学的基本理论、基本知识，着重论述有关学习过程本身和影响因素两个方面的心理现象、规律及其相应的教学措施。

《青少年心理与辅导》，主要阐述青少年心理和学校心理辅导的基本理论、基本知识，着重论述有关青少年心理发展特点和主要生活课题中易发生的问题两个方面的心理现象规律及其相应的辅导措施。

这套教材有以下四个特点：

第一，科学性。作者都是从事多年教学、科研工作的专家，有较丰富的教育学、心理学理论知识和实践经验。教材注意从理论的高度去论述和拓展，并参阅了大量的国内外资料，吸取了许多最新的科研成果。教材运用马列主义、毛泽东思想和邓小平理论作指导，坚持党的基本路线和教育方针，遵循教育规律和青少年的身心特点，有较强的思想性和科学性。

第二，现实性。这套教材从现有的师范教育状况出发，从现行的中学教育改革和发展状况出发，从现实社会和时代发展的需要出发，力求克服教育、心理类教学内容单调、枯燥、陈旧等弊端，力求适应中学教育改革和发展的需求，以及社会改革和发展对高师教育的需求。

第三，针对性。这套教材主要为未来从事教师职业的高师学生编写的，也是为在职教师培训，以及非师范专业的学生将从事教师工作进行职前培训编写的。因此从内容到结构，都注意从中学教育的现状出发，紧密联系中学教育的实际，提高教师的素养和能力。

第四，实用性。主要体现在理论联系实际，理论来源实际，理论指导实际。高师学生学完这套教材后，不仅有了比较系统的教育、心理知识，而且获得了许多当前中学教育的信息和个案，以及如何用这些理论分析和解决中学教育中的实际问题。

要学好教育、心理类的课程，不仅要有一套好的教材，而且要有好的教学方法和学习方法，尤其要发挥学生在学习中的能动作用。

第一，要树立高度的社会责任感和事业心。今天的师范学生，则是明天的人民教师，担负着为国家、为人民而培育青少年学生健康成长的重任。青少年是国家的未来。国家的发展、兴衰和前途，与一代代青少年的素质休戚相关。物质的生产往往会产生次品和废品,而人才的生产则不能产生“次品”和“废品”。如果把一批“不合格”的学生送入社会,必将产生不良的后果,有损于国家和人民的利益。邓小平同志早就指出:“一个学校能不能为社会主义建设培养合格人才,培养德智体全面发展、有社会主义觉悟的有文化的劳动者,关键在教师。”人民教师要完成人民赋予的重任,一定要具备教师的素质、知识和能力。这套教材就是做一名教师的必修课。

第二,在学习这套教材时,要把自己放在中学教师的位置上,而不要游离于中学教师之外。要认识到今天的师范生是未来的中学教师,而不仅是中学专业教师。有些师范生认为,读4年大学,将来教一门专业课不成问题,对自己降低了标准,放松了要求。师范院校是培养“基础厚、知识宽、能力强、体魄健”的全面发展的学生,而且要具备“德、艺、语、技”等有特色的学生,将来才能成为一名合格的、称职的中学教师。要教育和促进中学生德智体美全面发展,教师首先自己要德智体美全面发展。只有素质好的教师才能培育出素质好的学生。只能教授一门专业课的教师,是不能胜任中学教师职责的。师范生要立足于成为一名合格的、优秀的中学教师来学习这套教材。

第三,要把教育理论的学习与中学实际紧密结合起来。要了解中学、了解中学生。尤其要及时了解中学改革和发展的情况,以及对教师提出的新要求。比如,当前正在进行的新一轮中小学课程体系改革将实现“两个改变、三个突破”:改变了以升学为中心的课程教材体制,改变课程过死、学得过死的教育、教学状况;在减轻负担、提高质量方面有所突破,在加强基础、培养能力方面有所突破,在提高素质、发展个性方面有所突破。师范生要在教育见习、教育实习的过程中,在访问中学的过程中,在假期返回母校的过程中,不断了解中学发展、变化的现状,用所学的理论进行分析,并努力适应这一发展变化的需要,加强学习,增长才干,不断提高自己。

第四,要在学习和实践中,理解和消化理论知识,丰富和发展理论知识。把理论知识变成自己的知识,而且要随着社会和中学的发展变化,用创造性精神,不断充实和发展教育、心理学内容,不要拘泥于课本知识和课堂知识。一方面要努力学习理论知识,并用于指导实践,解决实践中的问题和自己的思想认识问题;另一方面,要勇于探索、敢于对课本知识和课堂教学内容提出自己的见解和不同的看法。江泽民同志深刻地指出:"创新是一个民族进步的灵魂,是国家兴旺发达不竭的动力。"因此,大家要用创新精神来学习。要创新首先要勤于学习、勤于思考、勤于探索,尤其要勤于研究。作为一名优秀的教师,不仅要会教书,还要能开展科学研究,在科研过程中,一方面可以充分应用课本知识,加深对课本知识的理解,另一方面可以发现课本知识的不足之处,创造新的知识。师范院校高年级学生要积极地参加科研活动,树立科研意识,提高科研能力,培养创新精神,为今后当教师打下扎实的基础。这套教材主要为高等师范院校学生能够掌握比较全面、系统的教育、心理知识编写的。是中学教师职前培训的教材,也适应于中等师范学校的需要。许多综合性大学、理工科大学的毕业生,以及其他非师范专业的毕业生要从事教师职业,需要补学教育类课程,这套教材将成为他们的必修课和良师益友。

在这套书的编写过程中,上海师范大学教育科学学院、教务处以及上海教育出版社等单位倾注了大量的精力,付出了艰辛的劳动,终于结出了丰硕的成果,在此一并表示衷心的感谢。

由于时间仓促,水平有限,教材的结构、内容等各方面难免有疏漏和不当之处,诚恳地欢迎广大教师、学生、教育工作者提出宝贵的意见,以便修改和完善。

杨德广

1999年6月于上海师范大学

丛书前言

高等师范院校师范专业基础课教材——《高等师范院校教育科学丛书》终于问世了！这里所谓的高等师范院校师范专业基础课，即指在改革传统意义上的高等师范院校师范专业公共课心理学和教育学基础上重构而成的心理学类和教育学类课程，是集中体现高等师范院校师范性特色、培养未来教师的必修课。这套以丛书形式出现的教材是近年来我校对该类课程进行重大改革后所取得的教学成果的一个重要组成部分。这项成果涉及从课程的教学目标、本质属性、体系结构、授课时数直至教学内容的一系列改革，并导致我们最终挣脱了长期禁锢高等师范院校师范专业公共课心理学、教育学课程教学的传统模式的束缚，在全国师范院校范围内跨出了历史性的一步，因此，该套教材出版的意义也就不同凡响了。这套教材是在我校领导审时度势后作出宏观决策和具体指导情况下，经全体参编教师的共同努力所取得的成果。值此教材出版之际，我们在这里简要地说明一下本套教材编写的背景及其蕴涵其中的编写的指导思想和特点，至于各本教材的具体编写结构和特点，将在每本教材的后记中加以说明。

本教材编写的最直接的背景就是我校在全国高等师范院校中率先进行了具有相当影响的对师范专业基础课教学的重大改革。当前教育发展的形势为以培养未来教师为基本任务的高等师范院校的师范教育提出了一个极为严肃的课题：如何在我国当前发展社会主义市场经济的改革背景下，在教师职业日臻专业化、师资来源渠道日渐多样化、教师岗位竞争日趋激烈化、中小学深入推进素质教育所激起的对未来教师的挑战日益尖锐化的形势下应对新局面，提高肩负21世纪教书育人重任的未来教师——师范生的素质，在这场与国运兴衰相联系的教育改革中发挥更为积极的作用？这一课题的提出加重了师范教育在培养师范生素质方面的改革形势的严峻性和紧迫性。而在师范生素质的培养中，师范素质的培养尤为突出，这是因为，与其他各类大学的毕业生相比，高等师范院校毕业的学生理应在师范素质方面具有更为显著的优势和特点。而师范素质的培养与高等师范院校所特有的教育科学类课程的开设有着直接的关系。从传统的观念上说，这类课程主要包括心理学、教育学和教学法3门。除教学法在各院系开设外，心理学、教育学是面向全校师范生开设的，并且还是各科教学法的基础。因此，心理学和教育学是高等师范院校中涉及面最广、影响最大、最具有代表性的教育科学类课程。然而，长期以来该类课程的教学状况却又不尽如人意，与现代社会和教育发展向高等师范院校在师范生的质量上提出的更高要求不相适应。这一基本矛盾便是我们今天对该类课进行改革的根本原因。我们的教学改革分为两个阶段：单课突进阶段和全面突破阶段。第一阶段早在20世纪90年代初就开始了，其主要特点是：在原有课程框架下进行改革（主要是心理学），虽也取得了一定的成果，但改革的力度毕竟有限，不能完全适应正在急速发展的、特别是上海地区的教育改革的形势。于是在1997年开始了第二阶段的改革，彻底打破原有课程教学框架，从根本上实施了一系列重大改革。这些改革既为这套教材丛书的诞生提供了契机，也为这套丛书明确了编写的指导思想和特点。

1. 转变教学观念，重设课程教学目标：由知识掌握转变为教师职业的条件性素质形成

高等师范院校对师范生的总的培养目标是明确的，那就是使师范生通过4年的高等师范教育能成为合格的教师。但成为合格教师的培养目标如何体现在公共课心理学、教育学课程的教学目

标之中呢？目前在全国没有统一的教学大纲来加以规定，其教学目标也就为各校教师自己掌握，且大多停留在“让师范生获得基本的心理学、教育学知识和理论，为进一步学习打下必要的基础”上。即使提到要理论联系教育实际，也只是让学生有所了解而已，并不奢望学生在极为有限的公共课教学时间内，能从根本不懂心理学、教育学到能应用其原理于教书育人之中。这一目标的设定显然不适应今天教育形势发展的需要。

师范生是未来的教师，其素质的标准应以教师职业所需要的素质要求为依据。教师职业素质至少包括三个方面：一是本体性素质，即从事某一学科教学的专业素质；二是基础性素质，即为人师表和文化修养素质；三是条件性素质，即教书育人素质。其中第三项素质便涉及我们心理学类、教育学类课程所应承担的主要培养任务了。可以说，作为高等师范院校的毕业生，与名牌大学的学生竞争教师岗位，要取得优势，除了要进一步加强其本体性素质、基础性素质外，更要突出其条件性素质。随着在未来教师培养中的师范性和学术性争论的逐渐明朗化，条件性素质在教师职业中的重要性已受到越来越充分的肯定，并随着对教师职业的专业化程度的日益强调，也正越来越受到高度重视。因此，加强对师范生的条件性素质的培养，无疑是高等师范院校面对日趋激烈的竞争形势的一个极为重要的应对举措，以体现“人无我有，人有我优”的锐意进取的竞争精神。

那么教师职业的条件性素质应包括哪些呢？作为国家“八五”重点课题，我们曾对上海地区的1000多名优秀教师进行了大规模调查。我们认为，优秀教师虽然是教师群体中的少数，但他们身上所表现出的条件性素质却是教师职业的条件性素质的培养方向。同时我们深入基础教育第一线，了解现时上海地区的中学教育改革对教师所提出的要求，以掌握教育发展的实际需要。根据这两方面的信息，我们重新设立了心理学、教育学课程的总体培养目标：

通过课程学习使师范生初步形成教师职业的条件性素质——教师从教所必需的心理学、教育学知识及其在教书育人中的运用能力、科研能力、观念、态度等的综合素质。这一课程教学目标的重新确立，不仅为课程教学改革提供了依据，也为随后的教材编写明确了方向：教材内容的安排要为培养教师职业的条件性素质这一目标服务。

2. 提高认识水平，重识课程本质属性：由公共必修课改变为师范专业基础课

长期以来，高等师范院校为师范生开设的心理学、教育学课程一直被列为公共必修课程系列，与马列主义理论、大学外语、大学语文、公共体育、计算机等课程同归一类。这就忽视了教育科学类课程与其他公共必修课程在性质上的根本区别。公共必修课是高等学校为培养合格的大学生应具备的基本素质所设立的课程，对各类大学的学生普遍适用；但是心理学、教育学课程则是为培养合格的师范生应具备的教师职业的条件性素质所必需的课程，并不普遍适用于各类大学的学生，甚至也不适用高等师范院校内的非师范生。因此，教育科学类课程就不是一般意义上的公共必修课了。

再从高等师范教育内部来看，师范生将从事的是富有科学性、艺术性的教育工作，不仅需要有良好的学科专业方面的素质，还需要有良好的教书育人的素质。这两方面素质的和谐结合是胜任未来教师工作的最基本的条件。因此我们在论述课程教学目标的重设时，也已提到教师职业素质中的本体性素质—从事某一学科教学的专业素质和条件性素质—教书育人素质。其中，学科专业方面的素质是由各院系的专业课程来加以培养的，故这类课程理所当然地被人们称之为专业课程。然而，教书育人的素质对于一个师范生来说，与学科专业方面的素质同样重要，同样也是他的专业素质。确切地说，是他的师范专业素质，由教育科学类课程加以培养。

而这类课程在传统上分为3门:心理学、教育学和各科教学法(简称“老三课”)。教学法课程,虽属教育科学类课程,但并不具有公共课性质,各科教学法课程必须由高等师范院校内的各院系来承担,而心理学、教育学课程却不同,它是对所有各院系各专业的师范生都适用的必修课,因而具有师范专业的公共课性质。不仅如此,对学科教学法来说,它们也不同处一个层次,心理学、教育学还是各科教学法的基础,具有基础课性质。为此我们曾明确提出这类课程为“带有师范专业特点的公共必修课”①,其确切的课程属性应该是师范专业基础课②。还需指出的是,在这次改革中我校还以教育文件的形式来确定该类课程的性质是师范专业基础课。这决不是一个简单的正名问题。它既反映了我们对课程性质的认识深化,又赋予这类课程的改革和发展以更为广阔和深远的意义,也为教材编写明确了自身的性质和地位:为师范专业基础课编写能充分凸显鲜明师范特色的教材。

3. 克服思维定势,打破原有课程框架:由2门课改为由7门课组成的课程体系

既然作为师范专业基础课,其课程教学目标是使师范生初步形成综合性的条件性素质,那么原先的心理学、教育学课程设置显然不适应了,它必然为一个有着合理结构的课程体系所替代。我们从教师职业的条件性素质的培养目标出发,既参考国外的有关课程结构,又结合我国师范生未来教书育人工作的实际需要,构建由心理学和教育学两大类7门课程组成的师范专业基础课的课程体系。课程教学的时数也由原先的120课时改为180课时,扩充了50%。这在各高校普遍减少必修课增加选修课的情况下,实属不

---

① 卢家楣:对提高公共课心理学教学质量的探索,《上海师范大学学报》1994年第2期。

② 卢家楣:面向21世纪的高师公共课心理学教学改革,《高等师范教育研究》1999年第3期。

易！其各课的设置和教学时间、学分的安排是：心理学类包括《心理学与教育》(40课时2学分)、《学习心理与教学》(30课时1.5学分)和《青少年心理与辅导》(30课时1.5学分)；教育学类包括《教育原理》(20课时1学分)、《教学与课程导论》(20课时1学分)、《德育与班主任》(20课时1学分)和《教育科研方法》(20课时1学分)。

每大类内部又形成自己的课程结构。在心理学类中，3门课程形成具有内在联系的一个课程结构。以形成教师职业的条件性素质为主要依据，可将教学内容分为2个层次，分别与3门课程相应。第一层次是《心理学与教育》：从心理学科上说，主要涉及普通心理学的内容，阐明心理学的基本理论和基本知识；从联系学校教育上说，主要是从总的方面联系心理学与学校教育，并涉及有关的操作；第二层次是《学习心理与教学》和《青少年心理与辅导》：从心理学科上说，分别涉及教育心理学、发展心理学和学校心理辅导的内容，前者主要阐明学习心理学的基本理论、基本知识，后者主要阐明青少年心理和学校心理辅导的基本理论、基本知识；从联系学校教育上说，《学习心理与教学》和《青少年心理与辅导》则分别从学习心理和青少年心理两个方向上与当代学校教育的两个重要方面——教学和心理辅导相联系，并涉及教学和心理辅导中的有关操作。这2个层次密切相关：《心理学与教育》为《学习心理与教学》和《青少年心理与辅导》两门课程的教学打下基础，而后两门课则是前一门课的基础理论向教育领域的渗透(见下图1)。

在教育学类中，4门课程也形成了具有内在联系的课程结构。以形成教师职业的条件性素质为主要依据，可将教学内容分为3个层次，分别与4门课程相应。第一层次是《教育原理》，属教育学的基础理论学科，主要涉及基本教育理论和教育的基本规律；第二层次由《教学与课程导论》和《德育与班主任》构成，主要涉及用以指导学生从事具体的教学和德育工作的基本理论和基本知识，以

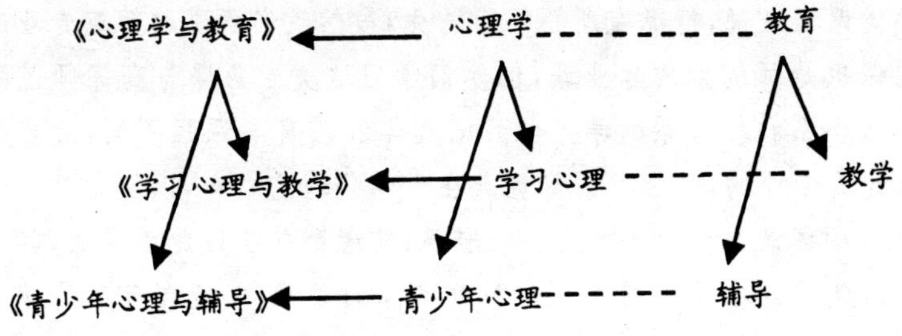

图1　3门心理学课程的结构体系

培养他们教书育人的基本能力；第三层次是《教育科研方法》，主要涉及教育科学研究的基本原理和基本方法。这3个层次密切相关：《教育原理》对认识和解决第二层次2门课程范畴内的问题具有指导意义，而上述3门课程的教学内容又是学生学习《教育科研方法》的基础。这样，从宏观到微观，从一般原理到具体教育活动领域，逐级递进，较为完整地构成未来教师所需的教师职业的条件性素质。（见下图2）。

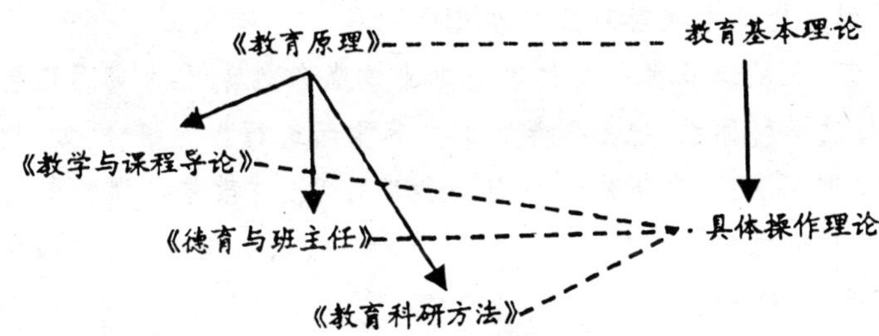

图2　4门教育学课程的结构体系

这一课程体系的建立有助于强调师范专业基础课的学科性质，凸显高等师范院校的师范性特色，也为教材建设明确了具体的编写系列：这就是与7门课程相应的7本教材。

4．摆脱传统束缚，重组课程教学内容：由以学科为本转变为以培养教师职业的条件性素质为本。

长期以来，高校的课程教学大多以学科体系来组织教学内容，这对于以此为专业的学生来说是适当的，但对师范生学习教育科学类课程来说，情况有所不同。首先，虽然我们所说的师范专业基础课也是师范生的专业课，但他们学习这类专业课与高等师范院校心理系和教育系的学生学习心理学和教育学课程不同，后者是以此为专业的，其学习的侧重点在于学科理论本身，以便为日后进一步从事该学科的教学或科研服务；前者则并不以此为专业，其学习的侧重点在于学科理论与教育实际的联系，以便在日后的教书育人工作中加以应用。其次，后者有相对较多的课时数，而前者则只有极为有限的课时数。因此，我们不能像对本专业学生那样来开设师范专业基础课，以学科为本来组织教学内容。我们必须以培养师范生形成教师职业的条件性素质为目标，结合学科知识的逻辑体系来组织教学内容。因此，我们以实效性原则来具体指导和规范对教学内容的处理。所谓实效性原则是指在保证思想性和科学性的前提下，强调课程教学内容对师范生形成教师职业的条件性素质的实际价值。我们采用了拆并、删除、精简、增设、补充和发掘等一系列的处理办法对教学内容进行改革。

第一、从培养师范生的教师职业的条件性素质的实际需要出发，打破学科体系，把不同学科的内容重新进行拆并组合。如，把原来的《教育学》内容拆成3部分:《教育原理》、《教学与课程导论》、《德育与班主任》；把《青少年心理学》和《学校心理辅导》两门课程内容合并在一起。

第二、从培养师范生的教师职业的条件性素质的实际需要出发，对学科内已有的与师范生无关的内容进行删除，对与师范生的教师职业的条件性素质的培养较少有关的内容进行精简，以便腾出更多的教学篇幅讲授更重要的内容。如在心理学类课程中就删除了大量生理方面的内容，精简感知觉方面的内容以及繁琐的概念等；在教育学类课程中则删除或精简了许多与教师实际工作无关或关系不大的宏观理论和抽象论述。

第三、从培养师范生的教师职业的条件性素质的实际需要出发，对学科内已有的、为师范生的教师职业的条件性素质的培养所需要的、但未被充分重视和强调的内容予以丰富和增设。如心理学类和教育学类课程，都从教育理论与实践操作两个维度上拓宽和加深了原教材知识体系。

第四、从培养师范生的教师职业的条件性素质的实际需要出发，对学科内缺少但又为师范生的教师职业的条件性素质的培养所必需的内容进行必要的补充和发掘。如学习心理学原是一门描述性的学科，但我们在编写时融入大量教学实践指导的内容，使之具有一定的处方性，故取名《学习心理与教学》；在编写德育学内容时也融入大量班主任工作内容，故取名《德育与班主任》。

此外，在整套教材的编写中始终关注国内外有关心理学、教育学研究发展的新动向，及时吸收其最新研究成果，使教材内容更具有时代性。如在心理学类教材中引入元认知、认知策略、创造性学习等内容，在教育科学类教材中引入教育法学、教育社会学和教育督导等内容。我们还注意加强心理学、教育学理论与学校教育实践的结合，在各本教材中以不同的形式突出了有关理论在学校教育和教学中的运用，使教材内容更具有操作性。如在心理学类教材中列出专节论述有关理论在教育、教学或辅导中的应用，对学生进行具体的应用性的操作指导，并设案例分析供学生参考，在每章最后不仅附有帮助学生理解教材内容的思考题，还附有帮助学生应用已学知识的实践题。在教育科学类教材中也注意了操作性内容的安排，特别是在《教育科研方法》中，从资料的查阅与收集、课题的确立与申报、变量的确定与控制，直到数据的处理和论文的撰写，对学生进行全程的教育科研的操作指导。

此套教材的出版标志着我校师范专业基础课教学改革取得了突破性进展，但整个改革的进程仍然任重而道远，在这崎岖道路上的攀登还需要我们自强不息、孜孜探索、协作奋进，唯此才能克服种种困难，达到成功的彼岸。

学校领导对这套教材的编写极为重视，专门组织了一个编委会，由校长杨德广教授担任主任，副校长项家祥教授、原教育科学学院院长古人伏教授、教务处处长高惠珠教授等任委员，对整个编写工作予以全力支持和悉心指导。上海教育出版社的领导和有关编辑也竭尽全力予以支持和配合。我谨代表所有参编教师借此机会向他们以及在此编写和出版过程中给予我们种种帮助的人士表示衷心感谢！

卢家楣

1999年11月于上海师范大学

目　录

第一章　绪　　论

［提要］　本章主要内容是对教育原理这门学科的介绍，阐明学习这门学科的意义和方法。作为入门导言，本章还概要介绍了教育科学的发展历史及不同的教育思想流派。

第一节　教育原理的学科性质

教育原理是伴随教育科学的分化而逐渐兴起的。自 1632 年捷克教育学家夸美纽斯写成《大教学论》，使教育科学得以从哲学体系中挣脱出来形成独立学科之后，在长时期内，教育理论是存在于教育学一门学科之中的。本世纪初，分支学科相继产生，不仅出现交叉性的学科，包罗万象的教育学本身也开始分化。就教育原理而论，此时西方已有学者以 principles of Education 为名发表著作，叙述区别于应用性知识的教育基本理论。我国在 1903 年清末颁布并实施的第一个学制《奏定学堂章程》中，曾将师范学堂所授教育学科目的内容辟出教育原理部分，与教授法、管理法及教育制度相并列。至二三十年代，我国开始有学者编著教育原理类的书籍。比较早的有余家菊的《教育原理》（中华书局 1925 年 7 月版）、刘建阳的《教育之社会原理述要》（商务印书馆 1925 年 12 月版）、程其保的《教育原理》（商务印书馆 1930 年 4 月版）、钱亦石的《现代教育原理》（中华书局 1934 年 12 月版），以及王正萍翻译的《教育之根本原理》（桑代克、盖滋著，中华书局 1934 年 4 月版）和赵演改翻译的《教育原理》（查浦曼、孔次著，商务印书馆 1935 年 2 月版)等。并且,有人开始在大学中讲授这门课程,如钱亦石在当时的国立暨南大学。中华人民共和国成立之后,虽然在学习苏联教育理论时,一度再次出现教育理论一统于教育学一门学科的局面。但"十年动乱"结束后,在教育科学的蓬勃发展中,以教育原理为书名的著作又陆续出版。例如,1986 年湖北教育出版社出版了常春元编著的《教育原理》,1988 年北京师范大学出版社出版了历以贤等编著的《现代教育原理》,1993 年华东师范大学出版社出版了陈桂生编著的《教育原理》,等等。现在,教育原理日益受到重视,方兴未艾。

然而,综观至今出版的教育原理类书籍,关于教育原理的研究对象和范围尚未有明确的界定。早先出版的教育原理,或是教育学的别名,或是以教育原理为名叙述教育哲学的内容。本书认为,既然教育原理的产生是教育科学分化的结果,在探讨这一问题时就必须考虑教育原理在教育科学体系中的地位。

首先,就理论的抽象程度而言,教育原理既不同于应用性学科,也不同于教育哲学,而应介于两者之间。我国解放前后出版的教育原理类书籍虽然内容范围不统一,但是表现出共同的特点,即侧重于揭示教育的基本规律而非操作方法。所谓原理,指"具有普遍意义的最基本的规律",也指"具有普遍意义的道理"。① "教育原理,顾名思义,是探求教育事理的学科。"② 然而,仅从词义上还难以揭示教育原理的学科特点,因为,教育哲学也是研究教育事理的学问。之所以在教育原理问世初期,有借教育原理之名叙述教育哲学内容的现象存在,就是因为教育原理在理论的特点上容易被混同于教育哲学。在教育科学体系内部各门学科分工细化的今日,教育原理与教育哲学各自的研究对象也应有明确区分。教育

① 《汉语大辞典》第 1 卷,上海辞书出版社 1986 年版,第 933 页。
② 陈桂生:《教育原理》,华东师大出版社 1993 年版,第 1 页。

哲学“研究教育领域中思维与存在的关系”。① 而教育原理则属于旨在“通过思维去正确地把握存在”② 的学科。例如，对于教育思想、教育观念的研究，教育哲学侧重研究教育思想，教育观念如何随实践的发展而变化的规律，寻找评价各种不同教育思想的科学标准，而教育原理侧重于通过对教育实践的总结和分析，揭示正确的教育思想和教育观念。教育哲学将本体论、价值论和实践论作为主要的研究领域，其理论的高度概括和抽象，成为包括教育原理在内的其他教育学科的方法论。

其次，教育原理的研究范围应偏重于教育的宏观问题和一般活动规律。就其理论层次的特点而言，涉及教育各个方面的问题，然而，由于教育学体系中已分化出以教学或以德育问题为研究对象的教学论和德育论，因此，作为特定的学科，教育原理应与上述两门学科在研究范围上有所区别。教育原理不等于总论。总论是传统教育学教材体系中宏观部分理论的特定称呼；教育原理的理论范围不仅包括总论部分，还包括对学校教育一般特点的分析，甚至包括对教学活动及德育活动中较高层次理论问题的探讨。我国解放前后出版的教育原理类著作，内容范围可以分为两类：一类仅论述教育的宏观问题和一般活动规律，一类则涉及教育的各方面问题。但是，后者在分析教学和德育时比较多的是着力于从深层揭示其特点。教育原理不同于教育基本理论。教育基本理论作为一种思维形式，存在于各门学科中；而教育原理则是一门特定的学科。

其三，教育原理在研究方法上应广泛采纳各种积极的思维形式，从各种角度来进行研究；但这不同于侧重从某种角度研究教育问题的交叉性学科，如教育社会学、教育经济学等。教育原理尤需

① 桑新民：《当代教育哲学》，云南人民出版社 1988 年版，第 23 页。

② 同上，第 20 页。

借助教育哲学和心理学的研究成果。教育哲学为教育原理提供基本的思维方式,心理学则为教育原理提供关于人的理性知识。马克思主义教育哲学是教育原理的主要的方法论,马克思主义的辩证唯物主义、历史唯物主义和政治经济学的思想是进行教育原理研究的理论基础。

根据教育原理的特点,我们认为,教育原理应以教育活动中的基本问题为主要研究对象,其研究目的在于揭示教育的基本规律。在教育实践中产生的问题,有些与具体的、局部的教育活动有关,例如怎样制定教学过程的程序,怎样编写教学的内容等,这类问题所涉及的是特殊的教育现象,研究这类问题可以提供具体的操作方法;而有些问题则带有普遍性,存在于事物的深层,如教育的本质、教育目的的性质、学校教育活动的基本特点等,这类问题所涉及的是一般的教育现象,研究这类问题虽不能提供具体操作方法,但是能够从深层把握教育的特征和活动规律,在更广的范围内指导教育实践。教育原理以这类问题作为主要的研究对象,其理论既源于教育实践,又具有一定深度,所展示的是对教育的基本认识。

教育原理发展至今已成为一门独立的学科,属于社会科学的范畴。本书试图为高等师范学校非教育理论专业的学生提供一本既能提高理论素养,又有助于指导未来教育实践的教育原理教材。本书在选材和编写上贯彻理论性和实用性相结合的指导思想,以引导新教师认识教育、胜任教育工作为线索,构筑教材的框架体

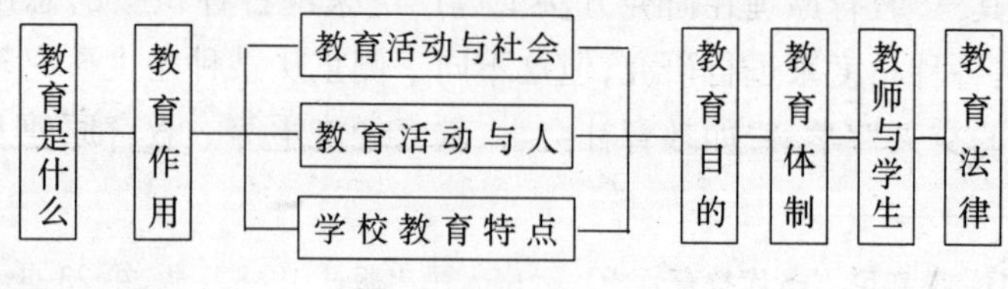

《教育原理》框架图

系。如框架图:内容主要分为四个部分:第一部分是关于教育特点的基本认识,叙述教育是什么、教育有什么作用。第二部分是分析教育活动的基本特点。组成这部分的三章,分别分析教育活动与社会发展特点的关系,教育活动与人的发展特点的关系,以及学校教育活动本身的基本特点。第三部分是阐述关于教育活动要素的基本认识,主要分析教育目的、教育体制以及作为教育活动主体的教师与学生。第四部分是介绍保障教育活动实施的教育法律。每章除基本内容之外,还附录拓展性知识,以便形成开放性的结构形式。附录主要介绍与正文主题相关的知识性内容,或在正文主题范围内但尚处于探索阶段的问题。

第二节　学习教育原理的意义和方法

一、学习教育原理的意义

学习教育原理有什么作用?

首先,学习教育原理可以提高教育理论素养。现代高等师范教育理论的研究表明,教育理论素养是优秀教师职业素质结构中的重要组成部分。一名优秀的教师,不仅要会教、善教,而且要有科学的教育指导思想。正确的教育观念是教师工作的灵魂,而教育理论素养是形成教育观念的基础。要提高教育理论素养必须学习教育理论,从而掌握教育的概念、基本规律,了解教育领域的基本问题及其解决思路,分析不同的教育观点、理论和教育发展动态。教育原理为未来教师提供教育的理论知识,是师范专业的重要基础学科。

其次,学习教育原理可以掌握教育的基本规律,并有助于培养教育科研能力。教育家加里宁曾将教师比作人类灵魂的工程师。教师的工作具有特殊的意义,它关系着学生的现在和未来,不仅影响一个学生,一个班级,甚至一个民族。因此,教师对学生心灵的每一次刻划都绝不应是随意的，而应是所积累的知识和能力的运用。学习教育理论是这种积累的重要途径，可以使未来的教师从原理上认识教育。这种原理性的掌握是形成教育科研能力的重要基础。

二、学习教育原理的方法

学习方法会影响学习的效率，掌握科学的学习方法是十分重要的。学习教育原理应该根据这门学科的特点，做到三个结合。

第一，理解与思考相结合。不仅要理解书中所介绍的内容，还必须结合实际深入思考教育问题。积极的思考有助于加深认识，只有理解与思考相结合，才能内化知识，增长能力。

第二，教材学习与课外阅读相结合。现代教育理论具有多元性和发展性的特点。不仅存在不同的观点和理论，而且，伴随教育实践的发展，新的观点和理论还在不断产生。教材所提供的信息量毕竟有限，只有课内外学习相结合，才能开拓视野，更完整地认识教育原理。

第三，理论与实践相结合。不能为理论而学习理论，掌握理论是为了指导实践。同时，学习理论需要依托实践，因为理论来源于实践，只有结合实践才能更深刻地领会理论。理论与实践相结合是学习的基本法则。这里的实践不仅指亲身参与的活动，还包括对现实社会中正在发生的教育实践的了解。借助报刊杂志等各种媒体和渠道了解国内外教育的实际情况，是深化教育理论学习的一个重要方法。

附录

1. 教育科学发展史简介

教育科学是教育发展至一定历史阶段的产物，其产生和发展的根本原因，是人类社会发展的需要。教育科学发展的历史大致可分为下列几个阶段。

(1) 教育科学的萌芽阶段。

这个阶段经历了漫长的历史时期。西方从古希腊开始一直到英国资产阶级革命之前(公元前 5 世纪到公元 16 世纪),中国从春秋战国开始到清朝末年(公元前 6 世纪到公元 19 世纪)。原始社会末期出现剩余产品时,便有人可部分地脱离生产从事文化活动。至奴隶社会,教育走出了存在于生产和生活过程中的混沌状态,日渐专门化。人们在教育活动过程中,思虑其得失,总结其经验,使得研究教育的学问开始萌发,日趋成形。在这一过程中,有许多伟大的思想家、教育家为推动教育理论的发展作出了贡献。我国古代的孔子(公元前 551—公元前 479)在其从教 60 多年的过程中,积累了丰富的教育经验,由其弟子整理编入《论语》一书,其中"因材施教"、"有教无类"、"学而不思则罔,思而不学则殆"等真知灼见至今仍光芒闪耀。西方则有被恩格斯称作古希腊哲学家中"最博学的人物"的亚里士多德(公元前 384—公元前 322)。孔子和亚里士多德的思想各自对中西方后来的教育产生了深远的影响。写作于大约战国末年与汉初之间的《学记》(注:《学记》作者不详,据郭沫若考证,认为是孟子学生乐正克所作。)是人类历史上最早的教育专论,全篇虽然仅 1229 字,却论及教育的作用、阶段、教学以及教师特点等问题。它比古罗马教育家昆体良(35—96)所写的《论演说家的培养》一书约早 300 多年。萌芽阶段还有许多中外教育家对教育理论产生影响,我国著名的有孟子、荀子、韩愈和朱熹等。此阶段教育科学的特点,是尚未从哲学及其他科学中分化出来形成独立的理论体系,教育思想散见于各种论著中,并且,对教育问题的论述缺乏充分的科学依据。

(2) 独立形态教育科学的产生阶段

教育科学作为独立科学最早出现在西方。欧洲文艺复兴运动和资本主义生产方式的兴起,不仅极大地推动了生产、科技和教育的发展,也带来了教育研究的新时代。1632 年,捷克教育家夸美纽斯(1502—1670)在总结前人经验的基础上写成了《大教学论》,建立起比较完整的教育理论体系,从此使教育科学从哲学体系中分离出来成为独立科学。1776年,德国哲学家康德(1724—1804)在德国柯尼斯堡大学的哲学讲座中讲授教育学,将教育科学作为课程引入了大学课堂。1810年,德国教育家赫尔巴特(1776—1841)创立了教育学研究所,提出要使教育学成为科学。他被誉为"科学教育学的奠基人",其代表作是《普通教育学》(1806年)。我国的教育科学是从西方引入的,而最早接受的就是赫尔巴特的理论。19世纪末,赫尔巴特的理论传至日本,我国学者王国维、蒋维乔在《教育世界》杂志上,通过介绍日本教育学,将赫尔巴特的理论引入中国。在该阶段,还有许多有影响的教育家,其代表作举例如下:英国的洛克(1632—1704):《教育漫话》;法国的卢梭(1712—1778):《爱弥儿》;瑞士的裴斯泰洛齐(1746—1827):《林哈德和葛笃德》;德国的福禄培尔(1782—1852):《人的教育》;英国的斯宾塞(1820—1903):《教育论》等。此阶段教育科学的特点是,已形成较完整的理论体系,并寻求科学依据,但作为重要理论依据的哲学思想却以唯心主义为主。

(3) 马克思主义教育科学的建立阶段

19世纪中期马克思主义的诞生,对教育科学的发展产生了重要影响,不仅马克思主义创始人对人的全面发展问题、综合技术教育问题等作出了科学的论断,而且,更主要的是马克思主义理论为教育科学研究提供了新的世界观和方法论。苏联十月革命以后,一些教育家如克鲁普斯卡娅、加里宁、马卡连柯以及凯洛夫等,依据马克思主义理论建立起社会主义教育理论体系。其中,凯洛夫主编的《教育学》成为这个理论体系形成的标志。我国较早以马克思主义理论研究教育问题的是杨贤江(1895—1931),他有两本著作:《教育史ABC》和《新教育大纲》。此阶段教育科学的变化在于哲学基础的科学化。

(4) 当代教育科学发展状况

当代社会生产力的高速发展与不断发生的新技术革命的互动,极大地促进了教育科学的发展,使教育科学不仅倍受重视,而且日新月异。如同联合国教科文组织在其编著的《学会生存》中所说:"在我们的时代里,教育学已经发生了根本的变化,甚至教育学这个概念本身也发生了变化"(第163页)。概括其特点,首先是研究主体的多样化,不再像以往那样仅靠"单干",而出现团队研究的形式。由于对教育科研的重视,世界各国普遍设立了多级教育科研组织,形成教育科研网络。在我国,目前不仅有国家级、省市级、高等院校级的教育科研组织,甚至在一些省市的中小学也建立了科研组织。其次是研究方式科学化。不仅实验研究的方式被广泛使用,并且,许多以往用人工方式进行的操作,改为使用计算机、电化设备等现代化手段。理论基础不断引入如系统论、控制论和信息论等新的思维方式。人们从多角度来研究教育,使教育科学体系日益丰富,分支学科不断产生。不仅有以研究教育活动的某方面问题为主的德育论、教学论、学校管理等分支学科,有研究不同种类学校教育问题的高等教育学、职业教育学、特殊儿童教育学等分支学科,而且,教育学与其他学科交叉形成的边缘学科不断出现,如教育经济学、教育社会学、教育统计学、教育文化学等等。在教育科学不断繁荣的同时,也必须看到,教育科学发展水平还远不能满足人类社会发展的需求。尤其是由于研究人类自身的科学,特别是脑科学的不发达,使得在教育科学及作为其基础学科的心理学的理论中经验成分依然占据相当大的比重。教育科学远有待于进一步的发展。

2. 西方主要教育思想流派简介

教育思想流派,是具有不同观点和理论的教育思想派别。在教育理论发展的历史过程中,出现过众多的思想流派,有的各自独立,有的相互交织。这里择主要流派作概要的介绍。

(1) 自然主义教育思想

这是西方教育思想发展中的一个重要思潮。它最早萌发于古希腊教育家的思想中。亚里士多德就曾因强调人的灵魂的自然发展而主张教育应遵循人的自然发展。尽管这种思想在中世纪受到基督教神学的压抑,但伴随着文艺复兴运动对人性的高扬而得到复苏。夸美纽斯不仅主张教育应适应自然,并将其作为改革教育的指导原则,认为教育的"恰切秩序应当从自然去借来"。① 自然主义教育思想产生重要影响并形成体系主要是在近代。17 世纪末至 18 世纪,伴随资本主义生产方式及其崇尚自由反对封建专制的思想的发展,自然主义教育思想也得到了发展。其理论超越以往引证自然的局限,以直接依据人的自然本性来培养新人、改革社会为立论的基础。这一时期的主要人物是法国的卢梭,德国的巴西多和瑞士的裴斯泰洛齐。1762 年,卢梭写下了集中反映他的自然主义教育思想的名著《爱弥儿》,强调教育应当遵循儿童身心发展的自然进程及年龄特点。自然主义教育思想的重要特征是依据人的自然本性论述教育过程。其积极意义在于批判压抑人性的封建教育思想,启示人们重视儿童的需要及其身心发展特点,成为现代社会各种教育思潮的重要基础。但由于历史的局限性,它并未能科学揭示人的身心发展规律,其人性论的哲学根基也是不科学的。

(2) "活动性"教育思想

近 20 世纪前后,欧美相继掀起一场声势浩大的教育革新运动,欧洲称之为新教育运动,美国称之为进步教育运动。"活动性"教育思想,即指在这场教育革新运动中涌现出的新教育思想。1889 年英国教育家塞西尔·雷迪(C. Rcddie, 1858—1932)创办了阿博茨霍尔姆学校,这是欧洲教育界公认的第一所新学校,欧洲活动教育运动由此产生。弗朗西斯·韦兰德·帕克(F. W. Parker,

---

① 傅任敢译:《大教学论》,人民教育出版社 1957 年版,第 74 页。

1837—1903)是美国进步主义教育运动的奠基人，被称为“进步教育之父”。活动性教育思想的集大成者是美国教育家杜威(John. Dewey，1859—1952)，他从实用主义教育哲学和机能主义心理学的角度全面论证活动性教育思想的合理性。而他的弟子克伯屈于1918年发表的《设计教学法》一书，完成了活动性教育思想的教学理论。活动性教育思想属于西方现代教育思想的范畴，其主要特点是反对传统教育中的形式主义，强调应该把儿童作为教育的主体和中心，给予儿童以自由，让他们在能满足兴趣的活动中积极主动地学习。杜威曾说：“现在，我们教育中将引起的改变是重心的转移。这是一种变革，这是一种革命，这是和哥白尼把天文学的中心从地球转到太阳一样的那种革命。这里，儿童变成了太阳，而教育的一切措施则围绕着他们转动，儿童是中心，教育的措施便围绕他们而组织起来。”① 活动性教育思想强调儿童在教育中的地位，强调要重视儿童的个性，并由此引起教育方法的革新，这是其重要的贡献。但由于在教育思潮中表现出诸如过分强调活动和兴趣等的极端主义倾向，最终导致教育实践上的失败。但其教育思想中的精华依然在现代教育改革中发挥着积极的作用，使人们从中得到启迪。

(3) 主知主义教育思想

它的基本特征是强调知识以及与此相关的理性的价值，把传授知识和发展理智作为教育和教学过程的基础与目的。主知主义教育思想源远流长，从广义上讲，近代的教育思想因都在不同程度上具有重知、重智的特点而可以被归入主知主义的思想范畴。但作为思想流派，主知主义是伴随17世纪资本主义经济的高速发展和科技知识的急剧增长而形成的。至19世纪，主知主义思想达到

---

① 赵祥麟，王承绪编译：《杜威教育论著选》，华东师范大学出版社1981年版，第32页。

鼎盛,成为支配欧美教育发展的主导力量。主知主义的先驱中较重要的人物是培根和洛克等人。前者阐述了知识的价值,后者为主知主义教育思想提供了联想主义心理学原理。成为主知主义代表人物的是赫尔巴特。他在统觉心理学的基础上建立了完整的主知主义的教育理论体系。主知主义对知识的强调削弱了其他身心发展因素在教育中的地位,19 世纪末 20 世纪初,在主知主义教育思想指导下培养出的人才已难以满足社会发展的需求,因此,开始作为传统教育的象征受到批判,很快湮没于进步教育和新教育等的教育改革浪潮中。本世纪 30 年代,主知主义思想复苏,但以新的面貌出现,被称作新主知主义。新主知主义教育思想下分出要素主义、永恒主义和新托马斯主义三大教育流派,要素主义的理论以社会进步为出发点,永恒主义强调人类的统一,新托马斯主义侧重人性的完善,其中要素主义的影响最大。新主知主义不是主知主义的简单复归,而是时代的产物,是在以儿童为中心的教育改革造成质量下降、个人主义过盛的情况下兴起的。新主知主义对知识的重新肯定是建立在对知识价值的重新认识的基础上的,不同于主知主义强调知识的本体价值,而强调知识的实用价值,即工具价值。新主知主义在儿童观上对传统的主知主义与进步教育及新教育的观点进行了调和。在教育目的上,倾向于传统,坚持教育为未来生活作准备,在教育方法上,赞同依据儿童心理特点的做法。新主知主义麾下著名人物有要素主义者威廉·巴格莱,永恒主义者赫钦斯,新托马斯主义者马里坦等人,而尤以要素主义者美国的布鲁纳最为著名,其强调知识结构的教育理论对当代教育影响极为深广。尽管新主知主义教育思想在六七十年代受到激进教育思潮的冲击,但影响至今,尤其是其中的要素主义在美国教育思想中仍占有重要地位。

(4) 人本主义教育思想

人本主义教育思想是人本主义哲学思想在教育领域的表现。

人本主义作为哲学概念具有丰富的内涵，但从根本上看是一种以人的自主性为中心的哲学观点。因此，人本主义教育思想的核心，是强调对人的重视，研究人，培养人，发展人。以此作为线索，则人本主义教育思想在西方最早可追溯到古希腊时期的苏格拉底和柏拉图。在他们看来，人具有潜在的善性，应设计一种理想的社会，通过教育使人格得到健全发展。14 世纪下半叶，欧洲伴随文艺复兴运动的兴起产生了一股人文主义教育思潮，其特征是向神学教育挑战，他们以人为中心，反对中世纪的崇拜神贬低人的思想，借助“复兴”古希腊、罗马时期世俗的人文学科，来达到其教育上的理想。人文主义教育的代表人物有维多利诺(1378—1446)、拉伯雷(1495—1553)及康帕内拉(1568—1639)等。而夸美纽斯则是人文主义教育思想的集大成者，他不仅号召“把一切事物教给一切人”，并且提出了较为系统的教学方法与学校制度。学术界习惯于用人文主义来特指这一时期的社会思潮，但就其重视人的基本特征来看，与现代人本主义思想是一致的。人文主义和人本主义是 humanism 的不同译法。现代人本主义教育思想，主要是指本世纪 60 年代在美国兴起的教育思想。它是在人本主义心理学的直接影响下形成的。其思想核心是倡导“以人为本”，代表人物主要是马斯洛和罗杰斯。现代人本主义教育思想强调人的价值，强调个人的自我实现，强调对人的潜能的肯定和发掘。本世纪 70 年代，人本主义教育思想不仅盛行于美国，而且波及世界各国。“人的学校”、“人本教育”等措词成为世界教育的共同标语。人本主义教育思想对前苏联和我国的教育改革也有影响。现代人本主义教育思想的产生原因，在某种程度上是对现代工业文明发展中出现的人的异化、孤独、自我疏远等非人性化倾向的一种抗议。在肯定人本主义教育思想中积极因素的同时，必须注意其思想体系中的极端个人主义因素是消极的。70 年代末，人本主义教育思想主导下的美国教育出现了质量大面积滑坡的局面，暴露出现代人本主义思想不够完善，教育方法不科学的弱点。

思考题

1．教育原理的研究对象是什么？

2．简述教育原理的理论特点。

3．简述教育原理的产生。

4．学习教育原理的意义是什么？

5．试述学习教育原理的方法。

6．简述教育科学的发展历史。

7．简述西方主要教育思想流派的基本特点。

8．请结合课外阅读谈我国当前教育界正在探讨的热点问题。

参考文献

1．厉以贤等：《现代教育原理》，湖北教育出版社 1986 年版。

2．陈桂生：《教育原理》，华东师范大学出版社 1993 年版。

3．滕纯：《漫话教育学的产生》，载《四川教育》，1981 年第 7 期。

4．安文涛：《教育科学学引论》，江西教育科学出版社 1997 年版。

5．孟宪承：《中国古代教育文选》，人民教育出版社 1982 年版。

6．傅任敢译：《大教学论》，人民教育出版社 1957 年版。

7．王天一、方晓东：《西方教育思想史》，湖南教育出版社 1996 年版。

8．夏正江：《现代西方人文主义教育理论之类型学分析》，载《华东师范大学学报》（教育科学版），1996 年第 4 期。

9．刘方桐：《现代西方人本主义哲学思潮的来龙去脉》，载《复旦学报》（社科版），1983 年第 3—4 期。

10．周洪宇：《中国教育学发展的回顾与展望》，载《湖北教育研究》，1996 年第 3 期。

第二章　教育概述

［提要］　本章内容是概述教育的特点。为此，阐述了教育的概念、构成、教育的基本关系，并叙述教育的起源和发展过程。在附录部分，还介绍了关于教育本质及规律的探讨，以及我国学校教育发展过程的历史概况。

第一节　教育是什么

一、教育的概念

国际21世纪教育委员会在向联合国教科文组织提交的报告中指出："教育是社会的核心。""教育在社会发展和个人发展中起基础性作用"，"教育是更深刻、更和谐的人的发展并从而减少贫困、愚昧、（不平等的）排斥、压迫和战争的一种主要手段。"① 教育在当代正发挥着日益重要的作用。

教育作用的发挥，首先是基于人们对它的认识。只有深刻地认识教育，才能充分开发和利用教育。教育是什么，这是一个最基本的问题，教育理论和实践的大厦基于此上。

对教育的认识是一个历史的过程。我们可以从字源上了解到古人对教育涵义的理解。在我国，教的古文字是"敎"，"爻"念作yao，意为经典，"子"是指孩子，而"攴"则形似手持小棒。因此，

① 联合国教科文组织总部中文科译：《教育——财富蕴藏其中》，教育科学出版社1996年版，第2页。

“斆”是指孩子在大人督促下学习知识。在古籍《孟子·尽心上》中有“得天下英才而教育之”的句子，这是最早将教育两字连用的。育的古文字是“毓”，“女”是“女”字，“𠫓”形似母腹中倒立的孩子，因此，育字的本意是妇女生育子女。另据东汉许慎的《说文解字》的解释：“教，上所施，下所效也”；“育，养子使作善也”。由此可以看出，在我国古代，教育被理解为受教育者在教育者的示范、鞭策下学习，有使人向善的涵义。在西方，教育一词的英、法、德文均源自拉丁文的 educare，词首 e 表示“出”，词干 ducare 意为“引”，合起是“引出”，有内求和引导的意思，这与我国古代的理解有所区别，但其共同点是对人施加影响，使人发生变化。

在教育发展史上，有许多教育家或思想家对教育作过解释。比如，捷克的夸美纽斯认为：“教育是生活的预备。”① “只有受过一种合适的教育之后，人才能成为一个人。”② 瑞士的裴斯泰洛齐说：教育是“依据自然法则，发展儿童道德、智慧和身体各方面的能力。”③ 美国的杜威则认为：“教育就是经验的改造或改组”④，“教育乃是社会生活延续的工具”。⑤ 这些描述性的解释，从不同的角度反映出教育的基本特点，即教育是一种影响人身心发展的活动。

作为一种专门的教育术语，虽然在现代教育理论中尚有不同见解，但一般把教育的概念界定为：教育是有意识地影响人身心发展的社会活动。这包含了几层意思：一、教育是影响人身心发展的

---

① 夸美纽斯：《大教学论》，傅任敢译，人民教育出版社 1979 年版，第 60 页。

② 同上，第 36 页。

③ 张焕庭主编：《西方资产阶级教育论著选》，人民教育出版社 1979 年版，第 206 页。

④ 赵祥麟、王承绪编译：《杜威教育论著选》，华东师范大学出版社 1981 年版，第 159 页。

⑤ 同上，第 143 页。

活动,即教育的出发点和表现是影响人的身心发展。这是指教育行为本身而言的,并不等于可以用教育的结果来衡量教育的存在,教育的进行是十分复杂的过程。二、教育这种活动是有意识的。因此,所有无意识地对人产生影响的活动或因素都不属于教育的范畴。这里应区别教育与“有教育效果”这两个概念,后者既可能是有意识的教育的结果,也可能是某种无教育意识的活动或事物,因参与或接触使人受到影响。作为教育的意识,是指向使人的身心发展产生变化的,也即教育具有目的性。因此,在此界定下教育有别于非出于本意而顺便产生影响作用的活动。三、教育具有社会性。教育是一种社会现象,它的产生和发展与社会的需要密切相关。教育的目的、内容和手段等都无不带上现实的或历史的社会色彩。

概念是反映对象的特有属性的思维形式,概念所揭示的是此类事物区别于他事物的根本特点。确立或判断概念的正确性,主要有两个依据:一是概念是否反映了同类事物的共同属性;二是概念是否揭示了事物的根本属性。

教育是有意识地影响人身心发展的社会活动,这一概念表述代表了不同形式的教育的共同属性。在此概念的内涵规定之下,其外延涵盖了古今中外的各种教育。既包括了制度化的专门教育活动,如学校教育,也包括非制度化但属于专门化的教育活动,如校外辅导机构的教育、古代的私塾教育;既包括了专门化的教育活动,也包括非专门化的教育活动,如生产劳动中的教育、家庭教育;既包括具有长远目标的培养人的活动,也包括出自短期目的的对人施加影响的教育行为。各种不同形式的教育,其共同特点就在于有意识地影响人的身心发展,并且这种活动具有社会性。

教育是有意识地影响人身心发展的社会活动,这一概念表述还揭示了教育的根本属性。所谓根本属性,是事物内部存在的关键的、决定事物存在并制约其他特点的属性。教育存在的根本原因,在于需要影响受教育者的身心发展,舍此即无教育存在的必要。这一根本原因引发教育行为并制约着教育的内容和手段等其他因素的变化。从历史的角度来看,教育之所以千古不衰日益兴盛,是因为教育的这一根本属性满足了人类社会传递经验的需要,借助于教育,人类将前人的经验传递给后代,使他们能溶入社会,成为推动社会发展的新的力量。这种永恒的需要成为制约教育的外部社会因素,并促成教育者与受教育者之间教与学的矛盾关系,这对矛盾是形成教育根本属性的内部原因。

对教育概念,也有根据某种需要来进行界定的。联合国教科文组织教育统计局在其所编著的《国际教育分类》一书中,从有利于统计的角度规定:“本标准分类所指的‘教育’不是广义的一切教育活动,而是认为教育是有组织地和持续不断地传授知识的工作。在这里,‘传授’是指在两个或两个以上的人中间建立一种转让‘知识’的关系。这种传授可能是面对面的,也可能是间接的、远距离的。‘有组织地’,意思是说,有一个组织学习的教育机构和一些聘请来的教师,按一定模式,有计划地确定目标和课程,有目的地组织传授工作。所谓‘持续不断’,意思是说,学习的过程要经常和连续。‘知识’是指人的行为,见闻、学识,理解力和态度、技能,以及人的能力中任何一种可以长久保持(而并不是先天或是遗传产生)的东西。”在此规定下,教育“不包括那些不是为学习而进行的传授活动或是没有目标、没有一定模式和顺序的传授活动,如娱乐、运动、无组织的自学、家庭或是社会上进行的辅导”。这是一种规定性定义,这种定义所确定的概念,其外延所涵盖的是所有教育活动中的部分教育活动。属于相同性质的是,在教育术语中,把学校教育称为狭义的教育。学校教育是指由专职人员和专门机构承担的有计划、有组织并有系统地影响入学者的身心发展的社会活动。与此相对应地,把有意识地影响人身心发展的社会活动这一概念所指的教育,称为广义教育。

从性质上看，特指的教育或狭义的教育，是对广义教育概念内涵的扩大，从而使外延缩小，因此，是广义教育中的特殊部分，其根本属性依然是有意识地影响人身心发展的社会活动。

明确教育的概念，可以区分教育与其他事物，而且，可以使我们能够认识教育的特性。只有把握并强化教育的特性，才能增强教育的功能。对教育的认识，不仅要认识它的根本属性及其外延所包含的各种形式，还须将它置于整个人的发展及社会发展之中作全面的分析，完整地掌握其特性。

在当代世界各国的教育改革中，涌现出许多改革的新思维，如终身教育、可持续教育、全人教育、教育化社会，等等，其中蕴含着一个共同的观念，即大教育观。所谓大教育观，是一种要求更全面更完整地认识和实施教育的思想。从理论特点来看，大教育观的实质，是对教育这一社会现象的重新认识，强调教育不单是某一时刻对人施加影响的行为，而须考虑人的整个发展过程，教育不单是教育者与受教育者之间的事，而与整个社会发展相联系。作为一种新的观念，大教育观对教育实际的影响是多方面的。在制定教育培养目标时，要求培养的完整性；在传递教育内容时，要求注意各门学科的相互沟通；在选择教育方法时，要求全面考虑其合理性、可行性；在建立学校教育体系时，要求体现系统性，等等。

大教育观是时代的产物。当代生产力的发展特点，使得对人的要求变得更加全面，科学知识对各行各业的渗透及其更新速度的加快，不仅要求人们全面掌握知识，而且要求人们不断更新其知识结构，延长接受教育的时间。当代经济的激烈竞争与全球化模式，需要人们具备更全面的能力。而信息媒体的发达，拓展了人的生活空间，使接受信息的渠道多元化，这也迫使人们重新认识教育的实际影响力问题。系统论的思维方式在教育领域的运用则直接启迪大教育观念的形成。作为时代产物的大教育观，将改变教育，使之能更好地满足时代的需要。但是，作为观念，大教育观并不是具体的教育方法，如何使之在实际的教育中得到科学地体现，有赖于进一步的实践研究。

二、教育的构成

教育是由各种因素构成的，了解教育的构成，能进一步了解教育的特点。对教育的构成，可以从不同的角度和层次进行分析，既可以从物质的角度，也可以从精神的角度；既可以从中划分出相对独立的因素，也可以对其中每一因素进行更细致的剖析。在各种因素中，有些是一般活动共有的，有些则是教育活动特有的、基本的因素。

首先，从教育同其他活动的区别来看，构成具体教育活动的最基本的要素是教育者、受教育者和内容。作为一种有意识地影响人身心发展的活动，这三者是这种活动赖以存在的必要条件。其中，教育者是形成影响的一方，受教育者是被影响的一方，而内容则是构成影响的因素。缺少其中任何一方都不能构成有意识地影响人身心发展的活动。在专门的学校教育中，教育者是专职的教师，受教育者是学生，而内容则是指以经过教育化处理的知识为主的各种信息。

教育活动之所以存在，是因为有影响和受影响的需要，由于这种需要构成了教育活动的独特的结构。在具体教育活动中，教育者、受教育者和内容三者既相对独立，又相互联系，相互依存，相互作用。教育活动具有整体性，即教育的结果是在各要素相互配合下共同造成的，并且要素的特性是整体赋予的。

这三个要素在具体的教育活动中，都不是抽象的而是具体的，而且都可以作进一步的划分。教育者和受教育者作为人，都存在心理和生理等方面的特点。人的心理，又包括认知、情感、意志等各种要素。教育内容，同样可以分为具体的或抽象的、理性的或情感的等不同方面。作细致的分析，有助于深入地了解和掌握教育的构成特点,从而使教育有所依据。事实上,对教育构成因素的认识,自古以来一直是左右教育观念和方法的重要原因,尤其是对人的认识,直接影响教育目的的制定。

其次,从作为一种社会活动的一般特点来看,则在分析具体教育活动时不可忽视环境和方式这两个因素。教育活动总是在某种环境中进行的,教育活动也总是以某种方式来进行的。

教育环境,是围绕教育活动存在的各种因素的总和。对此有各种不同的解释,美国学者 R.L 辛克莱儿(R.L.Sinclair)曾认为,教育环境就是那些能够促进学生身心发展的条件、力量和各种外部刺激因素。其实,构成教育环境的因素是多元的。如果从大的方面来划分,可以分为物质的和精神的两大类。物质的因素包括各种自然的和人为的物理条件,精神的因素则是体现于人际关系、教育内容、人文化的物质条件等各方面的社会的、心理的因素,甚至包括教育者和受教育者自身的条件因素,如人的内部心理环境。各种因素相互交织,总和起来构成具体的教育环境。从介入教育活动的时空特点来看,可分为直接的环境和间接的环境。直接的环境是介入教育活动的环境,间接的环境是直接环境之外的环境因素,在空间上表现为存在于教育活动范围之外,在时间上则是指非即时的、以往的因素。间接环境与直接环境密切相关,并且由于教育的活动性,使两者可以相互转化。在学校教育中,课堂环境与校园环境有关,而在分析学校教育时,则不可忽视对家庭和社会所构成的大环境的分析。教育环境既是教育活动赖以存在的条件,又是存在于教育活动中的一种影响力。它影响受教育者及整个教育活动。学者贾克森(P. W. Jackson)曾在其著作《教室的生活》(life in classrooms, 1968 年)中分析了教室中的团体生活、报偿体系和权威结构等特征,认为这些不明显的学校特征形成了独特的气氛,会对学生产生影响作用。以此引发了对形成学生非正式学习的各种要素的研究,并将这种影响因素称作潜在课程。

教育方式，是指教育活动所采用的形式、程序和手段等。教育方式是教育行为的具体表现，在一定的人、内容和环境条件下，教育者主要是通过调节教育方式来实现其教育意图的。因此，教育方式是教育操作的重要内容。涉及教育活动的教育思想和理论最终须落实于教育方式才得以贯彻。探索科学的教育方式，是当代学校教育改革的重要内容。随着以高科技为依托的现代化教育手段的开发和普及，教育方式正在发生革命性的变化。在面对面的手工操作的传统教育方式的基础上，遥距教育、电脑信息处理性质的教育等各种现代化的教育方式不断产生，从而将极大地丰富在有意识地影响人身心发展这一教育内涵之下的外延所包含的教育形式。

另外，除了上述从探索具体教育活动的构成这一角度进行的分析之外，还可以从其他角度来分析教育的构成因素。依据系统论的观点，所谓要素是指系统的组成部分，系统是由各种要素组成的，各要素是主系统的子系统，不同的主系统是由不同的子系统组成的。因此，如果我们考察受教育者从入学至学业完成的教育的构成，则可以从不同角度了解在这一范围下的教育的组成部分。既可以从纵向来分析不同层次学校教育的组合，也可以从横向分析教育内容的成分，所谓德育、智育、体育、美育和劳动技术教育，即是从这一维度划分出的教育内容的组成部分。

总之，分析教育的构成是为了了解和掌握教育的特点。必须强调的是，因素同存于一个主体，具有整体性。因此，划分组成因素、分析相互关系与掌握总体特点和根本性质，都是完整地认识教育所不可缺少的方法。

三、教育的基本关系

教育关系是指教育内外各种因素之间的相互联系及其相互作用。首先，作为系统，构成教育的各种因素都不是孤立的，而是相互联系、相互作用的，如教师与学生之间，内容与手段之间，等等，教育的过程正是这些因素间相互作用的过程。其次,教育作为一种社会活动,又是社会这个大系统中的一个子系统,因此,教育与经济、政治、文化等各种社会因素之间存在着千丝万缕的联系。了解各种内外因素之间相互联系、相互作用的特点,是认识教育发展规律的重要途径。

对教育关系的认识,与对教育构成因素的划分及揭示程度有关。例如,我们既可以从教育结构中划分出教师与学生这两个基本因素,探讨两者之间的总体关系,也可以进一步对教师和学生加以分析,划分出要素,探讨两者之间或个体内部在知识、情感、品德、人格等各种因素方面的相互关系。各种关系之间是相互影响,甚至是相互制约的。内容与手段的关系,受教师与学生的关系的制约。对教育关系的认识,必须分析各种关系的性质,分清主要的和次要的关系、基础的与派生的关系。

在各种关系中,教育与人的关系和教育与社会的关系,是两对基本的关系。教育与人的关系,是指教育活动与人的因素的关系。人的因素,泛指人的身心各方面的内容及其活动特点。这里的人既包括受教育者,也包括教育者,而主要是指受教育者。教育与社会的关系,是指教育活动与各种社会因素以及社会整体之间的相互影响作用。之所以认为这是两对基本的关系,是因为这两对关系所反映的是教育的两个基本矛盾。教育是有意识地影响人的身心发展的社会活动,促使人的发展是教育的基本内容,而这种教育活动的根本动因是社会的要求。并且,这两对关系涵盖了教育中的各种关系,教育活动中产生的各种问题,无不与这两个关系有着直接或间接的联系,其解决方式须依据这两对关系中存在的基本规律。

教育的两对基本关系不是并行的,教育与人的关系所反映的是直接的教育活动的内部联系,教育与社会的关系所反映的是间接的外部联系。外部联系必须通过内部联系反映其要求,内部联系则是通过外部联系体现其作用的。在教育、人及社会这三者之间,教育对人的影响,直接反映的是人的发展要求,而间接反映的则是社会对人的要求。教育对社会的作用,主要是凭借对人的影响来实现的。社会对教育的作用,是提出要求并提供条件,但不仅这两方面最终要落实在对人的教育上,且其对教育能产生影响的要求也必须是符合人的发展特点及可能性的。因此,人的问题是教育的核心问题,在人的身上,不仅具有自然的属性,而且具有社会属性,体现了社会的要求。对人的研究和培养,是教育、人及社会三者关系的集中体现。

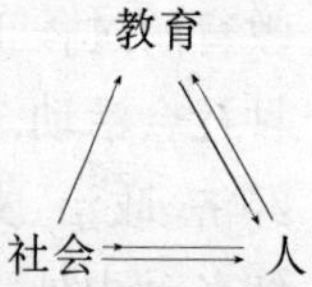

教育
社会 人

第二节　教育的产生与发展

一、教育的起源

教育起源于什么,对此问题的研究不仅有助于揭示史实,而且,可以从中了解教育的特点。这是一个教育学家、历史学家、人类学家等各门学科的学者共同关注的问题。然而,由于教育起源于遥远的过去,缺乏直接的史料,对这一问题的认识,只能借助间接的佐证材料,进行逻辑推理。如地下考古发掘出土的关于古人的痕迹、对生活习性接近原始人的部落的考察以及古代的传说等等。因此,至今依然没有最终的定论。

19 世纪末曾出现两种有一定影响的观点,即教育的生物学起源论和教育的心理学起源论。前者的创始人是法国的社会学家、哲学家利托尔诺(1831—1902),他在其著作《各人种的教育演化》中认为,教育是超出人类社会范围以外,在人出现之前就产生的。教育起源于生物的本能,动物为着保留自己的种类,会由于自然赋予它们的固有本能而把自己的“知识”和“技巧”传授给幼小的动物。这种观点受到心理学起源论的代表人物美国的孟禄(1869—

1947)的批评，认为它混淆了人与动物的本质区别，并提出，教育起源于儿童对成人的出于本能的模仿。但这种观点无视教育的有意识性和社会性，也未能真正揭示教育的起源。在探讨教育起源问题时，首先对教育是什么应有正确的界定，这种界定的依据是教育在人类社会的发生和发展中所起的作用。教育担负着培养后代的历史重任，这种教育活动绝非出于生物本能的或无意识的模仿所能完成的。

我国关于教育起源问题的认识，在中华人民共和国成立后的相当时期，主要是接受苏联学术界的观点。恩格斯在《自然辩证法》一书中曾指出，“劳动创造了人本身”。① 前苏联的一些理论工作者据此进行推论，提出教育起源于生产劳动的观点，认为劳动创造了人，产生了人脑这一可以进行高级思维的物质，形成了语言这一可以交流思想的工具，积累了生产的经验，并且需要教育加以传递，所以产生了教育。这种观点科学地揭示了教育的起源对人类最基本的社会活动，即生产劳动的依赖关系。但是，能否将起源的动因简单归结为传递生产经验尚有待研究，为此，在 70 年代这一观点曾受到我国理论界的质疑，并引起讨论。

我们认为，教育起源于传递在人类社会实践中形成的以生产劳动经验为主的超生物经验的需要。超生物经验是超出生物本能条件，只有人类才具有的经验。这是因为，教育的起源不是瞬间现象，而是一个过程。在这一过程中，人类的行为不是单一的，而是综合性的；人类的需求也不是唯一的，而是多样的，其中有一种需求是稳定的、主要的，它同其他需求一起推动这一过程的完成。这一主要的需求就是使新生一代掌握生产经验，使之获得赖以生存的基本能力。这一根本动因连同传递其他超生物经验的需要一起，共同推动着人类最早的教育行为由量变至质变、由不自觉至自

① 《马克思恩格斯选集》第 3 卷，第 508 页。

觉,变为有意识地影响人的身心发展的社会活动。

教育的起源过程表明,人类在其产生之初即有教育的需求。人类的超生物经验是在从猿到人的转变中,伴随超生物肢体——手的形成而出现的。传递以生产经验为主的超生物经验,既可以使新生一代获得生存能力,同时也促使最初的社会关系的形成。人类对教育的需求是永恒的,人类社会的延续与发展离不开教育的作用,因此,只要有人类社会存在,就有教育现象的存在,教育的内容和目的等会随着人类社会的发展而变化。

二、教育的发展

教育自产生至今,经历了漫长的发展过程。在不同时期,社会向教育提出的要求及提供的条件,使教育形成相应的特点。根据人类的教育内容由非专门教育活动向专门教育活动转移的情况,在客观上,我们可以把教育的发展过程分为三个各具特点的历史阶段。

1. 原始教育时期

这一阶段从教育产生开始至学校出现为止,主要是指原始社会时期的教育。由于这一时期人类社会生产力水平的低下,没有剩余产品,没有人能脱离生产劳动从事专门的文化活动,文字尚未产生,简单的生产经验无需专门的教育来传递。因此,这一时期人类的教育处于一种混沌状态。首先,教育无专门的形式,教育存在于社会生产和生活的过程中,以口耳相传的方式进行。其次,没有教育权利方面的分化,人人都可以也必须接受教育,以便获得基本的生活能力。此外,教育内容表现出很大的共同性,唯有男女两性间存在一定的差别。教育的主要内容是简单的生产和生活经验。我国古代有关于远古时期的教育的传说,《尸子》说:“伏羲之世,天下多兽,故教民以猎”,《周易·系辞》说:“神农氏制耒耜,教民农作”。在考察接近原始社会生活习性的部落时,也能发现类似的原始教育的痕迹。原始教育伴随社会发展而变得丰富,在后来出现的原始艺术与宗教活动中也溶入了教育的成分。在原始社会末期出现了最早部分脱离生产劳动的巫,虽然巫是从事原始宗教活动的,但对原始文化的发展也起着积极的推动作用。

2. 教育的第一次分化

社会发展至一定时期,产生了专门从事教育活动的学校。学校是有计划、有组织地进行系统教育的机构。学校最早出现在何时何地,仍无定论。一般认为,我国的学校萌发于原始社会的末期,而形成于奴隶社会的商朝。学校的产生是一种教育分化现象,这表现为,一部分社会内容的传递活动从非专门的教育活动中分离出来,交付专门的教育机构来完成。最早进入学校的内容,主要不是生产经验。产生于夏代的学校形式"序",是一种习射的地方,在此培养射箭的能力,同一时期产生的"校",也是一种习武的场所。"序"与"校"所传递的内容都是进行战争和维护统治所需的内容。伴随这种分化,受教育权也开始出现了分化,专门的学校教育的目的是出于一部分统治阶级的需要。因此,教育的第一次分化,是与统治术有关的教育内容,从非专门的教育活动中分化出来,用专门的形式进行传递。教育的这种分化,是社会发展的结果。占统治地位的阶级需要专门的教育来传递所需的知识技能,同时社会发展也为学校的产生提供了条件。进入奴隶社会,已出现体脑分工,一部分人可以脱离生产劳动从事其他社会活动;已有了文字,考古挖掘证实商代已有四千个以上的甲骨文单字,这使产生借助文字传递间接知识的活动有了可能;社会的文化知识也有了积累。教育的第一次分化,不是为了传递以生产经验为主的内容,这与教育的产生原因有很大的区别。这主要是因为,简单的生产经验还没有达到迫切需要以专门的教育形式来传递的程度。在社会提供的有限的物质条件下,教育首先满足社会集中体现出的最为迫切而强有力的需求。

3. 教育的第二次分化

教育的第二次分化，是以发展生产力为主要目的的教育内容，从非专门的教育活动中分化出来进入学校大门。这是机器大工业生产的发展带来的结果。14 世纪，欧洲开始出现文艺复兴运动，并推动文化科学的繁荣和新的生产方式产生。在 14～15 世纪，地中海沿岸若干城市出现资本主义生产的萌芽，西欧在 16 世纪后半期开始进入资本主义时期，经过 17～18 世纪英法的资产阶级革命和 18 世纪后半期机器大工业的发展，极大地提高了社会的生产力水平。马克思曾评价说："资产阶级在它的不到一百年阶级统治中所创造的生产力，比过去一切世代创造的生产力还要多，还要大。"以电力、化学和机械自动化为标志的资本主义大工业生产，一方面使单个人的经验和技巧作为微不足道的附属品而消失，另一方面使人类世代所积累的经验、整个社会所创造的经验，即间接经验的作用越来越大。整个生产过程已不再屈从于劳动者的直接技巧，而是科学在技术上的应用。这种生产方式的巨大变化，对教育产生了深刻的影响，劳动能力的培养已不再满足于低效率的非专门的教育形式，而迫切需要以专门的学校教育来进行，实科学校相继问世。1701 年在莫斯科出现了数学航海学校，1708 年德国的席姆勒在哈勒创办数学、机械学、经济学实科中学，等等。实科教育是以传递自然科学知识为主的教育，其根本目的是为发展生产力服务。因此，教育的第二次分化在性质上与第一次分化不同，第一次分化是出于培养统治能力的需要，第二次分化则是为了发展生产力。但两次分化表现出的共同特点是，教育的重大变化是应社会集中体现出的最为迫切而强有力的需求而发生的。发展生产力的需要，在这一时期，已上升为这种性质的需要，从而再次引起新的教育分化。综观此后教育的发展过程，教育的第二次分化远未结束，劳动力培养方式日益与行业要求相关联，并且随着各行各业对从业人员素质要求的提高，不断地有新的职业教育进入学校的大门。

附录

1. 教育的本质和规律

本质是一类事物的有决定性的特有属性,它与概念既有联系,又有区别。本质属于存在的范畴,是事物的属性;概念属于认识的范畴,是一种思维形式。科学的概念,须反映事物的最根本的属性,即本质属性,但概念作为对事物特性的反映形式,同人们的认识能力相关,有可能反映了事物的本质,也可能未揭示到事物的本质。揭示教育的本质,可以掌握教育的关键,从而为教育的实践和理论提供最基本的依据。

关于教育本质的认识,长期以来一直存在分歧。早在50年代,斯大林在《马克思主义和语言学问题》一文中提出语言是既不属于经济基础,又不属于上层建筑的社会现象的观点之后,苏联国内围绕教育是不是上层建筑的问题展开过讨论,这场争论曾波及我国。此后,教育是上层建筑的观点在我国被肯定,并被不断强化。十年动乱结束后,随着思想的解放,理论界对教育本质问题展开了讨论。综观各种观点,可以分为几类:

一、认为教育的本质是上层建筑。其主要理由是,教育的主要方面,如教育目的、教育政策、思想政治教育内容等,是由经济基础决定的,并为一定的政治制度服务,具有上层建筑的特性。二、认为教育的本质是生产力。其主要理由是,教育是劳动力再生产及科技发展的重要手段,具有生产性,在当代科技高度发达的社会,这种特性日益明显和重要。三、认为教育具有多种本质。这类观点可细分为几种,有的认为教育兼有上层建筑和生产力的性质;有的认为教育具有更多的性质,如文化的性质、社会实践的性质等等。并且,这类观点大多强调多质的统一性。四、认为教育是一种特殊的范畴。这类观点又有各种不同的表述,如:教育是人类自身的生产实践;教育是培养人的社会活动;教育是一种特殊的精神生产力,等等。

应该肯定,这种争论对认识教育的特点是具有积极意义的。但是,对认识本质的思维方式似有反思的必要,这是能否揭示教育本质的关键。

必须分清事物的本质与事物的归属的区别。事物的本质是事物的根本属性,是由事物本身所包含的特殊矛盾构成的。一事物往往具有多种属性,不同的事物往往可以因具有同类的属性而被归为同一类属。因此,就存在揭示本质与寻找归属这两种不同的思维方式。教育本质是由教育本身所包含的特殊矛盾构成的,这一特殊矛盾即在教育者引导或要求下形成的受教育者的新的发展需要与原有水平之间的矛盾,这对矛盾决定了教育的本质是一种有意识地影响人身心发展的社会活动。教育不是孤立的现象,作为一种社会活动,必然与其他事物发生联系,并从中表现出各种属性,如教育的生产性、文化性及上层建筑的特征等等,我们可以因某种共同具有的属性将教育与其他事物归为一类,但这不等于揭示教育的本质,也不等于可以改变教育的本质。我国理论界关于教育本质的各种分析,就其实质来看,可以分为两类,一类触及教育的本质问题,一类所论及的则是教育的归属。

对教育规律的内涵及其特点,我国理论界也进行了多年探讨,虽已有一定的成果,但仍存在分歧。

对教育规律的界定,须首先明确什么是规律。规律是"事物发展变化过程中的本质的联系和必然的趋势。"① 这里包含了几层意思:一、规律是一种本质联系;二、是体现在事物发展过程中的;三、是事物发展过程中表现出的必然的逻辑顺序。因此,规律具有稳定性和重复性的特点。也即,规律是事物中稳固的东西,只要具备必要的条件,合乎规律的现象就必然重复出现。

教育规律,具有上述规律的一般性特点。教育规律是教育发

① 冯契主编:《哲学大辞典》,上海辞书出版社 1992 年版,第 936 页。

展变化过程中的本质的联系和必然的趋势。教育的这种本质联系，存在于教育活动之中，也存在于教育与社会各种因素的相互作用过程中。

教育规律属于存在的范畴，与教育科学所揭示的规律有联系又有区别。教育科学规律是对教育规律的反映，与人们的认识程度有关。教育规律不依赖于人们的意志和意识而存在，不能被创造，也不会被消灭。人们只能通过科学的手段去发现、认识和掌握教育规律。

教育规律在其表现形式上，远比其他规律，如自然科学范畴的规律复杂的多。这是因为教育系统，尤其是教育中的活动主体——人的复杂性所致。在控制论和系统论中，常用颜色的深浅来表征信息的有无和多少。一个系统的信息一无所知的称"黑"，一个系统的信息全部确知的称"白"，一个系统的信息一部分确知而一部分不知的称"灰"。教育系统在信息表现上具有"灰"的特性，因此有人将教育系统称为灰色系统。由于教育系统在信息表达上的复杂性、模糊性，给教育规律的研究和揭示造成很大的困难。但这不等于说教育无规律，或干脆避而不谈教育规律问题。人们揭示教育规律的准确性，必将随着科学的发展而提高。但无论如何，对教育规律的探索是建立教育科学理论的基础。

教育规律具有层次性的特点。即既有普遍规律，也有特殊规律；既有基本规律，也有次一级的规律。普遍规律与特殊规律是指规律的适用范围来讲的，前者具有广泛的适用性，后者则适用于局部范围。特殊规律中包含着普遍规律，而普遍规律总是表现为特殊规律。基本规律与次级规律是指规律之间的关系而言的。次级规律对基本规律有依附性，基本规律是次级规律的基础。基本规律既可能是普遍规律，也可能只适用于某个局部领域，是该领域中的基本规律，也即基本规律与普遍规律是两个不同的概念。

教育规律具有实践性的特点，它源于实践，用于实践。教育科学规律不等于实践经验，而是对经验的理性提炼，并可被实践验证。发现、认识和掌握教育规律，可以用来指导新的教育实践，使之收到预期的结果，或者提高其效率。从根本上说，整个教育科学的建立，就在于研究和揭示教育现象中存在的规律，为实践提供科学的依据。在教育理论的某些领域，如教学理论和德育理论中，甚至习惯于用原则的形式来作为规范教育实践的直接要求。原则不等于规律，属于意识的范畴。原则是在对规律的认识基础上提出的，它反映了人们利用规律指导实践的主观要求。

2．我国学校教育史概要

作为未来的教师，了解本国的教育史，不仅可以从中了解教育的特点，而且对于增强民族自尊、自信、自强的精神及社会责任感都具有重要的意义。教育史是一个庞大的内容体系。这里仅简要介绍我国学校教育在不同时期的主要特征，为进一步学习提供基础。

如前所述，我国的学校萌发于原始社会末期，形成于商代。在距今约四千多年前的“五帝”和“虞舜”时期，出现了“成均”和“庠”，前者是乐师作乐之处，后者是养老的场所，因而最初的学校雏形是附带管教儿童的地方。经夏代至商代，学校正式形成。此时不仅有庠，还有序、校、学和瞽宗，学与瞽宗都是学礼乐的地方。我国学校发展至西周，已有一定体系，有国学与乡学，国学中又有大学和小学。教育内容主要是“六艺”，即礼、乐、射、御、书、数。

春秋战国，伴随由奴隶社会向封建社会转制出现的社会动荡，使得官学衰废，私学兴起。孔子是开创私学的重要人物。私学带来了官师合一、自由受教的历史性转变。至第一个统一的封建朝代秦朝，由于实施禁私学废官学的政策，使学校发展进入低谷，据《史记·秦始皇本纪》记载：在秦朝“若有欲学法令，以吏为师！”

公元前 206 年进入汉代，这是我国学校教育发展的重要时期。汉初并不重视教育，但自汉武帝采纳董仲叔的建议实施独尊儒术、废黜百家、兴办太学及重视选士的三大文教政策后，学校教育有了很大的发展。我国最早真正做学问的大学是创办于汉武帝时(公元前 124 年)的太学。创办于东汉灵帝光和元年(公元 178 年)的鸿都门学是我国最早的文学艺术专门学校。创设于东汉明帝永平九年(公元 66 年)的贵族学校四姓小候学，名声很大，使得邻国“匈奴亦遣子入学”，① 这是外国来华留学的开始。汉代的经师讲学等私学教育也很发达。选士方法除学校培养和选拔之外，另有察举制，开创了校外选士的先河。

魏晋南北朝，连年战争使得官学时兴时废，此外，“九品中正制”的选士方法也不利于学校教育。

在隋唐五代，学校发展经历了复兴、鼎盛至衰落的过程。隋朝于公元 606 年开创科举制，一直延用至清末，与孔子的“学而优则仕”的教育思想一起，对我国的教育、文化、经济和政治等各个方面产生了深刻的影响。唐代是我国封建社会的鼎盛时期，学校教育也翻开了辉煌的一页。唐代的学校教育体系发达，中央官学的主干有国子监领导下的六学一馆，即国子学、太学、四门学、书学、算学、律学和广文馆。此外，还有最高贵族大学弘文馆与崇文馆，有崇玄学与医学。始创于南北朝时期的医学教育在唐代得到很大发展。唐代在地方也设有官学和私学。唐代出现外国来华留学的高潮，周边的国家，如高丽、百济、新罗、高昌、吐蕃及日本等国都派人来华留学，其中日本来华人数最多。自隋代起日本就选派遣隋使来华。大批留学生和学问僧在中国留学后把中国的文化甚至文字带回日本。唐代教育在当时处于世界先进之列。至五代时，因战事频繁，再次使学校发展进入低谷，但雕版刻印术开始盛行，据《少室山房笔丛》记：“雕本肇自隋时，行于唐世，扩于五代，精于宋人”。

宋元明清时期，学校教育基本是唐制的延用和发展。作为特

① 《后汉书·儒林传》。

色，是此时书院教育的发展。书院是一种集藏书、讲学、研究、修身养性为一体的教育场所，是中国特有的形式。它始于唐代，盛于宋代，至清末光绪二十七年(1901 年)被改为学堂。清末，国人在西方坚船利炮下苏醒，改革之声四起。在洋务运动和维新运动中，开始兴办新式学堂和实科学校。1903 年，我国第一个全国统一的学制《奏定学堂章程》诞生。1905 年，科举制度被废除，随即翻开了中国学校教育发展史上新的一页。

思考题

1. 简述教育概念。
2. 试分析教育的构成。
3. 试分析教育的基本关系。
4. 简述教育的起源与发展。
5. 请谈谈你对教育本质的认识。
6. 请谈谈你对大教育观的认识。
7. 简述我国学校教育的发展历史。
8. 请结合课外阅读及了解实际分析当代教育的特点。

参考文献

1. 瞿葆奎主编:《教育与教育学》，人民教育出版社 1993 年版。

2. 陈桂生:《"教育学视界"辨析》，华东师范大学出版社 1997 年版。

4. 刘楚明:《教育辩证法》，教育科学出版社 1994 年版。

5. 郑金洲:《教育起源研究十七年》，载《教育史研究》，1996 年第 1 期。

6. 孙培青主编:《中国教育史》，华东师范大学出版社 1992 年版。

7. 郑金洲:《教育本质研究十七年》,载《上海高教研究》,1995年第5期。

8. 曹福成主编:《大教育与现代人的培养》,山西教育出版社1997年版。

9. 刘敏:《浅议对大教育的生态分析》,载《教育探索》,1996年第1期。

10. 陆有铨:《躁动的百年——20世纪的教育历程》,山东教育出版社1997年版。

第三章　教育功能

[提要]　本章内容阐述教育的功能,主要介绍教育功能的特点、教育的育人功能、教育的社会功能,以及两者的辩证关系。

第一节　什么是教育功能

教育功能是现代教育理论研究中的一个重要问题,对教育功能进行研究,有助于认识教育功能、开发教育功能,最大限度地发挥教育的作用。

教育功能,是指教育在其内外联系中所表现出的特性和能力。教育在其内部联系中,表现出具有影响人、培养人的作用;在其外部联系中,表现出具有作用于社会、影响社会的能力。因此,所谓教育功能,是教育所表现出的可能性,也即指教育有什么作用。

教育功能源于教育结构的特性。由教育者、受教育者及内容构成的独特的教育结构,是形成教育功能的基础。教育结构内部要素的特点及其相互关系的特点,会影响教育功能的具体表现。学校教育之所以具有强于其他教育形式的教育功能,在于学校教育的独特结构。但无论哪一种教育的教育功能,都蕴含教育功能的一般特点。

一、教育功能具有社会性

教育功能的社会性,是指教育功能的产生、内容性质及作用对象,均与社会密切相关。其原因在于构成教育结构的要素及其关系是具有社会性的。教育者、受教育者及教育内容都是存在于社会中的。即使满足个人需要的教育活动,其功能同样具有社会性,因为个人的需要根源于社会。在阶级社会中,阶级利益在教育中的反映,使教育功能带有阶级性,这是教育功能社会性的强烈表现。

二、教育功能具有层次性

我们可以从不同的角度分析教育功能的层次特点。从作用对象来看,可将教育的功能分为直接功能与间接功能两种层次。直接功能是在具体教育过程中直接表现出的教育作用,间接功能则是在教育过程之外产生的由直接功能引起的效果。就教育在同人的关系及同社会的关系中表现出的功能而言,教育的育人功能是教育的直接功能,而教育的社会功能则是教育的间接功能。后者是前者的间接效果。从功能的内容来看,可分出基本功能和次级功能。教育功能的内容在于满足受教育者或社会的基本需要的是基本功能,满足次级需要的是次级功能。譬如,满足形成基本生存能力需要的教育与其他内容的教育相比,教育所体现的作用是根本性的。这种主次之分是相对的,在一定条件下两者会相互转化。从教育功能产生效果的持久程度来看,可分长时功能与短时功能。前者的功效是长期的,后者则相对是短期的。实际上,这两种功能是相互关联的。多次的短时功能的效果可累积成长时功能具有的影响力。长时功能的实现,往往依赖有计划的教育活动,可视为由许多具有短时功能的教育行为汇集而成。

三、教育功能具有复杂性

就教育效果的显示及其与教育行为自觉性的关系而言,教育功能既有显性功能,又有隐性功能。显性功能与隐性功能的概念,最初是由美国著名社会学家默顿提出的。所谓显性功能是指由参与者所筹划并觉察的客观效果,而隐性功能则指既非事先筹划,也未被觉察到的客观效果。这种现象在教育实践中是存在的,譬如,在对学生进行行为规范教育时,如果过于严格和细致,尽管能如愿以偿地使学生变得循规蹈矩,但有可能使学生的个性受到磨损。因此,教育功能的表现,并非完全按教育者事先意愿变得简单明了,而是复杂的。这就表明,在实施教育时必须考虑周全,分析教育作用的各种可能性。

四、教育功能具有方向性

教育功能是有方向的,或有利于或无利于社会或个体的身心发展,由此表现出教育功能的正功能特性和负功能特性。正功能与负功能的概念,最初也是由默顿提出的。教育效果的性质是否一定具有意义,对此问题的认识在相当时期内是模糊的。在现代教育理论中,这个问题开始受到关注并趋于明朗。事实表明,教育既具有正功能,也具有负功能。虽然鉴别功能的标准不一,但已明确的是,教育所产生的效果不一定都是正向的。譬如,单纯追求升学率的教育,很有可能会压抑学生的身心发展。教育功能的表现属于客观的范畴,未必一定与原先的价值取向相符。教育的负功能是在教育实践中要加以避免的效果。

教育功能的正负性与功能的显性和隐性之间不存在对应关系。教育的负功能在较多的场合是一种隐性功能,但也有教育者事先意识到并被觉察的显性的负功能。譬如,为追求高分而进行的题海战术教育行为,明知学生会产生厌学情绪,仍变本加厉地实施。日本学者柴野昌山将学校教育的功能区分为四个类别(见图),以显示教育功能正负

		主观意向	
		显性	隐性
客观结果	正向	A	B
	负向	D	C

学校教育功能关系示意图

性与显隐性的相互交叉关系。[①] 在现实的教育实践中，我们希望更多地出现 A、B 区域的教育结果，但是，事实上 D、C 区域的教育结果在教育目标被扭曲的条件下是普遍存在的。当前所实施的从应试教育向素质教育转变的教育改革，其目的之一就是摈弃教育中的负功能。

五、教育功能具有整体性

教育功能的整体性，意指教育功能中的各种效应总是互相牵扯，并最终体现于同一个体身上，综合地产生作用，其效应或互补，或互抵，或显性，或隐性，或当即体现，或一部分直接显示，一部分迟后表现出来。教育功能中的各种效应，在实践中往往表现出依存关系，如厌学情绪是因题海战术而起。附带效应依主要的教育者所希望的功能而存在。因此，教育者必须重视教育功能的内在一致与协调问题，一致是指性质上应是同质的，协调则指各种效应互相配合。

教育功能的各种特性表明，在教育实践中，教育者应对教育可能产生的效果进行周密的分析，不仅要考虑教育功能的价值，还须树立一个观念，即从教育意图到实际效果并非简单的对应关系。只有对教育功能有科学的认识并采取相应的措施，才能使教育收到最佳的效果。

上述是就教育功能的一般特点而言的，就其内容而言，因教育内容的不同而有具体不同的表现，教育有传播文化的功能，培养能力的功能，等等。根据教育的作用对象，我们可以把教育功能分为两类，一是教育的育人功能，二是教育的社会功能。这两类功能是密切相关的，分析这两类功能，有助于了解教育的作用。

---

① 柴野昌山：《学校的负向功能》，《教育社会学研究》第 27 集，日本东洋馆出版社 1972 年版。

第二节　教育的育人功能

教育的育人功能,是指教育具有影响人、培养人、促使人的身心得到发展的特性和能力,这是教育价值的根本所在,教育正因为具有这种功能而使其成为永恒的范畴。

教育是一种培养人的社会活动,这是教育的基本属性,教育育人功能是这种基本属性的体现,因而也称作教育的本体功能。教育凭借育人功能作用于社会,参与人类文明史的建设。

教育育人功能的实质,是进行精神性的人的生产。恩格斯曾把人类的社会生产划分为生活资料的生产和人类自身的生产两种形式。前者反映了人和环境的关系,属于受政治经济学规律制约的物质生产的范畴。后者则反映了人与自身的关系。人类自身的生产,不仅是生物的过程,而且是社会的过程,人们通过教育实践,把柔弱无知的婴儿培养成为能够担负一定社会职责的社会成员。用马克思的话来说,在受教育者身上,教育者使"我的本质力量作为一种主体能力自为地存在着",① 以便让他们继续从事生产实践,推动社会前进。这种人的生产活动,属于教育的范畴。

教育育人功能的基本表现,是向受教育者施加影响,以使受教育者发生预期的变化。这种作用主要表现为:

(一)把人类在历史进程中所形成的精神文明移植于个体。这种移植,是人类延续自身的需要。人类所积累的精神财富需要向新生一代传递,以便使他们能进入文明世界,并且可以以此来保存文明,发展文明。这种传递需要借助教育的作用,人不可能通过生物遗传获得知识,一切知识来源于后天的学习。

(二)使人的先天素质得到发展。人从先天遗传获得了生物学

① 《马克思恩格斯全集》第 42 卷,第 126 页。

意义上的发展的可能性,这种可能性向现实的转化,是在人与后天环境相互作用的过程中实现的。在后天的环境因素中,教育是一种独特的因素,与其他影响因素相比,不仅是一种自觉的影响因素,而且具有计划性、针对性,因而更有利于人的发展。最大限度地释放人的发展可能性,是教育的目标。

上述两种作用,最终集中地表现为使个体成为能独立生存的社会中的新的一员。

教育的这种作用,是使个体具备成为合格的社会人的条件。这种条件是多方面的,包括使个体形成性别角色,融入社会的文化生活,具备职业能力,等等。

教育的这种作用,是使个性与社会性在个体身上有机地达到统一。人既是个体的,又是社会的。每一个体都具有不同与他人的固有发展条件,但每一个体都须进入社会,必须符合社会的要求,因此,在每一个个体身上都是社会性与个性特点的结合。但是,是使个体的发展更多地体现社会的要求,还是体现个体固有的特点,这与教育者的价值取向,以及对此问题的认识有关。18 世纪的启蒙思想家卢梭曾在其著作《爱弥儿》中提出这样一个问题:必须在把教育对象“教育成一个人还是教育成一个公民”之间加以选择。① 意即是更多地满足个人的发展特点,还是满足社会对人的要求。如果撇开价值取向问题,就两者关系而论,我们必须看到,个体与社会的关系是辩证统一的。这是马克思主义的基本观点。马克思曾指出“社会,即联合起来的单个人”,“社会本身,即处于社会关系中的人本身”。② 因此,“应当避免重新把‘社会’当作抽象的东西同个人对立起来。”③ “人的本质在其现实性上是一切

---

① 卢梭:《爱弥儿》(上卷),人民教育出版社 1985 年版,第 5 页。

② 《马克思恩格斯全集》第 46 卷,第 20 页、第 226 页。

③ 《马克思恩格斯全集》第 42 卷,第 122 页。

社会关系的总和”，而社会也无非是“个人彼此发生的那些联系和关系的总和”。[①] 因此，离开人的发展，就不存在社会的发展；而离开社会的现实条件，也难有个人的发展。也即，在考虑个人发展的时候，必须强调社会化，使其能融入社会，在强调社会需求时，必须重视个性特点，使两者有机地结合。必须指出的是，人的发展同社会的发展是密切相关的，人的发展状况会受到社会条件的限制，尤其是社会分工会对人的发展产生负面影响。马克思曾指出，社会分工会造成人的片面发展。但人的全面发展的实现是一个历史的过程，“个人的全面发展，只有到了外部世界对个人才能的实际发展所起的推动作用为个人本身所驾驭的时候，才不再是理想、职责等等，这也正是共产主义者所向往的”。[②] 因此，在考虑人的发展的时候，如马克思所强调的：“我们不是从人们所说的、所想象的、所设想的东西出发，也不是从只存在于口头上所说的思考出来的、想象出来的、设想出来的人出发，去理解真正的人，我们的出发点是从事实际活动的人。”[③] 应该使个体在现实意义上达到社会化与个性化的统一。

教育育人功能的特征，具备前述教育功能的一般特性，同时，由于受客观条件和价值取向的影响，育人功能会表现出某种倾向性。尤其是伴随社会生产力的发展及社会生产方式的变革发生的对人的要求的改变，教育育人功能的实质内容也会发生相应的变化。与古代社会相比，现代教育，更重视对人的潜能的开发及发展的全面性。

除此之外，教育的育人功能还表现出迟效性。这是因为，人对于教育所提供的外部影响需要经历一定的吸收、消化，向自身素质

---

① 《马克思恩格斯全集》第 46 卷，第 220 页。

② 《马克思恩格斯全集》第 42 卷，第 121 页。

③ 《马克思恩格斯选集》第 1 卷，第 30 页。

转变的过程。因此，对人的教育难以一蹴而就，这不仅表现为实现一个完整的教育目标需要时间，同样表现在即时教育效果的体现上。并且，在教育影响下学生所发生的变化，不仅是吸收信息，同时会形成自我发展的能力，有助于这种能力发展的每一次教育影响，都是在对这种能力的筹造，其效果不局限于现时，或许会在将来体现出来。

教育育人功能的施行者，是各种教育行为主体，包括家庭中的成员、各种社会教育机构及学校的教育者，等等。在现代社会，学校是主要的教育机构，学校教育具有不同于其他教育的特殊性，即具有明确的目的性、计划性和系统性等。开发学校教育的育人功能，最大限度地发挥学校教育的作用，是当代教育要研究的重要课题。

第三节　教育的社会功能

教育的社会功能，是指教育在同社会的相互关系中所表现出的能力。教育的社会功能是教育的间接功能，是教育育人功能在社会作用上的体现。

社会是以共同的物质生产活动为基础而相互联系的人类生活共同体，“是人们交互作用的产物”。① 人是构成社会的细胞，并是创造社会的主体，但人不等同于社会，单个的人更不等同于群体。社会是一种独特的存在形式，不仅包含了人，还包含了以各种载体存在的人的创造物的积淀。社会有其自身的结构形式和相应的运动形式。教育通过对人施加影响，进行培养而作用于社会，影响到社会的各个方面。从总体上看，这些方面主要涉及构成社会的要素、社会的结构以及社会的整体发展。这三个方面是为了便于分

---

① 《马克思恩格斯选集》第 4 卷，第 320 页。

析教育的社会功能进行划分的，三者是作用于同一社会的不同表现方面，因而是相互关联的。

一、教育对社会要素的作用

根据系统论的原理，社会是由要素组成的。从政治经济学的角度来看，经济，政治和文化是社会内部的基本要素。这三者相互联系，相对独立，共同构成社会整体。教育对这三者都具有积极的作用，但因经济、政治和文化的活动特点不同，教育作用的表现也不相同。

1. 教育对经济的作用

早在古代，人们就已意识到教育具有经济意义。《墨子·鲁问》中有这样一段文字："子墨子曰：'籍设而天下不知耕，教人耕，与不教人耕而独耕者，其功孰多？'吴虑曰：'教人耕者其功多……'"。① 意即教别人生产甚至比自己生产作用更大。在现代，随着教育对经济发展作用的日益显著，研究教育的经济价值，已成为重要的科研方向。

从总体上看，教育与经济的关系是：教育在经济提供的现实条件的基础上，根据经济发展的需要为经济发展服务。其表现是多方面的，主要为：

其一，教育把可能的劳动力转化为现实的劳动力。

在社会经济中，生产力是制约经济发展的根本因素。生产力是人们征服自然、改造自然的能力。生产力主要包括劳动力和劳动资料，其中，劳动力是主要的因素。能成为劳动力的人，是掌握了一定生产知识和技术的人。当一个人还不具备相应的条件时，只是一个可能的劳动力。

教育是使可能的劳动力向现实劳动力转变的主要形式。教育

---

① 《墨子》，商务印书馆1944年赣县版，第174页。

使个体掌握知识技能,形成劳动能力。在古代社会,劳动能力的培养,主要是在劳动过程中进行的,也即采用非专门的教育形式。在现代社会,则主要由学校教育来完成。并且,由于生产过程中的知识技术含量的不断提高和复杂化,有越来越多的行业需要依靠学校教育来培养劳动力,培养的质量要求日益提高,培养时间从职前拓展至职后。这表明教育在这方面的价值在提升。

其二,教育会创造知识、更新技术。

知识技术的创新,将会带来极大的经济效益,从某种意义上说,科学技术是第一生产力。

教育对知识生产的作用,主要表现为两个方面。一是通过对知识的生命载体——人的培养,造就知识生产的主体。创造新知识,要有一定的知识基础,因此,个体的受教育水平,会影响其知识创新能力,而整个社会教育的普及程度及其质量,会制约社会的整体创新能力。二是在教育中直接生产新知识。这主要表现在高等教育阶段,尤其是对硕士生和博士生的教育,既是一种知识传递,又是一种知识创造。并且,现代高等学校普遍实施教育与科研并举的办学原则。不仅高等学校内专门从事科研工作的人员要搞科研,教师也须教学科研并举。鉴于知识更新对提高生产力的作用,以及教育对知识生产的作用。一些国家刻意建立教育、科研、生产三位一体的模式,例如,美国在旧金山建立以斯坦福大学为中心的无线电电子工业区,在洛杉矶建立以加州工学院为中心的航空、宇航工业区。

国际经济合作与发展组织曾于 1996 年提出“以知识为基础的经济”的概念。在知识经济中,知识的生产、分配和运用,是经济运行的主要形式。研究和开发教育在知识经济中的作用,已成为教育研究的前沿课题。

2. 教育对政治的作用

政治,是经济的集中表现。政治的中心问题是国家,并与阶级关系、国家关系相关。属于政治范畴的,包括国家政权、政治制度、政策、法律、政治标准等等。

自从进入阶级社会，教育便与政治关系密切。统治阶级利用教育为其阶级利益服务，春秋战国时孔子提出的“学而优则仕”，集中反映了我国古代社会教育的政治作用。在现代社会，教育对社会政治的作用依然是十分重要的。从总体上看，教育与政治的关系是教育在政治控制下为政治服务。其主要表现是：

其一，使政治社会化。

即向受教育者施加影响，使之形成一定的政治素质。政治社会化这一概念，是本世纪 50 年代美国的一些社会学家在研究儿童和青少年的政治思想发展时提出的。政治社会化，旨在使个体融入社会政治生活。同时，对于稳定社会制度，提高公民参与政治的水平，营造有利于政治发展的社会环境都具有积极的意义。

实施政治社会化的主要机构是学校教育，学校教育对受教育者所施加的是一种系统化的政治影响，使受教育者获得一定的政治知识，形成政治观念，等等。对于青少年儿童而言，在校学习时间约占据其人生近四分之一，且正是思想形成期，因此，学校教育对其政治思想的影响是极为深刻的。

其二，培养政治管理人才。

教育为国家机构培养管理人才，是教育政治功能的重要表现。从进入阶级社会起，教育就突出地表现出这种功能。在我国古代，“学而优则仕”的教育目的几乎成为教育的主旋律。除了从学校毕业者中选拔官员外，还采用察举制、九品中正制的方法选贤纳士。起用于隋代的科举制使得育士与选士融为一体。

发挥教育在培养政治管理人才上的作用，有助于提高管理者的素质，强化国家机器。在现代社会，政治活动比以往任何时候都显得更为复杂化、专业化，国家机器的科学运行，管理者的科学化是关键，因此，教育在这方面的作用，正日益显得重要。

3. 教育对文化的作用

“文化”一词源于拉丁文，原指与自然物相对的人类的创造物。现在，“广义指人类社会历史实践过程中所创造的物质财富和精神财富的总和”①，这里主要用于指在经济、政治之外的人类的创造物及其历史积淀，包括物质和精神两方面的内容，譬如，表现为各种科学文化知识的文学、哲学、自然科学等，表现为文化传统的生活习俗、民族传统等，以及表现为文化生成物的人造用品、人造环境等等。

就文化的涵义来看，教育也是一种文化现象，但教育是文化中的特殊部分，既是文化本体中的成分，又是文化的嬗传主体。教育与文化历来关系密切，难以分割，两者相辅相成，构成了人类文化的历史发展。从总体上看，教育与教育之外的文化的关系，表现为教育吸取文化养料，并为文化发展服务。教育对文化的作用具体主要表现为：

其一，传递和筛选文化。

传递文化，是教育对文化的最基本的作用。人类社会所积累的文化必须凭借教育得以延续。教育使人掌握文化、提高对文化价值的认识，从而使文化得以继承，使存在于各种物质载体的静态文化成为活文化，为文化发展营造社会条件。教育对文化的传递，必定是一种筛选过程，优先选择社会所需的文化加以传递。尤其在当代社会，文化高度积累、增长迅速。美国的约翰·奈斯比特曾在综合分析许多信息专家的研究成果后指出：“科学数据每20个月就要翻一番”，② 并且，这个速度还在加快。教育对文化进行筛选的结果，使一部分文化得以成为社会的主流文化，对文化的发展、更新起着重要的作用。

---

① 《辞海》，第1731页。

② 约翰·奈斯比特：《工业社会向信息化社会的转变》，载《世界经济译丛》，1984年第2期。

其二，整理和融合文化。

教育对文化的传递，具有文化整理作用。从社会的文化至教学内容，其间已经历了理性的加工，使文化系统化，并融入新的认识。这种文化整理，有助于文化的进一步发展。教育具有融合文化的作用。文化的转入、交流，有赖于教育去提高人们的认识，沟通不同文化间的关系。文化融合，对于社会文化发展具有重要意义。在当代世界，国与国之间的文化交流，是推动本国文化发展、社会发展的不可缺少的途径。闭关锁国会阻碍国家的发展，而开放交流则有利于加快发展速度。吸收文化不等于文化相加，外来文化须与本国文化有机结合，才能发挥积极作用，否则会形成文化冲击，甚至破坏本国文化。必须使国民对外来文化有较为深刻的认识，取其精华，弃其糟粕，寻找结合点。我国目前的改革开放，外来文化大量涌入，如何发挥教育的文化融合作用，使外来文化为我所用，显得尤为重要。

此外，创造和更新文化，是教育的另一作用。从历史唯物主义的角度来分析，人类的文化的发展是在与客观世界的相互作用过程中进行的。但教育对人的培养为这一过程提供条件。并且，如前所述，教育本身具有文化创新功能。在现代社会，社会的文化繁荣与发展，与教育的发展及其作用的发挥息息相关。

上述所介绍的，仅是教育对社会要素作用的主要表现，教育是一种培养人的社会活动，因此，凡与人相关的社会要素都会受到教育的不同程度的作用，并且，教育对各种要素的作用互相联系，相互作用。

二、教育对社会结构的作用

根据系统论的原理，社会既表现出要素的特点，又具有结构的特性。结构是由要素构成的，结构意味着要素的关系和比例。教育不仅对社会要素具有作用，并且对社会结构具有作用。社会要素与社会结构的关系,决定了教育对这两者作用之间的关系,它们之间既是相关的,又是有区别的。教育对社会结构的作用,是指对社会内在联系的作用。这种作用涉及社会各个方面的问题。

1．教育对社会职业结构的作用

职业结构,是社会结构中的一个重要问题。职业是与行业相联系的范畴。社会的职业种类是由社会分工造成的。从广义上理解,每一个社会活动部门都形成相应的职业。对社会的职业结构,可以从纵横两个维度加以分析。纵向表现为由具有不同劳动复杂程度的行业或工种构成的职业层次,横向则表现为由不同种类的行业形成的职业部门。

社会职业结构的特点、整体水准和内在合理程度会影响社会的发展状况。职业结构具有相对稳定性,但又是在不断发展变化的。从根本上看,社会职业结构的变化动因,是社会生产力和其他社会要素的发展及其相互关系的变化,所反映的是社会主体与客体的关系。马克思在论述现代大工业生产的革命性时指出:"大工业的本性决定了劳动的变换、职能的更动和工人的全面流动性"①,但必须看到,教育在社会职业结构的变化中扮演着重要的角色。

教育是社会职业结构存在与变动的重要条件。各种职业能力有赖于教育的培养。在现代社会,学校教育担负着主要的培养职责。每一个社会新成员,经学校教育系统接受不同层次、种类的教育而进入社会职业行列。当代学校教育,不仅进行培训,而且进行职业指导,为社会输送合适的人才。同时,在职教育与业余培训,成为辅助社会职业流动的重要手段,这对于发展迅速、行业结构变化剧烈的社会显得尤为重要。事实上,在我国目前的经济体制改革中,教育对推动社会职业流动起着极为重要的作用。此外,教育所具有的创新功能,对社会职业结构的发展,也是起着积极作用的。

---

① 《马克思恩格斯全集》第23卷,第535页。

教育对社会职业结构的作用是通过对人的影响而实现的。在西方,常用社会分层理论来解释相关的问题。所谓社会分层,是指根据个人或集团的职业、学历、收入、财富、家庭状况和生活样式的不同,对其社会地位所进行的划分和排列。其中,职业是测定社会地位的代表性指标和划分社会分层的最重要的依据。在当代西方的一些社会学家看来,学历,即受教育的程度,与所获得的职业及社会地位是大体对应的。而教育制度是社会分层的重要基础,学校则是迈向职业的途径和促进社会流动的阶梯。西方的理论反映了他们的价值观念和社会背景,但其中所揭示的社会的结构性及其与教育的关系,是不无道理的。

2. 教育的社会整合功能

整合,意即使协调、统一和融和。根据历史唯物主义的基本原理,在社会的发展过程中,矛盾是始终存在的,生产力与生产关系的矛盾就是一对始终存在的根本性的矛盾。但除非发生社会革命,整个社会是处于一种基本适应的状态。矛盾的存在是社会发展的动因,但在基本适应的社会状态下,社会的运行必须是有序和协调的,只有这样才能使社会健康发展。所谓有序,是符合社会即定的规则,其最高形式是国家的法律,此外包括各种规章制度。所谓协调,意指社会的构成要素之间,各种子系统内部之间的关系是基本适应的。

教育是促使社会有序和协调的重要力量。教育为社会各个组成部门输送人才,不仅使各个社会子系统得以正常运行,还培养社会规则的制定主体,从而建立和完善法律体系及各种规章制度。

同时,教育使社会关系在个体身上内化,使之能自觉维护社会的有序和协调,这是教育作用的另一重要表现。这种内化涉及各种内容。

其一,规则内化。通过教育使受教育者掌握法律、各种规章制度。在我国,依法治国是基本国策,随着各种法律、规章制度的建立和完善,向受教育者进行这方面的教育,是学校面临的重要工作。

其二,道德内化。道德是一种行为规范。道德对于社会的有序和协调是起着重要作用的。不仅调节人际关系、不同社会部门间关系需要道德的作用,既使对强制性的法规而言,也具有积极意义。因为任何法规难以包容社会活动的全部,此时道德就成为其辅助力量,并且,是否去触犯法规,这本身就存在道德问题。但是,道德不同于法律和规章制度,它是依靠社会舆论和人的内心信念来维持的。因此,必须依靠教育使其在个体身上内化。

其三,观念内化。观念属于意识的范畴。观念会影响社会行为。有利于社会有序与协调的观念在个体身上内化,会收到相应的效果。这类观念涉及各种内容,政治观念就是其中的重要方面,政治是经济的集中表现,在生产关系与生产力基本适应的社会条件下,政治是维系社会关系的重要因素。教育可以使受教育者掌握国家的方针政策及政治观点、政治标准等。

此外,使受教育者提高思想的觉悟和深度,使之能正确认识和处理社会矛盾,这也有利于社会的协调和有序。社会矛盾的普遍性,需要我们有正确的思想认识,这样才能分辨矛盾性质,使矛盾得以解决。在我国,伴随社会快速发展,各种矛盾不断产生,这是一种极为正常的现象,从根本上看,发展本身就包含着新质与旧质的矛盾关系。但矛盾是否有利于社会发展是关键的问题,教育应发挥其社会整合的作用,促使社会健康发展。

三、教育对社会整体发展的作用

社会整体与社会要素、社会结构,是相关的概念,其间存在密切的关系,但又是有区别的。系统的整体,是由要素及体现内部关系的结构形成的,但整体毕竟不同于反映局部问题的要素与结构。这里的社会整体发展,与社会学中的社会变迁的内涵有所不同,“在社会学中,社会变迁这一概念比社会发展、社会进化具有更广泛的含义,包括一切方面和各种意义上的变化”。① 而这里主要指社会的基本性质和综合状况的具有积极意义的变化。

分析教育对社会整体发展的作用,要探讨的问题是教育作用的性质、广度和深度等。从总体上看,教育在这些方面所表现出的特点是条件性、全面性和持久性。

1. 条件性。这主要是指教育为社会整体发展提供人才资源,在这个意义上表现出条件关系。社会的主体是人,人是社会发展的第一要素。人的素质的提高,使社会发展具备有利的主体条件。

2. 全面性。教育的作用涉及社会的各个方面。如前所述,社会的经济、政治、文化等的发展,都同教育的作用密切相关。这种全面性,将导致社会整体面貌的变化。

3. 持久性。教育对社会的影响是持久的。教育的作用会影响整个社会的思想意识、价值观念、道德规范、科学技术等等,由此形成的民族文化氛围,将对社会产生持久的影响力。事实上,我国古代形成的儒家文化,对我国整个民族的社会发展产生了极为深刻的影响。

教育作用的特点表明,教育对整个社会的发展起着极为重要的作用。甚至在某些方面,教育发挥着根本性的作用。比如,教育对社会生产力的发展具有重要作用,教育也因此在社会发展中具有特殊的意义。根据历史唯物主义的原理,社会生产力的发展是推动社会发展的根本因素,“人类社会的发展是由物质生产力的发展所决定的”。② 而生产力的发展离不开教育的作用,教育可以提高生产力中的科学技术含量,提高劳动者的能力,从而提高生产力的水平。

综观世界各国的历史,发展速度快的国家,无不与其教育与科

---

① 《中国大百科全书·社会学分册》,中国大百科全书出版社 1991 年版,第 277 页。

② 《列宁全集》第 2 卷,第 6 页。

学技术的发达相关。英国最早完成工业革命,而工业革命的标志是生产技术的革命,蒸汽机的发明和使用加速了工业革命的进程。在英国近代工业发展的历程中,曾产生一批著名科学家,如古典力学的代表牛顿(1642—1727)、蒸汽机的改进及运用者瓦特(1736—1819)、电磁定律的发明者法拉第(1791—1867)等等。资源小国的日本,是当今第二经济大国,促使其发展的重要经验就是重视教育和科技。日本在历史上曾两度积极引入外来文化,一次是在古代,大量吸收中国文化;一次是在近代,广泛吸收西方文化,甚至提出要"脱亚入欧"。这两次文化大引进,极大地提高了日本的综合文化教育水准,加速日本社会的发展。日本前文部大臣荒木万寿夫曾指出:"从明治以来,一直到今天,我国的社会和经济的迅速发展,特别是战后经济发展非常惊人,为世界所重视,造成此情况的重要原因,可归结为教育的普及与发展。"① 日本前首相福田纠夫也曾说:"一般说来,振兴国家、肩负国家的是人。民族的繁荣与衰退,也是这样。资源小国的我国,经历诸多考验,得以在短期内建成今日之日本,其原因在于国家教育水平和教育普及的高度。"②这种经验,对我国是富有启发性的,振兴中华必须发展教育。但与此同时,要强调社会整体的发展。

必须指出,教育不能改变社会性质。18 世纪法国启蒙思想家爱尔维修曾经在其著作《论人及其智力和教育》中提出"教育万能"的观点,认为教育可以改变社会性质。在旧中国出现的"教育救国论"即同属这种思想。英国空想社会主义者欧文和我国的陶行知及"五四"时期部分青年均是这种思想的实践者与失败者。教育之所以不能改变社会性质,是因为教育本身受社会生产力与生产关

---

① [日]文部省调查局:《日本的成长和教育》,帝国地方行政学会 1962 年版,第 1 页。

② [日]《东京新闻》(夕刊),1977 年 1 月 31 日。

系的矛盾运动制约，在生产关系占主导地位时，教育在性质上是为其服务的。马克思在《政治经济学批判(序言)》中曾指出："不是人们的意识决定人们的存在，相反，是人们的社会存在决定人们的意识。社会的物质生产力发展到一定阶段，便同它们一直在其中活动的现存关系或财产关系(这只是生产关系的法律用语)发生矛盾。于是这些关系便由生产力的发展形式变成生产力的桎梏。那时社会革命的时代就到来了"。①

但也必须看到，在社会生产关系与生产力基本适应的状态下，也即不触及社会根本性质改变时，发展生产力是社会发展的根本问题，而教育则是辅助生产力发展的强有力的手段。

上述所介绍的育人功能和社会功能，是教育的两大基本功能，分别涉及教育对人的作用和教育对社会的作用，这两大功能既不同又相关，其关系是辩证统一的。育人功能的实现有助于社会发展，社会功能的实现可以创造有利于实现育人功能的社会条件，但教育的社会功能是依育人功能而存在的。这对关系又不同于前述关于个体的社会化与个性化的关系，社会化与个性化的统一问题涉及对人的培养方向，有关于育人功能的科学实现。但是，这两对关系是密切相关的，其结合点就在于教育是培养人的社会活动。这一教育的性质，决定了在思考教育问题时，既要考虑人的问题，又要考虑社会问题，既可能立足于人的立场，也可能立足于社会的立场。其抉择不仅是科学问题，还同价值观有关。

附录

1. 教育功能与教育价值

分析教育功能与教育价值的异同及关系，有助于揭示教育活

① 《马克思恩格斯选集》第2卷，第82—83页。

动的形成机制。

一般认为，教育功能是指教育本身所具有的可能性，是教育的作用。教育价值则是指教育功能的意义，是人的需要与满足需要的教育功能之间的关系。马克思曾说："'价值'这个普遍的概念是从人们对待满足他们需要的外界物的关系中产生的"①，价值"是人们所利用的并表现了对人的需要的关系的物的属性"②。因此，教育功能是教育的属性，而教育价值则指这种属性因适合人的需要而显示出的意义。

教育功能与教育价值都具有多元性，并且两者存在内在联系。教育有多种功能，与人的需要发生关系，使教育价值也呈现多样性。不同的教育功能对同一个人具有不同的价值，而同一教育功能对不同的人也会显示不同的价值。这就造成了丰富多彩的教育价值取向，并导致不同的教育实践。

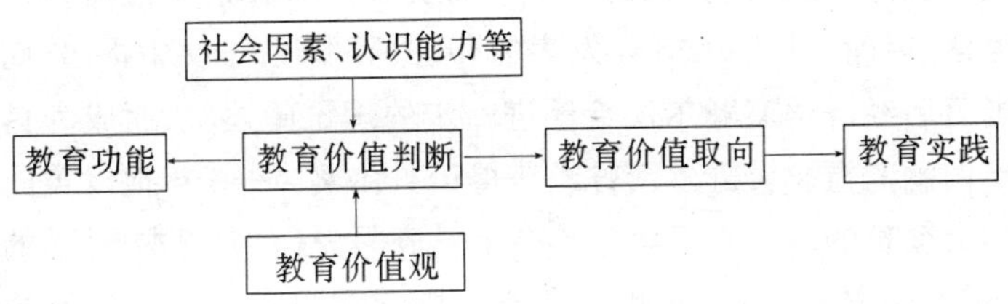

从对教育功能的认识到教育实践，经历了由判断、选择至行为的过程，这一过程受到各种主客观因素的影响，这是教育活动机制的一个重要特点。教育价值判断不同于教育价值本身，而是对教育价值关系的认识。这是根据判断者的需要，基于对教育功能的认识，对客观存在的价值关系作出的认定。这种价值判断既可以是定性的，得出有无价值的结论；也可以是定量的，确认教育的效

① 《马克思恩格斯全集》第 19 卷，第 406 页。

② 《马克思恩格斯全集》第 26 卷，第 139 页。

益。在对教育价值的认识中形成的相对稳定和系统的看法,即教育价值观,它是动态的复杂的观念体系,但教育价值观对教育价值判断有影响作用。教育价值判断还受判断主体的认识能力以及各种社会因素的影响。教育判断之后是确定教育价值取向,这是从认识教育功能至教育实施的最终环节,在此基础上进行的教育活动包括制定教育目的,选择教育内容和方法,等等。

从上述过程中不难发现,教育价值取向受主客观因素的影响。从根本上看,客观因素的作用是根本的、持久的。因为人的意识归根结蒂源于存在。在我国当前经济体制改革中,各种教育价值观不断产生并相互碰撞,引导价值观的关键,在于引导正确认识教育与社会发展规律的关系。

2. 教育功能与人力资本

人力资本是现代教育经济学理论中的重要概念,人力资本的形成与教育功能的利用相关。“人力资本”一词,最早由美国经济学家沃尔什在其于1935年发表的《人力资本观》一文中提出,此后美国著名经济学家舒尔茨给予进一步的理论阐述,从而成为具有特定内涵的概念。舒尔茨曾经获得诺贝尔奖,1960年他以美国经济学会会长的身份在经济学年会上发表题为《人力资本投资》的演说,震惊西方学术界,从此人力资本概念在国际上成为流行的术语。

人力资本是指体现在人身上的资本,以人的劳动能力的高低和可使用程度作为衡量依据。人力资本是与物质资本相对应的概念,后者表现为物质形态,是传统的资本概念。按照舒尔茨的解释,人力资本概念的提出,使资本概念得到完善,与物质资本一起构成全资本概念。

人力资本的形成,主要是借助教育功能的使用。舒尔茨曾列举了七种人力资本的投资形式,即用于购置保健设备及其使用的费用、在职培训的费用、正规教育的费用、非厂商举办的成人教育的费用、劳动力国内流动的费用、用于移民入境和智力引进的费用、为提高企业能力方面的费用等，并指出，在所有的投资中教育投资是形成人力资本的主要投资。舒尔茨曾说，“我主张把教育当作一种对人的投资，把教育所带来的成果当成一种资本。因为教育已经成为受教育者的一部分，所以我将其称为‘人力资本’”。① 在教育上进行投资，开发和利用教育的育人功能，可以提高劳动力的素质，从而达到在人的身上形成资本的目的。其内在关系是，教育功能是人力资本得以形成的条件，教育投资则使教育所具有的形成人力资本的功能得以转化为现实。

教育功能在人力资本上的体现，其结果会带来经济效益。人力资本理论使教育的经济功能得到量化的解释。根据人力资本理论，如同物质资本可测算一样，人力资本也可以从质和量两方面加以衡量，质是指人的劳动能力的高低，量则指可供使用的一定质的劳动量。并且，相应地形成人力资本的教育投资的收益率也可以进行测算，但不同于物质资本，其投资与收益的关系明确。由于人的复杂性，使人力资本投资与其收益的关系也变得复杂化。如何提高投资收益的准确性成为人力资本理论中的重要课题。舒尔茨曾提出一种收益测算法，即：(本阶段毕业生与前阶段毕业生的工资差/本阶段的教育费用) × 100% = 本阶段教育收益率。应该注意的是，以工资高低来表达劳动能力的高低，只能在工资制度严谨的条件下才能间接地反映实际情况。借助这一公式，舒尔茨曾算出美国各级教育的收益率为：初等教育 35%，中等教育 10%，高等教育 11%。并进一步算出美国 1929 年至 1957 年的国民经济增长额中，约有 33% 是教育投资作出的贡献。同时，舒尔茨对美国战后农业生产的增长进行测算，发现只有 20% 是由物力资本投资

① 舒尔茨：《论人力资本投资》，吴珠华等译，北京经济学院出版社 1990 年版，第 68 页。

引起的，其余80%主要是教育与科学技术的作用，从而提出，教育投资是一种高效益的投资。

人力资本理论，量化地揭示了教育功能的巨大经济作用，为人们制定投资方针提供了重要的依据。世界各国也曾因此而调整投资策略，增加教育经费支出，甚至一些发达国家的企业也把人力资本投资视为增强企业竞争力的手段。但人力资本理论不能解释其他教育经济问题。因此，要提高教育经济效益还须作全面的研究。60年代末至70年代初，一些国家在根据人力资本理论追加教育投资后发现，超度的教育投资也会引起负面作用。由此引发人们进行更深入的研究，并提出筛选假设理论、社会化理论和劳动力市场划分理论等各种见解。我们要肯定的是，人力资本理论量化地揭示了教育功能的巨大经济价值。在知识经济日渐成形的当代，如何确定投资方针，人力资本理论可供参考。

思考题

1. 什么是教育功能。
2. 简述教育功能的基本特性。
3. 简述教育的育人功能。
4. 简述教育的社会功能。
5. 试析教育对社会要素的作用。
6. 试析教育对社会结构的作用。
7. 试析教育对社会整体发展的作用。
8. 请结合实际分析我国当前的教育功能开发问题。

参考文献

1. 瞿葆奎主编:《教育基本理论之研究(1978—1995)》，福建教育出版社1998年8月版。

2. 郑金洲:《教育功能研究十七年》，载《高等教育研究》，1995

年第6期。

3. 吴康宁:《教育的社会功能新论》,载《高等教育研究》,1996年第3期。

4. 张德祥:《教育基本功能探析》,载《教育评论》,1995年第3期。

5. 郑金洲、王方林:《教育价值研究十七年》,载《山东教育科研》,1996年第1期。

6. 褚洪启、黄崴等:《关于教育价值与教育价值观问题的讨论》,载《北京师范大学学报·社科版》,1996年第3期。

7. 刘慧珍:《教育社会学》,辽宁教育出版社1988年8月版。

8. 王道治、沈煜峰:《人·关系·文化》,湖南教育出版社,广东教育出版社1988年8月版。

9. 刘豪兴、朱少华:《人的社会化》,上海人民出版社1988年版。

10. 邱渊:《教育经济学导论》,人民教育出版社1997年版。

11. 乔纳森著,吴曲辉等译:《社会学理论的结构》,浙江人民出版社1987年版。

12. 柴野昌山:《学校的负向功能》,《教育社会学研究》第27集,日本东洋馆出版社1972年版。

13. 叶上雄主编:《教育学》,人民教育出版社1991年版。

14. 艾思奇主编:《辩证唯物主义、历史唯物主义》,人民出版社1978年11月版。

15. 舒尔茨著,吴珠华等译:《论人力资本投资》,北京经济学院出版社1990年版。

第四章　教育活动与社会

[提要]　教育功能的实现有赖于教育实践。教育活动如何符合社会发展的特点，本章围绕这一问题，着重分析教育与社会需求的关系、教育与社会条件的关系以及教育规律与社会规律的关系，从中揭示教育活动的基本特征。

第一节　教育与社会需求

教育是一种社会性的活动，教育与社会不可分割，有着千丝万缕的联系。社会中的教育，只有遵循社会的运行特点，才能有效地实现其功能。

教育与社会的关系是复杂的，其基本特点是，教育根据社会的需求，利用社会所提供的条件来进行活动。对教育与社会需求的关系，我们可以从其基本特点和具体表现两方面来进行分析。

一、教育与社会需求关系的基本特点

社会对教育的需求是各种各样的，来自经济、政治、文化等各方面，不同需求间的关系错综复杂。从总体上看，社会需求及其作用有如下特点。

1．制约性

社会需求会影响教育行为，向教育行为转化。这是因为：其一，教育的动因是社会需要。因为有社会需要才产生教育行为，人类社会的教育，就是因传递知识经验的需要而产生的。需要的内

涵,既包括现实利益,也包括预测中的利益。其二,教育只有符合社会需要,才能实现其价值。无论是学校教育,还是个体的教育行为,只有符合社会需要才有实际意义。

社会需求对教育的制约作用,表现在教育活动的各个方面,涉及教育目的、教育内容、教育方法等等。制约作用的实现,或直接影响教育者和受教育者,或影响教育主管者的决策,从而影响实际的教育活动。因此,教育活动具有客观性,并非单纯的主观行为,教育者必须了解、分析社会需求。

教育对社会需求具有能动性,这主要表现在对社会需求的响应、认识及实践上。教育者或受教育者,对社会需求既可以积极响应,也可以消极响应或不响应;既可能形成正确的认识,也可能并不了解;其实践既可能是科学的,也可能是不科学的。社会需求对教育制约性的现实表现因教育活动的主体因素而变化。教育者必须深入了解并科学地分析社会对教育的需求,研究社会需求的变化规律,这样才能提高教育的实际效果。

2. 方向性

社会对教育的需求,在根本性质上具有一定的方向性。这是因为,产生需求的各种社会因素,虽然彼此性质不一,但依存于同一社会系统,具有系统所赋予的特点。这主要表现为:其一,具有系统的基本发展性质。根据历史唯物主义的基本原理,一定社会有其特定的发展性质,这种性质是由该社会的生产方式所决定的。马克思曾经指出:“物质生活的生产方式制约着整个社会生活、政治生活和精神生活的过程”。① 各种社会因素,在根本问题上受制于并服务于社会的基本发展性质,这种关系同样反映在对教育的需求特点上。其二,具有系统的阶段发展特性。生产方式在发展过程中形成的内在矛盾及其特点,制约整个社会在某一发展时期

---

① 《马克思恩格斯选集》第2卷,第82页。

的基本特点，并使社会对教育的需求形成相应的特点。

我国正处在社会主义发展的初级阶段，我国现时期的基本任务是发展生产力，以经济建设为中心。整个社会对教育的需求，也将以此为核心，并随之变化。教育者必须掌握这一社会需求的根本方向，使教育具有明确的目标。

3．层次性

不同社会要素对教育需求的性质，具有层次性。这是因为，产生需求的各种社会要素在社会系统中的地位有层次性。在社会系统中，生产力是最基本的要素，“人类社会的发展是由物质生产力的发展所决定的”①。在生产力的基础上形成一定的生产关系，生产关系是指人们在物质资料的生产、分配、交换和消费过程中的关系，它是基本的社会关系，构成社会的经济基础。政治、法律制度以及哲学、文化、艺术、宗教等观点，都是在经济基础上产生和建立起来的上层建筑。其中，政治是经济的集中体现，政治制度与权力机构相联系。某一社会要素对教育需求作用的性质主要取决于社会运行机制和发展状况。其一，要素对社会发展的作用。生产力对教育的需求，所反映的是社会发展的根本需要，因而其性质是根本性的。其二，要素在社会系统中的活动特点。对教育的决策力量来自于社会的上层建筑，尤其是国家的权力部门，生产力对教育的作用须通过决策部门得以实现，而上层建筑对经济基础、生产关系对生产力具有反作用。这种作用既可能是积极的，也可能是消极的。在生产关系与生产力基本适应的社会状况中，这种反作用的性质主要是积极的。

了解不同社会要素对教育需求的性质，有助于正确把握教育的方向，科学地处理教育与社会发展的关系。

4．发展性

---

① 《列宁全集》第2卷，第6页。

社会对教育的需求是具有发展性的。因为社会具有发展性。根据历史唯物主义的基本原理,生产力与生产关系的矛盾运动制约着整个社会的发展,生产力是最活跃最革命的因素,生产力的发展会最终导致生产关系的变革。因而从长远的角度看,社会是向前发展的。社会发展不等同于社会变迁。社会变迁是指随时间推移社会发生的变化,既包括社会发展,也包括暂时的社会倒退。列宁曾指出:"把世界历史设想成一帆风顺的向前发展,不会有时向后作巨大的跳跃,那是不辩证的、不科学的,在理论上也是不正确的。"①

社会的发展,必将反映至对教育的需求。教育的基本问题是:一,须明确教育的社会性质。教育既可能服务于满足代表社会发展利益的社会需求,也可能被落后的、甚至倒退性质的势力所制约。教育应为社会发展服务。二,社会需求的发展性和教育自身的周期性,要求教育须做好社会预测。教育应具有一定的超前性。超前,不等于超越社会需求和社会的现实可能性,而是更好地服务于发展中的社会需求,提高教育的科学性。

二、教育与社会基本需求

社会需求,来自社会的各个不同方面,可以从不同的角度进行分析。教育既要适应具体的需要,又须考虑基本的问题,全面地完整地把握社会的需求。我们可以把教育对社会需求的适应关系分为三个方面:

(一) 教育与社会的根本性质

社会的根本性质,即社会的基本形态。社会形态是建立在一定生产力之上的经济基础和上层建筑的统一。人类历史上已出现五种基本的社会形态,即原始社会、奴隶社会、封建社会、资本主义

① 《列宁全集》第22卷,第303页。

社会和社会主义社会。社会形态的形成和变革的最终力量是社会的生产方式。与社会形态相应地形成社会的根本制度,如资本主义制度、社会主义制度等。

教育必须适合社会的根本性质,为先进的社会制度服务,以符合社会发展的需要。在这一方面,教育的突出问题是:

1. 教育的根本方向

教育的根本方向,即教育为怎样的社会服务,这是教育的根本问题。对此问题的认识会影响教育目的的性质乃至具体的教育实践。

对教育方向这一根本问题,一定社会总是通过国家机构,用制定方针、政策,或颁布法律等形式加以规定。教育的根本方向,应取决于社会的根本性质,但具体在某一时期的表现,则根据不同时期社会发展的特点会有所变化。我国在1949年9月29日通过的《中国人民政治协商会议共同纲领》中曾明确指出:“中华人民共和国的文化教育为新民主主义的,即民族的、科学的、大众的文化教育。人民政府的文化教育工作,应以提高人民文化水平,培养国家建设人才,肃清封建的、买办的、法西斯主义的思想,发展为人民服务的思想为主要任务。”这是对我国建国初期新民主主义阶段教育性质的规定。1995年3月18日通过的《中华人民共和国教育法》,在第5条中规定:“教育必须为社会主义现代化建设服务。”这是对我国新时期教育的根本性质的规定。

在实践中,使教育符合并服务于一定社会性质的主要问题是:

其一,须明确政治社会化的方向。教育的政治社会化,须与社会性质保持一致,以使受教育者形成相应的政治价值取向。为此,须向受教育者灌输一定的政治观点、政治价值标准、政治理论等等,以与社会性质相一致的政治文化来教育学生。

其二,须维护国家的法律制度。国家的法制体系,是社会制度的集中体现,它规定了国家的基本性质。教育必须遵循国家的法律，并且，须向学生进行法制教育，传递法律知识，培养法制观念，以发挥教育在维护国家体制中的积极作用。

其三，应进行国家基本方针政策教育。国家的基本方针政策，是对国家在一定历史时期社会发展性质的规定。例如，我国关于坚持四项基本原则，以经济建设为中心的规定，体现了我国社会主义制度在新的历史时期的基本特征。教育要符合这一基本精神，并向学生进行教育。

其四，要加强道德教育。道德，是调整人们之间以及个人与社会之间关系的行为规范。道德标准，在不同社会之间既有共同之处，又有不同之处。道德是由一定社会的经济基础所决定的，并为一定的社会经济基础服务。因此，一定社会的道德，在根本上是与其社会性质一致的。社会主义道德的根本性质不同于资本主义的道德。加强道德教育，既有利于建设社会文明，又有助于维护社会性质。

其五，要强调进行爱国主义教育。爱国主义，是对祖国的忠诚和热爱。列宁曾说："爱国主义就是千百年来固定下来的对自己的祖国的一种最深厚的感情。"① 爱国主义不是抽象的，而与具体的社会制度密切相关，爱国主义者的强烈的社会责任心，表现为对国家的前途及其社会制度的关心。因此，培养爱国主义者，是在培养维护、推动社会发展的主体力量。

2．教育的民主问题

"民主"一词，在希腊语中是由 demos（人民）和 kratos（权力）两词所合成的，意指人民的权力。现主要用于指人民在政治上享有的自由发表意见、参与国家政权管理等权利。教育中的民主，是指社会成员在教育、受教育、教育管理等方面的自由与权利，而教育平等是其核心问题。

---

① 《列宁选集》第 3 卷，第 608 页。

教育民主，是教育的理想，也是人类社会发展的重要目标。在近代，随着西方资产阶级民主思想的产生和发展，进步的思想家和教育家纷纷呼唤教育民主。17世纪，夸美纽斯提出“人人都应学到关于人的一切事项”。18世纪，法国启蒙思想家卢梭的“天赋人权”思想，赋予教育平等以“人权”的意义。强调人的教育权利也是马克思主义的基本思想。马克思曾指出，教育是“人类发展的正常条件”和每一个公民的“真正利益”。① 恩格斯也曾说：“每一个人都无可争辩地有权全面发展自己的才能”。② 而在现代，“教育民主化是全世界所有国家和所有与教育有关的人最关心的问题。”③

教育的民主程度，与社会性质密切相关，是社会的民主状况在教育问题上的反映。民主属于上层建筑，由一定的经济基础决定，并为其服务。民主问题涉及社会政治权利在不同阶级之间的分配，并规定于国家的制度之中。列宁曾指出：“民主是一种国家形式，一种国家形态。”④ 因而，不同社会背景下的教育在民主问题上有不同的表现。原始社会的教育，具有原始的平等性。这是因为社会没有剩余产品，不存在阶级，人人必得劳动，人人都须学会劳动。自进入阶级社会起，即产生了教育的不平等。我国奴隶社会的教育是“学在官府”，只有奴隶主子弟才配享有教育。我国封建社会时期的学校教育，具有严格的等级性，唐代的弘文馆、崇文馆，招收对象限于皇亲和大臣子孙，国子学限于三品以上官员子孙，太学限于五品以上官员子孙，四门学限招七品官员子孙，只有

---

① 《马克思恩格斯论教育》，人民教育出版社1979年版，第127页。

② 《马克思恩格斯全集》第2卷，第614页。

③ 1977年国际教育会议第35届会议总报告书，转引自马和民、高旭平：《教育社会学》，上海教育出版社1998年版，第87页。

④ 《列宁选集》第3卷，第257页。

医学、算学、律学才招收“八品以下及庶人通其学者”。在西方，资本主义生产方式要求社会提供可以自由出卖的劳动力，维护平等的自由竞争，因而，“自由、平等、人权”便成为资产阶级民主政治的口号。然而，其民主并未摆脱私有制的束缚。

社会主义把实现民主作为体现社会性质的重要特征，把民主的精神贯穿于社会各个领域，同时把实现民主的进程同社会发展相联系。要实现社会主义的教育民主，首先必须科学地认识社会主义历史阶段教育民主的根本精神。社会主义制度，消除了阶级不平等的现象，强调人与人之间的权利平等。社会主义在社会性质上为教育民主创造了条件，人人都有平等的教育权利。但必须看到，由于生产力不发达，社会物质条件的限制使人们实际受到的教育存在差异。“在共产主义第一阶段，还不能做到公平和平等，富裕的程度还会不同，而不同就是不平等”①，社会主义教育民主的实质，是尊重人的教育权益，利用并主动创造一切条件去培养受教育者，使其在个性与社会性的统一中实现主体性的充分发展。

同时，必须科学地认识教育平等的涵义。教育平等，是教育权益的平等，每一个体都有教育权、受教育权，但不等于否认个体间存在的自然差异及由此造成的教育差异。在社会主义社会，尽管“它不承认任何阶级差别，因为每个人都像其他人一样只是劳动者；但是它默认，劳动者的不同等的个人天赋，从而不同等的工作能力，是天然特权”，“所以就它的内容来讲，它像一切权利一样是一种不平等的权利”。② 因此，完全的教育内容的均等是难以实现的。强调人的教育权利与人的个别差异的统一，这是社会主义教

---

① 《列宁选集》第3卷，第251页。

② 《马克思恩格斯论教育》，人民教育出版社1986年增订本，第269页。

育民主的基本原则。

(二)教育与社会的发展状况

社会的发展状况,是指社会在某一时期的综合发展情形。社会发展是一种从量变到质变的运动。因此,某一时期的社会发展内涵,既可能是量变,也可能是质变。一般情况下,社会是在一定的社会性质下的发展,社会的生产关系具有稳定性。社会发展内容涉及社会的各个方面,且各种因素相互影响,综合性地表现社会的发展状况。

教育必须与社会发展状况相适应,这主要表现为,教育的培养目标,对受教育者的教育质量规格,学校教育的人才培养种类和数量等,都必须符合社会发展的需求,这样才能有效地发挥教育的作用。

因此,教育者必须深入分析社会发展状况,研究社会的发展规律,准确把握教育与社会发展需求的关系。从总体上看,教育须遵循下列原则:

1. 根本与全面统一

教育要突出满足社会的根本需求,同时,要全面为社会各方面需求服务,使根本与全面有机统一,完整地、科学地发挥教育的作用。

关于社会发展特点,是当代社会学及其他相关学科关注的重要课题。尤其是针对第二次世界大战后世界经济、政治格局的变化以及发展中国家社会发展所面临的问题,人们更加重视对社会内在发展规律的研究,并普遍认为发展既存在根本的问题,又是社会的整体变化。根本与全面的统一,是社会发展的基本准则。其中,要强调的是,须使经济发展与社会整体发展统一,须使社会发展与人的发展统一。

经济发展是社会发展的根本问题。经济发展制约着整个社会的发展水平,正如恩格斯所说的,"政治、法律、哲学、宗教、文学、艺术等的发展是以经济发展为基础的”。① 但是，经济发展与其他社会因素的发展是密切相关的，不能脱离社会的整体发展，并且，社会其他方面的发展也是社会发展的重要内容。联合国教科文组织在其编著的《发展的新战略》一书中指出：“发展不纯粹是一个经济现象。从最终意义上说，发展不仅仅包括人民生活的物质和经济方面，还包括其他更广的方面。因此，应该把发展看成包括整个经济和社会体制的重组和重整在内的多维过程”，“发展是集科技、经济、社会、政治和文化，即社会生活一切方面的因素于一体的完整的现象”②。同时，从社会活动主体的角度看，社会发展的关键是人的发展。人是社会发展的规划者和决策者，同时又是发展的参与者和实践者。只有依靠人才能获得社会发展，没有人的参与，任何发展都是不可能的。美国学者阿克斯·英格尔斯在《人的现代化》一书中认为，国家落后也是一种国家的心理状态。③

教育必须符合社会发展的特点。基本问题是：其一，教育的投资方向、教育的培养方向等，要突出为经济发展服务这一重点。生产力与生产关系的矛盾是社会发展的根本动力，而生产力的发展是社会发展的根本原因，教育必须为提高社会生产力发展水平服务，同时，教育须为社会的全面发展服务。在我国，现阶段社会发展的任务是以经济建设为中心，教育必须配合这一战略方针，但这不等于忽视社会精神文明的建设。邓小平同志曾指出，物质文明与精神文明要两手一起抓。教育在注重其经济效益的同时，须强调其社会效益，使两者统一。其二，不仅要向受教育者传授从事经

---

① 《马克思恩格斯选集》第4卷，第506页。

② 联合国教科文组织：《发展的新战略》，中国对外翻译出版公司1990年版，第4页。

③ 鲍宗豪主编：《当代社会发展导论》，华东师范大学出版社1999年3月出版，第79页。

济建设的本领,同时,须提高其思想水平和一般文化修养,全面提高其身心素质。须明确的是,人的发展既是社会发展的依据,又是社会发展的目的。

2. 现在与未来的统一

社会是动态的,因此,教育同社会的关系也不会是静止的。社会的变化既可能是前进,也可能是暂时的倒退,教育必须为社会发展服务。

社会对教育的需求,源于直接的现实反映。但这种需求会随着社会的发展而发生改变。教育既不可脱离现实需求,也不可囿于短期目标,而须对社会发展有全面、客观的认识,其根本原则是现在与未来统一。

首先,教育须有一定的超前性。超前的含义是,在进行科学预测的基础上,使教育的周期与社会需求相吻合。此外,科技为先导是现代社会发展的重要特点,而这种发展的重要条件是发挥教育的作用。日本在其经济发展中,就明显表现出这种特征。曾参与东京工艺学校(现东京工业大学前身)创建的滨尾新说:“在我们国家里,……不是工业和工厂首先发展,然后接着建立技术学校,而是首先建立技术学校以培养毕业生,他们的工作就是去发展工业和开办工厂。”① 日本一个由60人组成的“技术发展研究小组”在其报告中提出,日本要通过技术革命创造出未来的职业,摆脱过去旨在争夺市场的纯商业性竞争,开展另一种竞争,其基础是人员培训、智力训练和创造发明。② 联合国教科文组织国际教育发展委

---

① 梁忠义主编:《日本教育与经济》,东北师范大学出版社1989年版,第3页。

② 《世界面临挑战》,生活·读书·新知三联书店1984年版,第212页;转引自崔相录:《关于教育优先发展战略的理论思考》,载《现代教育研究》,1997年第1期。

员会在其编著的《学会生存》中总结这种现象指出："现在，教育在全世界的发展正倾向先于经济的发展，这在人类历史上大概还是第一次。这种倾向首先大胆地、成功地出现在诸如日本、苏联和美国这些国家"，"现在，教育在历史上第一次为一个尚未存在的社会培养着新人"。① 在当代，经济发展中的教育科技先导作用表现得更为突出。1993 年欧盟委员会率先提出了"知识经济"的概念，此后国际经合组织(OECD)将之定义为："知识经济是指建立在知识和信息的生产，分配和使用基础上的经济"(Knowledge based Economy)。因此，教育的超前性对经济的发展是至关重要的。

其次，教育须全面分析并适应社会的发展趋势。社会是一个系统，其发展是整体的运动。可以从两个方面来进行分析，一是构成系统的各要素的发展，二是各要素间关系的发展、社会的经济、政治、文化、人口等各种因素及其关系的变化，要求教育在人才培养的数量、质量，侧重点等方面不断进行调整。我国改革开放以来，社会产业结构已发生很大的变化，第一产业的从业人数不断下降，第三产业发展明显，涉外企业、金融、通讯等产业的崛起，需要教育为之输送人才。我国经济的急剧发展，与社会的文化、政治等各个方面具有互动关系。教育对社会的变化，应作出全面的超前的反应，以利于社会的发展。

另外，教育对社会发展的作用，不应局限于满足现实需要，而同时要致力于社会发展能力的开发。社会发展能力，综合地体现于社会产业结构的合理性、自然资源的合理利用、社会主体的创新力量等各个方面。而其中，具有创新能力、发展能力的人的培养，是形成社会发展能力的关键。因此，教育者不能把学生当作单一的接受器，而须将他们真正放在未来社会的建设者和创造者的地位来加以培养。立足现在，指向未来，是教育者的重要教育原则。

---

① 《学会生存》，上海译文出版社 1979 年版，第 38—39 页。

(三)教育与社会的具体制度

社会制度,是人类社会活动的规范体系。社会制度具有层次性,其最高层次即社会的根本制度,作用范围涉及社会总体,或社会的根本性质,如社会主义制度、资本主义制度。其次是适用于社会不同领域的制度,如经济制度,文化制度等。社会制度的建立,可以使社会活动有序化,从某种意义上讲,各种社会制度的总和,构成了社会系统的运行法则。因此,制度问题是有关社会活动特点的重要问题。

教育也是一种社会活动,对于教育活动的制度问题可以从两方面分析。

1. 教育的根本制度受社会根本制度决定

教育作为一种社会活动,也需要以制度加以规范,教育制度是教育活动的规范体系。教育的根本制度,涉及教育的性质、教育的根本目的、学校制度、办学制度、管理制度等,主要按照国家的有关规定来制定。国家对教育制度的规定,既体现国家的性质;同时反映了教育的基本特点。教育制度,是教育社会活动的基本准则。

2. 教育活动与其他社会具体制度的关系

教育作为社会系统中的一个组成部分,与其他社会组成部分的关系必须符合各自的制度规定。各种社会制度既同属一个社会系统,具有相同的根本社会性质,又分属不同的社会领域,是相对独立的,但又是相互影响的。

在具体的社会制度中,经济制度与教育活动的关系相对密切。经济活动是社会其他活动的基础,同样也是教育活动的基础,并且,为经济发展服务是教育的基本目的。我国经济体制改革的实践经验表明,教育必须与社会经济活动特点相吻合,这样才能发挥教育的积极作用。

首先,在培养形式上必须与经济体制相适应。在计划经济体制下，学校在招生和分配上受国家计划安排。在市场经济体制中，企业的经营方式是自负盈亏，为了提高经济效益，企业必须对用人有自主决定权，因此，学校的培养形式也发生相应的改变，由包分配变为不包分配，除基础教育外，学校在招生时更重视对社会人才供求关系变化趋势的预测。

其次，教育劳动的经济回报形式与经济体制相适应。教育自身不是经济行为，但教育者的劳动须有经济报酬。因此，国家在教育经费有限的物质条件下，在维护教育的社会性质的同时，在高层次教育阶段实行有偿培养制度。

此外，学校的财务运作与经济体制相适应。学校物质设备的购置须按市场经济规则进行。不仅如此，作为依附于客观存在的思想观念，也同经济体制密切相关。我国由计划经济向市场经济转制，对教育实际所造成的影响，使人们的教育价值观发生深刻的变化，使人们重新审视教育的意义，并且，市场经济的竞争意识、效益意识也渗入教育领域。

但必须指出的是，教育与社会具体制度的关系，所制约的是教育活动的形式，并不能改变教育是培养人的社会活动这一教育的根本性质。

第二节　教育与社会条件

教育的社会条件，是指客观存在的可供教育使用的社会资源，内容既包括物质方面的，也包括精神方面的。

教育活动依赖于一定的社会条件。我们必须为教育营造良好的社会条件，同时，应该对教育与社会条件之间的关系有深入的认识，这不仅有利于科学地利用和创造条件，而且有助于科学地认识教育活动本身。

一、教育与社会条件关系的基本特点

教育与社会条件的关系,包含社会条件对教育活动的影响,及教育对社会条件的作用,涉及社会条件的问题,同时涉及教育自身的问题。在总体上,两者关系具有如下基本特点。

1. 基础性

基础性的涵义是,在一定程度上,教育活动的进行必须要有条件支持,但条件不是教育质量及发展的充分原因。

教育活动的必要条件,可以分为教育的内部条件和外部条件两方面。教育的内部必要条件,是指必须具备教育的构成要素及一定的水平。作为培养人的社会活动,教育的基本要素是教育者、受教育者和教育内容。在一定的教育目的下,不仅须有相应的教育内容,并且,教育者须有相应的教育能力和意向,受教育者须具备相应的接受能力和意向,否则教育活动无法进行。教育的外部必要条件,是指社会供给教育活动的条件。事实上,教育活动本身并不直接创造物质财富,并且,教育主要以知识的再生产为主,因而,教育活动的进行需要社会提供一定的物质和精神资源。对学校教育而言,这种条件包括师资培养费用、教材、必要的教育设备以及教师与学生的生活资料等等。教育的内外条件的关系密切,外部条件是内部条件的依托。在教育实践中,如果缺乏必要的条件,则教育活动难以进行,教育事业难以发展,在这个意义上,客观条件对教育发展具有制约作用。

因此,我们必须重视并加大对教育的投入。但必须明确的是,在基本条件具备的情况下,进一步改善教育条件的意义,是对教育产生促进作用,但并非是决定教育质量的根本因素,因为,教育的活动主体是人,人的行为并非完全受条件支配,而具有主观能动性。这表明,在改善教育社会条件的同时,必须发挥人的积极因素的作用。

2. 能动性

能动性,是指人的主观意识和实践活动对于客观条件的反作用,与被动、消极是相对的概念。教育社会条件的形成及教育对社会条件的使用，受人的主观能动性的影响，这是教育与社会条件关系的重要特征。

能动性存在于教育与社会双方。就教育社会条件的形成而言，社会可供教育使用的物质资源和精神资源，能否转化为现实，能在多大程度上向现实转化，存在一定的弹性。影响弹性范围的因素是多方面的，而主要与决策者的决策有关。另一方面，就教育对社会条件的使用而言，能否合理地最大限度地利用社会条件，能否在已有条件之上发挥出人的积极性，同样是有弹性的。这与教育者的思想认识和行为的科学性相关。

因此，社会条件的存在状况是客观的，但向现实的转化受人的主观因素的影响。教育与社会条件的关系，包含了客观制约性与主观能动性的关系。改善教育社会条件的重要问题，是提高人们对教育价值的认识，教育与社会条件的关系是互利的，改善教育社会条件，有利于促进教育发展，教育的发展则有利于社会的发展。必须不断提高教育的效率，合理利用社会资源，既重视条件，又不完全依赖于条件，充分发挥人的主观能动作用，努力创造教育与社会条件之间的良性循环关系。

二、教育与社会基本条件

构成教育社会条件的内容是各种各样的，但基本上可分为两个方面。

1. 教育与社会的物质资源

这里的物质资源，是指客观存在的可供教育使用的物质条件。包括社会中有多少可从事教育活动的剩余劳动力及可供教育使用的物质资源，也即包括了人力和物力两方面的内容。

在现代教育中，社会的教育物质资源集中表现为可供使用的教育经费。教育经费的多少，与国家的决策有关，但在根本上，反映了社会生产力的发展水平。联合国教科文组织曾在调查后指出:“迄今教育已无例外地受到我们时代冷酷的规律的支配:这个规律就是世界财富和资源分配不平等的状况趋向于扩大。”①“1968 年发达国家的教育经费上升到 1200 亿美元以上,而发展中国家的教育经费则少于 120 亿美元。工业化国家人口约占世界人口的三分之一,而青年只有世界的四分之一,但它们用于教育的经费比发展中国家要多十倍以上。这种巨大差别最严重的地方还在于它仍在不断地扩大”。②

教育经费的状况,会影响国家的教育普及程度、教育条件、教师工资等一系列问题。

教育经费与入学率状况③

	美国	日本	新加坡	韩国	马来西亚	泰国	印尼	印度	中国(1997)
公共教育经费占GNP比例(%)	5.2 (93)	3.8 (93)	3.0 (93)	3.7 (94)	5.3 (94)	4.2 (95)	2.2 (92)	3.5 (94)	2.5 (97)
中等教育入学率(%)	97 (94)	99 (94)	78 (93)	101 (95)	58 (96)	55 (95)	48 (94)	49 (95)	69 (96)
高等教育入学率(%)	81.1 (94)	40.3 (94)	33.7 (95)	52 (95)	10.6 (94)	20.1 (95)	11.1 (94)	6.4 (95)	5.7 (96)

注:表中(　)为年份。

当代世界各国教育发展因此而表现出极大的不平衡,在一些发达国家已把普及教育的程度推向高中,甚至瞄准大学教育的同时,广大不发达国家却还在为解决低层次的教育普及问题而努力。1990 年 3 月,由联合国教科文组织、儿童基金会、开发计划署和世

①② 联合国教科文组织,国际教育委员会编著:《学会生存》,上海译文出版社 1979 年版,第 89 页、第 83 页。

③ 引自全国教育科学规划领导小组办公室,上海市教育研究院智力开发研究所合编:《教育研究信息》,1998 年第 7—8 期。

界银行联合发起和赞助召开的“世界全民教育大会(World Conference on Education for All)”，指出全球依然有1亿多儿童未能接受初等学校教育，9.6亿多成人文盲，1/3以上的成人未能学习能改进其生活质量并帮助他们适应社会和文化变化的文字知识及新技能和新技术。① 已故联合国儿童基金会执行主任詹姆斯·P·格兰特强调：“我们为了不落后于在全球社会消除贫富差距的斗争，必须利用国家和国际的资源加速实现全民教育目标的进展。”②

协调教育与社会物质资源关系的基本问题是：

(1) 须加大社会对教育的投入。应尽可能挖掘资源潜力，使资源投入达到弹性范围的上限，真正在客观上做到教育先行。

(2) 须科学处理社会物质资源与教育发展规模之间的关系。应利用有限的资源尽可能发展教育，但教育规模不能超越其可能性。我国在1958年曾搞办校“大跃进”，最终又进行“消肿”，造成极大的浪费。

(3) 须合理使用教育经费。各级各类教育的比例，须与社会发展对人才的需求相适应，减少盲目投资和重复投资。

(4) 须提高教育经费的收益率。这包括精减学校内部机构、提高师生比例等各方面的问题。

必须强调的是，加大投入与合理利用相结合，是解决教育物质资源关系的基本原则。

2. 教育与社会的精神资源

这里的精神资源，主要是指社会的精神文化条件。它存在于各种信息载体之中，是人类认识成果的积淀，体现人类认识世界的深度和广度。

---

① 赵中建编：《教育的使命——面向二十一世纪的教育宣言和行动纲领》，教育科学出版社1996年版，第13页。

② 同上，第10页。

教育的内容,来源于社会的精神资源。一定社会的教育内容,是取之于社会精神资源而构成的一定范围的知识体系。它既蕴涵了国家对教育的价值取向,并通过教育的管理渠道加以规定,同时反映了社会精神资源的状况。

社会的精神资源对教育内容具有制约作用。教育不可能超越其现实状况,并且,人类的认识成果一定要向教育内容转化。教育就是起源于传递超生物经验的需要。但是,教育对社会精神文化的传递不是消极被动的,而具有能动性,这主要表现在对精神文化的筛选、加工和促进上。

协调教育与社会精神资源关系的基本问题是:

(1) 教育须及时反映符合社会发展需要的精神文化。这是因为,在本质上,社会的精神文化产生于发展社会物质生产劳动的需要,生产力与生产关系的矛盾运动是精神文化发展的根本动力。西欧学校的自然科学教育内容,在14世纪仅有算术、几何和天文学。伴随近代工业生产的发展,至17~18世纪,课堂中相继出现了代数、三角、植物学、动物学、物理学和化学等。教育及时传递人类认识成果,既是精神文化发展的需要,又在根本上促进了社会生产力的发展。

(2) 教育须拓宽精神文化源流,构筑大教育内容。在我国近代历史上,中西文化的交汇,引进了德先生与赛先生,马克思主义传入中国,实科教育开始发展。在当代,世界经济发展的不平衡,使得科学技术的交流成为缩小发展差距的重要途径。正如马克思所指出的,“过去那种地方的和民族的自给自足和闭关自守的状态,被各民族的各方面的互相往来和各方面的互相依赖所代替了。物质的生产是如此,精神的生产也是如此。”① 教育不仅要汲取本国精神资源中的瑰宝,还须广泛吸收世界各国的精华,以促进本国

① 《马克思恩格斯选集》第1卷,第255页。

文化的繁荣、社会的发展。

第三节　教育规律与社会规律

教育与社会是两个不同的概念，分属两个不同的范畴，各具不同的活动规律。但两者又是不可分割的。教育活动受社会的影响，社会发展同教育状况相关。因此，两者各自的活动是否符合规律，必然影响对方的活动状况。研究教育规律与社会规律的关系，有助于把握教育的根本方向。

教育有其自身的活动规律。教育规律是教育发展变化过程中的本质的联系和必然的趋势。这种规律首先存在于教育的内在活动中，是教育内在关系的本质反映。教育的外部联系有赖于内在关系的存在。因此，教育具有相对独立性。教育与社会发生千丝万缕的联系，但教育与社会的相互作用，不能改变其内在的规律，使教育活动偏离客观规律，必然会降低活动效率，或使之名存实亡。

但必须看到，教育是一种社会现象，不仅教育的内容和方式等会随社会变化，并且，教育活动能否反映规律，也依赖于社会条件。在我国的十年动乱时期，学校教育虽存犹亡。以大批判代替课堂教学，使学校教育失去了传递人类文化知识的根本特点。

教育的作用特点，是依据社会的活动特点而变化的。"社会——不管其形式如何——究竟是什么呢？是人们交互作用的产物"，①"生产关系总合起来就构成为所谓社会关系，构成为所谓社会"。② 生产关系一定要适合生产力，是一切社会形态所共有的发展规律。生产力的发展是永恒的社会发展的基调，但在人类社

① 《马克思恩格斯选集》第4卷，第320页。

② 《马克思恩格斯选集》第1卷，第363页。

会发展的历史长河中，具体某一时期的发展特点会因生产力与生产关系的具体矛盾特点而有不同的表现，或倾向于发展经济，或倾向于政治活动。教育也因此而相应发生变化。

我国建国以来，教育的服务对象摇摆于经济与政治之间。解放初，为了改造旧教育，建立新的教育体系，教育表现出较强的政治性，曾担任教育部长的马叙伦说："代替旧教育的应该是作为反映新的政治经济的教育，作为巩固与发展人民民主专政的一种斗争工具的新教育"。① 1953 年，伴随我国第一个国民经济五年计划的执行，教育的经济功能逐渐得到重视。1956 年 1 月，周恩来代表党中央作了关于知识分子问题的报告，指出："在社会主义时代，比以前任何时代都更加需要充分提高生产技术，更加需要充分发展科学和利用科学知识"，为此"必须依靠知识分子的积极劳动"②。1957 年，因欧洲"匈牙利事件"爆发，引发我国少数学生游行罢课闹事。毛泽东发表《关于正确处理人民内部矛盾的问题》的文章，强调"教育为无产阶级政治服务，教育与生产劳动相结合，为了实现这个方针，教育工作必须由党来领导。"1957 年底反右斗争掀起，教育界成为反右斗争的重要阵地。1958 年，教育介入"大跃进"队伍。1960 年 1 月，中央文教小组提出"调整、巩固、充实、提高"的八字方针，把教育从过热的政治倾向中拉回。但是 1963 年，教育又介入"四清"和"五反"运动。从 1965 年至 1976 年十年动乱，教育成了政治运动。1978 年，随着拨乱反正的深入，教育才回到为经济建设服务的发展轨道。

回顾这段历史，从中不难发现：一、教育具有强烈的社会性。教育的总体倾向，是满足社会的最强有力的需要。因此，在不同时

---

① 瞿葆奎主编，雷尧珠等选编《教育学文集·中国教育改革》，人民教育出版社 1991 年版，第 6 页。

② 《周恩来教育文选》，教育科学出版社 1984 年版，第 102 页。

期表现出不同的特点。二、社会失衡，会导致教育的失范。在十年动乱中，教育的无序是因为社会的无序。三、在社会相对稳定时期，教育的经济功能得到体现。四、在社会重视教育为经济建设服务的时候，教育的传递文化知识的这一根本作用才得以体现，社会才重视教育的规律问题。

1985年，中共中央在《关于教育体制改革的决定》中指出："从五十年代后期开始，由于全党工作重点一直没有转移到经济建设上来，由于'阶级斗争为纲'的'左'的思想的影响，教育事业不但长期没有放到应有的重要地位，而且受到'左'的政治运动的频繁冲击。'文化大革命'更使这种'左'的错误走到否定知识，取消教育的极端，从而使教育事业遭到严重破坏，广大教育工作者遭受严重摧残，耽误了整整一代青少年的成长，并且使我国教育事业同世界发达国家之间在许多方面本来已经缩小的差距又拉大起来。"①

教育的健康发展，有赖于社会的健康发展。社会的健康发展需要教育健康发展。社会的健康发展的重要特征，是以经济建设为中心，全面重视社会各方面的建设。生产力的发展，是社会发展的根本原因，经济建设是社会发展的基础。正如马克思所指出的："……我们首先应当确定一切人类生存的第一个前提也是历史的第一个前提，这个前提就是：人们为了能够'创造历史'，必须能够生活。但是为了生活，首先就需要衣、食、住以及其他东西。因此第一个历史活动就是生产满足这些需要的资料，即生产物质生活本身"②，教育应该为社会的健康发展服务。中共中央、国务院在《中国教育改革和发展纲要》中指出："建设有中国特色社会主义教育体系的主要原则"之一，是"必须坚持教育为社会主义现代化建

① 《中共中央关于教育体制改革的决定》，《教育改革重要文献选编》，人民教育出版社1986年版，第16页。

② 《马克思恩格斯全集》第3卷，第31—32页。

设服务，与生产劳动相结合，自觉地服务于经济建设这个中心，促进社会的全面进步”。①

“坚持以经济建设为中心不动摇”，是我国的既定国策。我国社会的健康发展，为教育提供了良好的社会环境，并且需要教育的健康发展。但这只是前提条件，教育要最大限度发挥其作用，还有赖于教育自身须遵循其内在的客观规律。

附录

1．教育能“商品化”吗

教育能否商品化，是伴随我国经济体制由计划经济向市场经济转变而提出的问题。如前所述，经济制度与教育关系密切，在新的经济制度下出现的教育运行方式的变化，促使人们思考教育本身是否也须加入商品经济的行列。

什么是教育商品化？从实质上看，即将教育的成果作为商品，从而使教育行为按价值规律进行。价值规律，或称价值法则，是商品生产和商品交换的基本规律。其基本特点是，商品的价值量由生产商品的社会必要劳动时间决定，商品按价值量相等的原则进行交换。以商品的市场供求关系来决定商品的生产量。

教育能否商品化，在我国理论界有不同的看法。这一问题涉及教育的本质，即在新的市场经济制度下如何认识教育。对此问题的解答，关系到国家的教育政策及教育实践中的教育行为，因此，是一个十分重要的问题。

经过理论界的争论和探讨，一般认为，教育是不能商品化的，其根本的原因在于教育的性质不同于商品生产。

教育是一种培养人的社会活动。教育的根本任务，是传递人

---

① 《中国教育改革和发展纲要》，《新的里程碑》，教育科学出版社 1994 年版，第 65 页。

类积累的知识经验。它的意义，不仅可以提高人的能力，使人可以从潜在的劳动力转为现实的劳动力，从而产生经济效益，更在于它是社会延续的重要手段，它使社会新生一代获得培养，使他们成为新的社会成员，继续推动社会前进。它的重大的社会意义，远远超出经济的范畴，是无法也不能仅用经济价值来估量的。

事实上，如果将教育视为商品，会导致实践上的消极后果。教师或学校就会以金钱来支配其教育行为，不直接产生经济效益的内容，如道德教育、思想教育等，就得不到重视。一些国家需要的具有长远利益但暂时经济效益差的专业，就会被挤出学校大门。

教育自身的性质，决定了教育是一种全社会的行为，是一种国家行为。教育与经济的关系，发生在相互交接的领域，教育要面向市场经济，这不等于改变自身的性质和规律。教育必须受到国家及各级政府的宏观调控，使其避免短期行为和狭隘的囿于局部利益的行为，使教育全方位地为社会发展服务。

因此，为经济建设服务是教育的重要任务，但这不等于教育就是经济行为。教育必须面向市场经济，但教育本身不是商品。教育的崇高的特殊的意义，使它的内涵要比“商品”两个字丰富得多。

2．社会现代化与教育现代化

我国正在朝着现代化的方向迈进，现代化已成为我国社会发展的重要目标。科学认识教育与社会现代化的关系，是有效发挥教育在实现现代化中的作用的前提。

“现代化”一词，是本世纪60年代以后才在西方社会科学研究中逐渐流行的一个术语，至今对其涵义仍无统一的认识。美国的布莱克在《现代化的动力》一书中认为：“如果必须对‘现代化’下一个定义，那么可以这样说，它是历史形成的各种体制对迅速变化的各种功能的一个适应过程，这些功能因科学革命以来人类控制环境的知识空前激增而处于迅速变化之中”。从实际的历史发展来看，现代化是一种人类社会努力的方向，并在实践中逐渐得到实现。欧洲的文艺复兴，启动了人类走向现代化的历程。16 世纪以后，尤其是西方的工业革命，促使传统的农业社会向现代工业社会转变，从而引起社会生活的全面变革。因此，现代化是一种自觉、有目的、有计划地实施的一种社会变迁过程。它是以经济发展为中心，涉及到政治、文化和社会生活各个方面的社会改造过程，代表了人类社会进步的方向。

社会现代化同教育关系密切。教育是实现社会现代化的重要手段，并且，作为社会的重要组成部分，教育的现代化是社会现代化的标志之一。

教育为实现现代化服务，是我国当代教育肩负的重要历史使命。完成这一使命，需要高度的热情、踏实的实践，同时，须对我国的现代化有科学的认识。

现代化不等于西化。把现代化视为西化，在我国有其历史的渊源。在我国近代历史上，自国门被西方坚船利炮打开之后，即有人以模仿西方发展为主要目的。清末的洋务运动为此提倡以学习西学为目的的新教育。在西方也有把现代化视为西化的，《国际社会科学百科全书》中称现代化的进程是“西欧和北美产生的制度和价值观念，从 17 世纪以后向欧洲其他地区的传播过程，18 至 20 世纪向世界其他地区的传播过程”。① 但必须看到，现代化的实践，脱离不了本国的实际。在本质上，现代化的进程，依然是生产力与生产关系矛盾运动的结果，因此，其发展过程的特点必然体现具体社会的性质。我国社会主义的现代化进程，是以生产力发展为基础，体现社会主义生产关系本质特点的社会的整体发展。教育在为现代化建设服务时，必须体现这一根本性质。

---

① 《国际社会科学百科全书》第 6 卷，纽约 1965 年版，第 324 页，转引自马和民、高旭平：《教育社会学研究》，上海教育出版社 1998 年版，第 161—162 页。

现代化也不等于工业化。工业化是生产力发展的重要表现。但是,现代化是一种社会的整体变迁,不仅体现于人与自然的关系,同时体现于人与人的关系,外现为物质文明与精神文明的发展。教育必须同时为两个文明的建设服务。

现代化的关键是社会主体的现代化。社会发展的根本力量,在于作为社会主体的人的社会实践,并且,人的发展本身就是社会发展的重要标志。教育为现代化建设服务的主题,是培养现代化的人。因此,教育必须研究人的现代化问题,在此基础上构筑起现代化的教育体系。

实施现代化教育的关键,是教育的现代化。教育现代化是一场全面而深刻的教育变革,既涉及教育的硬件,也涉及教育的软件。这两方面的发展都是重要的。先进的教育硬件设施,不仅有利于辅助教育,并且本身就是现代化的表现形式。但是,教育的硬件有赖于软件的支配。教育现代化的根本,是教育思想的现代化,教育者本身的现代化。我们必须对一系列有关教育现代化、社会现代化的基本问题有深刻的正确的认识,形成科学的指导思想,这样才能使我国的教育现代化进程有正确的方向,真正发挥教育对现代化建设的重要作用。

思考题

1. 试述教育与社会需求关系的基本特点。
2. 试析教育与社会性质的关系。
3. 试析教育与社会发展状况的关系。
4. 试析教育与社会具体制度的关系。
5. 试述教育与社会条件关系的基本特点。
6. 试析教育与社会条件的关系。
7. 试析教育规律与社会规律的关系。
8. 请结合实际谈教育如何适应社会现代化的需要。

参考文献

1．瞿葆奎主编、郑金洲副主编:《教育基本理论之研究》,福建教育出版社 1998 年版。

2．马和民、高旭平:《教育社会学研究》,上海教育出版社 1998 年版。

3．成有信等:《教育政治学》,江苏教育出版社 1993 年版。

4．金一鸣主编:《教育社会学》,江苏教育出版社 1992 年版。

5．扈中平、陈东升:《中国教育的两难问题》,湖南教育出版社 1995 年版。

6．瞿葆奎主编、雷尧珠等选编:《教育学文集·中国教育改革》,人民教育出版社 1991 年版。

7．刘佛年主编:《中国教育的未来》,安徽教育出版社 1995 年版。

8．燕国材:《教育十论》,中国建材工业出版社 1996 年版。

9．鲍宗豪主编:《当代社会发展导论》,华东师范大学出版社 1999 年版。

10．朱永新、徐亚东主编:《中国教育家展望 21 世纪》,山西教育出版社 1997 年版。

11．《教育改革重要文献选编》,人民教育出版社 1986 年版。

12．国家教委教育经费研讨组编:《教育经费与教师工资》,教育科学出版社 1988 年版。

13．赵中建编:《教育的使命——面向二十一世纪的教育宣言和行动纲领》,教育科学出版社 1996 年版。

14．赵翰章主编:《德育论》,吉林教育出版社 1987 年版。

15．傅维利:《劳动力市场与教育的自主调节问题》,湖南教育出版社 1995 年版。

第五章　教育活动与人

[提要]　如何使教育活动符合人的身心发展特点,增强教育的作用,这是教育实践的基本问题。本章围绕这一主题叙述了关于人的基本认识、教育与人的发展的一般关系及其基本问题。

第一节　人的发展与教育

一、关于人的基本认识

人是什么?这是教育理论和实践不可回避的一个最基本的问题。教育者只有对人有了深刻的认识,其教育行为才会有明确的目标和科学的依据。教育,就是培养人,使人成其为人的活动。

在古代社会,教育家们就自觉或不自觉地把对人的理解作为教育的依据。我国战国时期的孟子就因认为"人性本善"而主张教育要重在"内求",发掘人的本性。同一时期的荀子则因认为"人之性恶,其善者伪也",而强调教育的真谛在于"外铄"。在西方也有同样的情况,古希腊的快乐主义者基于对人的本性的肯定,主张教育应去发展人的天性,而至善主义者则强调教育应以理性去克制人的感性欲望。经过千百年的发展,关于人的认识已不再限于经验性的推断,但有一点依然未变,即把对人的认识作为教育的重要依据。美国的布鲁纳基于结构主义心理学思想之上,建立起被誉为三大课程改革流派之一的结构主义课程理论。波及世界的人本主义教育思潮,正是基于对人性的理解和高扬。

对人的认识,是一个复杂的工程,涉及多种问题、多门学科,可以从不同的角度、不同的层次进行分析。但是，与万物相比，人的根本特点是什么，则是一个最基本的问题。

1. 对人的认识，首先是对人性的认识

人性，从其最一般的意义上讲，就是人所共有的，区别于动物的特性。所有人所具有而动物不具有的特性，都属于人性的范畴。人性是人类在与客观世界的相互作用中，经历漫长的进化过程，逐渐脱离动物界而形成的。就每一个体而言，其人性也是在生命诞生之后在与环境相互作用中形成的。因此，并不存在先天的性善和性恶。17 世纪英国的哲学家、教育家洛克曾将人的心灵比作白板，并充分肯定教育在人性形成中的作用。

从历史发展的角度来看，人性包含了一般的人所共有的属性和具体的人性两方面的内容。马克思曾经指出："首先要研究人的一般本性，然后要研究在每个时代历史地发生了变化的人的本性。"① 一般本性，是不同时期，不同地区的人共同具有的区别于动物的特性，这种一般本性，在具体的社会和自然条件中，又表现为具体的特点。也即人性是一般人性和具体人性的辩证统一，具体人性包含着一般人性，一般人性则通过具体的人性表现出来。比如任何时代和地区的人，都有吃、喝的需要，都有勇敢和胆小之分，但在不同时代和地区又赋予了不同的文化特点。教育对于人性的培养，必须研究人性的一般特点和具体的表现。事实上，在不同时代不同地区的道德教育中，既存在共性的成分，又具有不同的内容。人的社会化过程，也有同样的特点。

从最根本的构成要素看，人性是人的自然属性和社会属性的统一，在此基础上形成人的心理特点。因此，人性的现实结构，是由自然因素、社会因素和心理因素三者组成的。人的自然属性，是人的生理特点及在此之上形成的人的本能。如人的食欲、生存的

---

① 《资本论》第 1 卷，第 669 页。

欲望等等。人的自然属性是人性形成的基础和原始特点，它首先表明人是物质的。人的自然属性，在现实中的表现既有原始的动物性，又带上不同于动物的人性色彩。正如马克思所说："吃、喝、性行为等等，固然也是真正的人的机能。但是，如果使这些机能脱离了人的其他活动，并使它们成为最后的唯一的终极目的，那么，在这种抽象中，它们就是动物的机能。"① 然而，人是社会的存在物，人具有社会性。人的社会性是人在其社会生活中表现出的特性，主要表现为在其共生关系中的相互依存性、人际关系中的交往性和伦理关系中的道德性。人的社会性表明，人是在社会中生存和发展的。人的生物条件，为人的发展提供了物质前提，而人的社会性，则是在此基础之上，在同客观世界的相互作用过程中形成的，并会反作用于人自身的自然属性以及人的整体发展过程。人的社会性是人的重要特性，因为现实的人的本质"不是人的胡子、血液、抽象的肉体的本性，而是他的社会特质"。② 在现实中，人还表现出人所具有的心理活动特点，人有其独特的认识特点、情感特点和意志特点等。这是人的自然条件与后天的社会因素的"合金"。③ 人的自然因素、社会因素和心理因素在人的身上相互联系、相互作用，共同构成人的人性特点。

2. 对人的认识，还必须认识人的根本特性

人的根本特性，即人的本质。人性和人的本质是两个不同的概念。人性是人的一般属性，人的本质则是在人性中起决定作用的根本属性，人的本质决定着人的其他属性。人性讲人是怎样的，人的本质则讲人为什么是这样的。人的本质是人性的深层因素，

---

① 马克思：《1844 年经济学哲学手稿》，人民出版社 1985 年版，第 51 页。

② 《马克思恩格斯全集》第 1 卷，第 270 页。

③ 燕国材：《素质教育论》，江苏教育出版社 1997 年版，第 156 页。

是使人成其为人的根源所在。

人的本质是什么,对此问题的解释理论界存在分歧,然而,对此问题的认识会影响教育的基本观念。

我们认为,人的本质是一个发生学意义上的概念,人的本质应该从人类发展的历史中去寻找,尤其是从人与客观世界的相互作用的历史过程中去寻找。人的本质力量是通过实践活动表现出来并成为人性发展的源泉和动力的。马克思曾指出:"工业的历史和工业的已经产生的对象性的存在,是一本打开了的关于人的本质力量的书,是感性地摆在我们面前的人的心理学。"①

成为人与动物最原始的分离标志的,是人学会了制造和使用生产工具。人的劳动不仅改变着客观世界,同时改变着人类自身,推动人脱离动物界不断向前发展。人的劳动是人的主观因素与客观因素相互统一的过程。人的劳动具有社会性,人在劳动中形成了人与人之间的社会关系,这种社会关系既是人的特性的表现,也是制约人发展的因素。马克思曾指出:"人的本质并不是单个人所固有的抽象物,在其现实性上,它是一切社会关系的总和。"② 从劳动的主体特性来看,人的劳动是一种能动的过程,体现了人的能动性、创造性和自主性。马克思认为,"人的类特性恰恰就是自由的有意识的活动"③,人的主体意识在劳动中起着代表人的本质力量的作用。

劳动在人类的形成和发展过程中起着决定性的作用,劳动是人类永恒的主题,但劳动又具有历史性,随着人类社会的发展,劳

---

① 马克思:《1844 年经济学哲学手稿》,人民出版社 1985 年版,第 84 页。

② 《马克思恩格斯选集》第 1 卷,第 18 页。

③ 马克思:《1884 年经济学哲学手稿》,人民出版社 1985 年版,第 53 页。

动的内容和形式也在不断地发生变化，与原始时代的体力劳动相比，现代社会的劳动具有多样化、复杂化的特点，但在各种各样的劳动中，人的主体性不仅依然存在，而且日益成为能够显示人的本质力量的决定性的因素。可以这么说，在人的各种属性中，最根本的属性，即人在劳动中表现出的主体性，这是人之本质所在。什么是主体性？马克思曾说："主体是人，客体是自然。"① "主体"一词，含有与客体的被动性、消极性相对立的能动的、自主的、富有创造性的涵义。人的主体性的基本特点，即指人在同客体相互作用中所表现出来的能动性、创造性和自主性。人的这种根本特性，是在人的一般属性之上形成的，并反过来制约着人的一般属性的发展。人的一般属性与根本属性在具体的人的身上的统一，便形成了具体的人的个性特点。

因此，教育者不仅需认识人的一般属性，还须把握人的根本属性，不仅要了解人的共性特点，还须了解人的个性特点，这样才能完整地认识自己的教育对象。

二、人的发展的涵义

人的发展指什么？对此基本问题的认识关系到对教育涵义的理解，因为，教育正是为了促进人的发展。从哲学的意义上解释，发展是指事物由小到大，由简到繁，由低级到高级，由旧质到新质的运动变化过程。人的发展，则是指在人的身上发生的向前变化的过程。人的发展是一种由量变到质变的过程，发展包括质变，也指量的变化；既指明显的变化，也指细微的改变。人的发展，是指过程中的即时改变，只要发生量或质的改变即是发展的表现。因此，如果某一个体对已遗忘的内容重新学习获得长进，也是一种发展。从教育的角度讲发展，是指个体的正向改变，因而不能完全等

① 《马克思恩格斯选集》第2卷，第88页。

同于变化。所谓正向,是指与原来相比有量的增长或新质的产生,而主要不是指其社会性质。发展与衰退是相对的概念。人的学习能力是相当持久的,人的机能会衰退,但只要具备学习的可能,便存在发展的可能。一般而言,人的发展的可能性存在于从生命诞生至终止的整个过程,但在发展的速度和质量上会表现出差异。随着社会的发展,教育的时间概念已不局限于原来的学校教育阶段,而已拓展至人的终身。

人的发展的内容包括身体、心理及社会素质等方面。人的身体发展是指人的机体的正常生长发育和体质的增强,以及在此之上形成的生理机能的变化,如,人的运动能力、耐疲劳能力等的发展。人的心理发展是指人的心理活动特点及能力的发展,包括感觉、知觉、注意、记忆、思维、想象、情感、意志、性格等方面的发展。人的社会素质的发展,是指人的社会特性及能力的发展,比如,人的个性特点、人的主体意识、人的社会交往能力等的发展。

人的发展的内在关系,是一个十分复杂的问题。人的发展的内容,涉及构成人发展的各种要素,各种要素在人的发展中的相互关系如何,是关于人的各门学科一直在研究的问题,人对自身的认识远未达到进入自由王国的境界。我们可从不同的角度来分析人的构成要素,但这些要素因共存于人的身上,必然互相联系,并最终在个体身上整体性地体现出来。也即人的发展,既具有可分性,又具有统一性。但统一性,相关性,并不等于说人的发展的各个方面具有同步性。事实上,人的意识的发展不能代替行为能力的发展,人的机体的生长不能代替人的智慧的发展。这说明,即使共存于同一个体身上的各种因素,相互间也存在着某种独立性。人的发展的涵义,应当包括构成人的各种要素之间的相互关系的发展。比如,道德意识对道德行为控制能力的发展等等。

人的发展是教育所追求的目的,自古以来,人们提出了各种教育的培养目标。古希腊的亚里士多德提出,教育应使人在身体、德行和智慧方面得到发展。16世纪人文主义教育家拉伯雷则强调，要从智育、德育、体育、美育和劳动教育诸方面去发展人的个性。18世纪瑞士教育家裴斯泰洛齐却说，“除了体力与智力的和谐发展以外，教育没有其他的目的。”① 各种提法不一而足。但必须看到，不同的提法，既反映了对人的不同的认识，更反映了教育者的价值取向。人的发展是社会性的，人不能脱离社会而存在，人的发展的内涵中，蕴涵着社会对人的发展的制约性。

人的发展必须经历一定的过程。人的发展过程是一个与时间相关的概念，在时间的推移中人发生量和质的改变。在人的发展过程中所发生的运动，其形式和实质是错综复杂的。总体上看，人的发展过程具有社会性，有各种社会因素的加入，并且人需要融入社会。人的发展过程具有主体性。如前所述，人的主体性是人的根本属性，人的主体性形成于发展过程并反作用于发展过程，使人的发展过程体现出人的本质特性。人的发展过程具有活动性。活动不仅指肢体的运动，还包括人的大脑活动。人的发展过程是在活动中发生和进行的。人的发展过程具有动态性。在发展过程中主体随时间的推移发生着变化，因而使各种影响因素对人的作用也产生动态变化。人的发展过程，是主体与客体相互作用的过程，人在这种过程中既改造自身，也改造客观世界。

三、人的发展与教育

教育在人的发展中起着重要的作用。与其他影响因素相比，教育是一种有意识、有目的的培养活动，尤其是学校教育，更具有系统性的特点。在现代社会，人的发展必须依赖于学校教育。

要增强教育的作用，必须了解影响人发展的因素以及教育的

---

① 中国教育学会教育学研究会编：《论教育和人的全面发展》，人民教育出版社1982年版，第19页。

特点。个体在其发展过程中会受到各种因素的影响,为便于了解,我们可以把各种影响因素分为三类。一类是个体自身的内在因素,包括个体的生理因素、心理因素和社会性因素。另一类是外部因素。这是指对主体产生作用的外部影响因素。这类因素来自主体外部的客观存在,包括生命体诞生后的母体环境因素,及出生后的自然环境与社会环境。还有一类因素是指人的活动。之所以将活动也视为影响因素,是因为如前所述,人的发展过程具有活动性。活动是连接主体与客体的桥梁,各种外部影响因素只有被纳入活动因素才能产生作用,并且,活动的状况会影响个体发展的状况。上述三种因素是相互关联的。不仅内外因素会在相互影响中改变彼此的作用,而且因为活动的变化性会使内外因素发生变化。活动会改变主体所接触的环境。

我们不能简单地把教育归为某一类因素,教育是一种综合性的因素。至少我们应区分教育影响与教育活动。教育者对受教育者所施加的影响,是一种个体发展的外部因素。而教育活动必须在受教育者参与、配合下才能进行,因此,对于个体的发展而言,教育活动兼有三种因素。在教育活动中,受教育者是发展的主体,教育者的活动不能代替受教育者的活动,教育者的工作性质是营造外部影响因素。与其他影响因素一样,外因只有通过内因才能发生作用。所不同的是,教育影响更具能动性。教育者积极为受教育者营造有效的外部影响因素,引导教育活动的进行,激发受教育者积极参与教育活动,因而与其它影响因素相比,教育对人的发展具有更大的影响作用。

第二节　教育要符合人的发展特点

教育者必须了解自己的教育对象,只有在了解的基础上才能制定明确而可行的教育目标,才能有效地调节教育过程的进行,提高教育的质量。教育者所需了解的内容是多方面的，既需从横向了解影响人发展的各种内外因素的相互关系，又需从纵向了解人的发展过程的特点。并且，要根据人的发展特点，研究教育的策略。

一、先天与后天的关系

人的先天，是指人从生命体诞生起所具有的影响人发展的内在因素。人的发展与人的先天条件之间具有什么关系，这是教育者首先必须了解的基本问题。

1. 人的先天具备了什么

人既是物质的，又是精神的，人具有生理、心理和社会性特点，但是，人的生命体诞生时，与生俱有的只是物质。人的意识，是人对客观世界的反映，恩格斯在其著作《自然辩证法》中说："终有一天我们可以用实验的方法把思维'归结'为脑子中的分子和化学的运动。"① "人的智力是按照人如何学会改变自然界而发展的。"② 马克思也曾指出"人的感觉、感觉的人类性，都只是由相应的对象的存在，由于人类化的自然，才能产生出来。"③ 人不可能在生命体诞生时即具有社会特性，人的所有的社会特性是后天形成的。

但是，人与生俱有的不是简单的、一成不变的物质。除了作为物质的生命体之外，人同时与生带来了制约生理因素发展方向和节奏的遗传信息。现代遗传生物学的研究表明，人通过遗传获得的遗传信息，制约着人的生理解剖特征，如人的机体结构、形态、感官、血型及神经系统的特征等，包括人的大脑的机能和特点。人的遗传信息是从母体带来的，反映了双亲及祖先的特点。它存在于

---

① 恩格斯：《自然辩证法》，人民出版社 1971 年版，第 226 页。

② 同上，第 192 页。

③ 马克思：《1844 年经济学哲学手稿》，1957 年版，第 87 页。

人体内的一种叫做“脱氧核糖核酸”(DNA)的物质之上。一般生物体在组成机体的细胞中有细胞核,细胞核内有染色体,染色体上有基因,构成基因的化学物质即 DNA。遗传信息是指 DNA 上碱基的排列次序。

人的遗传信息的作用,是贯穿于人的发展过程的,在生长旺盛时期,它的作用表现得尤为明显。因此,人的遗传特点是逐渐显露出来的。人的体格是逐步发育成长的,人的脑量在初生时仅 390 克,7 岁时为 1280 克,12 岁时为 1400 克左右,接近成熟。

人的遗传素质,在人与人之间是存在差异的。男女两性的生理差别便是明显的例子,在同性之间也存在遗传差异。研究表明,人的高级神经系统生理机能的各种特征,如神经的强度、灵活性和平衡性等,以及其他各种解剖生理特点都存在遗传差异现象。

因此,人与生带来的是物质,并具有不同于他人的在生理发展过程中逐渐显现的遗传信息。

2. 人的先天因素与人的发展

人的先天因素,为人的发展提供了物质前提。人之所以能成为万物之灵,在于人具有优于生物界其他生命体的遗传条件。尤其人的大脑结构及其机能是最为复杂和完善的。人的先天条件的差异会对后天发展产生一定的影响作用。有实验证明,在思维活动方面,神经过程灵活性高的人比神经过程不灵活的人在解决问题的速度上可以快 2～3 倍。在知觉广度方面,神经过程强而灵活的人比较大,反之,神经过程弱而不灵活的人比较小。有人曾对遗传素质相近程度不同的人进行调查,分析遗传因素与智力品质之间的关系。结果表明,在运算测验中同卵双生的个体之间在敏捷性、灵活性和抽象性上的接近程度要高于异卵双生的个体。这种由遗传因素对人发展的作用还表现在心理特征的其它各个方面。并且,这种作用是逐步显现的。美国学者格塞尔曾做过一个有趣的实验。让两个年幼的双生子学爬梯,一个在出生 48 周起开始,每天10分钟,连续学6周,但其达到的水平,另一幼儿在出生后53周起开始仅学2周即可赶上。由此表明,受遗传影响的生理成熟程度会对学习行为产生影响作用。

但是,在此问题上不能夸大遗传的作用。遗传决定论认为,人的发展是由先天的遗传因素决定的。英国人类学家高尔顿(S. F. Galto)在1869年曾发表《遗传的天才》一书,提出能力决定于遗传的观点。这种理论是只见一点而无视其余。须指出的是,人的遗传素质仅提供了发展的可能性,而人的外部环境是人发展的源泉,人的物质养料和精神养料都源于客观环境。因此,环境会影响人的发展可能性向现实转变的过程,会影响人的发展方向和进程。已经发现的许多出生后离开正常人的环境生活在野兽群中的儿童,其发展状况表明,如果人一旦失去后天正常的社会环境,即使具备了正常的遗传条件也难以成为正常人。1920年在印度加尔各答发现的狼孩,不仅不具有人的行为特征,相反变得如狼一样啃吃生食。1970年在美国加利福尼亚发现的从出生20个月起便剥夺语言刺激的13岁小女孩,不仅没有语言能力,甚至连主管语言的大脑机能也发生障碍。

科学研究表明,人的发展一开始,遗传和环境便同时对人产生作用,并由于人的主体意识的形成,造成人的各种发展的方向和进程。美国遗传学家斯特恩研究后认为,如果有两种遗传因子A、B,在X、Y两种环境中,就会有六种发展的可能,三种遗传因子A、B、C,在X、Y、Z三种环境中,就会有40320种排列。① 其实这种推算还过于简单,由于人的主体性和环境内容的丰富与变化,使得人的后天发展的可能是无穷的。

人是先天与后天的"合金",并且,这种"合金"是在人与客观世

① 丁裕超:《谈谈教育与遗传、环境的关系》,载《山西教育》,1980年第5期。

界的相互作用中形成的。在一定的遗传条件下,人的发展受后天环境的影响,但人并不是环境的消极产物,人在与后天环境的相互作用中既改造了环境也改造了自身。人的生物学特点可以遗传给下一代,其中包括了后天自我改造的成果。事实上,从猿到人,单就脑量已发生了很大的变化,从类人猿的415毫升至现代人的1400毫升,这种进化历经千百万年,但不可否认在每一代人身上发生的获得性遗传是形成这种进化的基础。

3. 教育要为人的发展创造条件

科学家曾做过一个试验,把生母IQ值低于75的儿童分为两组,一组仍然生活在母亲身边,另一组被送到教育条件优越,并且富有创造性的生活环境中。五年后分别测量这两组儿童的IQ值时发现,第一组的IQ值平均为90,而第二组的则为127。① 后来也有类似的实验结果。事实表明,在一定的遗传条件下,人的发展是有一定的弹性范围的,或许发展水平达到弹性范围的上端,或许在下端。这种情况不仅出现在智力发展方面,在心理发展的其它方面,以及在人的生理发展方面都是存在的。研究表明,人在某些方面甚至有很大的发展潜能。人的大脑所具备的发展能力,在人的一生中通常仅运用了一部分。人的生理机能,经过锻炼可以获得比常人高得多的能量。

教育是培养人的社会活动,教育应该为人的发展营造有利的条件。尤其是学校教育,是一种专门的教育机构,与其他环境影响因素相比,学校教育具有系统性、调控性、组织性以及明确的方向性,是社会环境中的主要影响因素。如何最大限度地释放人的发展可能性,如何开发人的发展潜能,是学校教育要研究的重要课题。教育者必须首先对人的先天与后天的关系有正确的认识。既看到人的遗传的作用,又看到人的发展的巨大可能性,学生是可教

---

① 赵功民:《遗传学与社会》,辽宁人民出版社1986年版,第235页。

育的，能否使学生达到最佳发展，有赖于坚定的信念和可行的方法。

二、客观与主观的关系

发展的客观条件，包括人自身的条件和外部条件。人的自身条件，不仅指人在生命诞生后某一时刻的生理状况，同时指人的先天遗传素质。外部条件，是指存在于人周围的自然环境和社会环境。人的主观因素，主要指人的意识和精神。人的发展离不开客观条件，又与人的主观因素密切相关。

1. 人的发展是具有主观能动性的

人并不是环境的消极产物，这是马克思主义的一个基本观点。人在与客观世界的相互作用中形成的主体意识，会反作用于人自身及客观世界，调节主体行为，表现出人的能动性、自主性和创造性。

人的这种主观能动性，使得在同样的客观条件下人会有不同的发展。许多逆境成才的事例，无不表明人的主观努力的重要性。高尔基(1868—1936)是一名伟大的作家，前苏联社会主义文学的奠基人。但是，在他的成长过程中客观所具有的条件却是十分艰难的。高尔基出生于木匠家庭，四岁丧父，十岁丧母沦为孤儿，十一岁走向社会，拾过破烂，当过鞋匠学徒、饭馆跑堂、搬运工人、守夜人、铁路司磅员、面包师等，在为生活不得不到处奔波的艰难生活中，除了上过二、三年学之外，他勤奋自学。他的自传体小说《童年》、《在人间》和《我的大学》对他的成长经历作了真切的描述。十六岁时，高尔基离开家乡来到喀山，想念大学，但没有可能，只能站在大学门口，胸前挂着面包篮子卖面包。他在艰难中接触到进步青年，从此走上使他成为布尔什维克作家的道路。

人的主观能动性的表现，并不意味人的发展可以不依赖客观条件，或超越客观条件提供的可能性，而是说可以驾驭客观条件，人的主动、自主、积极，使人可以从客观环境获得更多的养料。高尔基的艰难生活经历，不仅没有带走他自奋自强的精神，反而成为他日后进行文学创作的素材。

环境决定论把人的发展与环境的关系归结为简单的对应关系，认为有怎样的环境就有怎样的人。美国的行为主义心理学家华生(T.B.Watson，1878—1958)，在1921年出版的《行为主义》一书中说："给我一打健康的儿童，一个由我支配的特殊的环境，让我在这个环境里养育他们，我可以担保，任意选择一个，不论他的才能、倾向、爱好如何，他父母的职业及种族如何，我都可以按照我的意愿把他们训练成为某一类专家——医生、律师、艺术家、大商人、甚至乞丐或强盗。"华生否定了人的主观能动性，把人视为可以随意操纵的木偶，这不符合人的发展特点。如果把人的发展完全置于外因控制之下，无视人的内部需求，就会降低发展的质量，也难以调动人的潜能。学校教育如果采用这种方式，就可能失去学生的配合，使教育活动变得名存实亡。我们必须充分肯定环境在人发展中的源泉作用，但不能无视人的主体性。

人的主观能动性，既表现为能动地认识客观世界，同时表现为能动地改造客观世界。法国的启蒙思想家爱尔维修(1715—1771)曾经提出，人是环境和教育的产物，并认为世界是由人的意志统治的，而人是靠教育培养的，如此推理得出教育万能的结论。对此，马克思曾批评说："有一种唯物主义学说，认为人是环境和教育的产物，因而认为改变了的人是另一种环境和教育的产物，——这种学说忘记了，环境正是由人来改变的，而教育者本人一定是受教育的"，"环境的改变和人的活动的一致，只能被看作并合理地理解为革命的实践"。①

2. 个体的内在需要是调节主客体关系的重要因素

人的需要，是人对一定客观事物需求的表现。人的需要有各

---

① 《马克思恩格斯选集》第1卷，1972年版，第17页。

种不同的内涵,有生理的需要,也有社会性的需要;既有物质需要,也有精神需要。人的需要有不同的层次,既有低层次的需要,也有高层次的需要。人的需要产生于人与客观世界相互作用的过程,是由某种诱因引发的。马克思曾说:“需要的形成是由于,在人类社会中生产着需要的对象,而因此也就生产着需要本身”。①

人的需要,是调节人与外部世界关系的重要因素。

从根本上说,需要是推动人类向前发展的动力。马克思曾指出:“人以其需要的无限性和广泛性区别于其他一切动物”。② “人的需要的丰富性”,其意义就在于它是“人的本质力量的新的证明和人的本质的充实”。③ 就某一个体而言,需要是引发动机的直接原因,并进而推动人的行为。

因为行为与需要有关,客观条件与主体行为之间就不是简单的对应关系。优越的客观条件未必能激发起主体的积极性,差的客观条件也不一定会使人丧失动力,关键是看个体的内在需要是否得到刺激。据说著名数学家华罗庚,小的时候数学成绩并不好,是因为被一位即将离任的老师的讥讽,而激起奋发之心的。人的需要一旦被激发,对需要的追求就会促使人主动地去调节与客观条件的关系,充分利用条件,甚至去创造条件。

个体的需要是在与客观外界相互作用中形成的。已有的需要状况,构成了个体的内部需要环境,这种内部需要环境既是动态的,又是相对稳定的,一旦形成会在处理主体与外部客观环境的相互关系中起作用,成为个体的内因。当外因能引起内因共鸣时,便产生需要,引发动力,反之则被拒之门外。因此,在主观与客观的相互关系中,个体的内部需要环境是主观因素中的重要方面。

---

① 《马克思恩格斯全集》第12卷,第340页。

② 《马克思恩格斯全集》第49卷,第130页。

③ 马克思:《1844年经济学哲学手稿》,第89页。

3．必须了解学生，使教育深入人心

了解学生，这是教育的前提，只有充分了解学生，才能最大限度调动学生的主观能动性，使教育取得好的效果。

教育影响相对学生而言，是一种外部条件，能否被学生自觉地接受，有赖于影响与被影响者的相互协调。教育者必须了解学生的内在需求、身心发展水平、知识结构特点等，才能使教育有的放矢，被学生接受、内化。

教育不仅是一种信息输入，而且是一种发现、开发受教育者的发展可能性的活动。教育者所能给予学生的知识信息毕竟有限，调动学生的主观因素，变被动学习为主动学习，真正体现学生在教育活动中的主体性，这才是教育的价值所在。

开发潜能，关键是调动主观能动性。教育者应该引导学生，使他们对主观与客观的关系有正确的认识。这样才能使学生理解主体性的意义，把握自己的发展方向和可能性，调动起内在动力。客观条件是否有利于发展，与主体的思想认识密切相关，教育者的正确引导具有重要意义，会影响学生的现在、甚至终身的发展。

三、共性与个性的关系

共性，即人所共同具有的属性，包括人的一般属性和根本属性；个性，是共性在个体身上的具体体现。人与人之间存在不同的个性特点。教育既是面向共性的，又是面向个性的。教育者必须正确处理两者的关系。

1．人是有个性差异的

每一个人都有不同于他人的特点，在心理学中，常用个人稳定的心理特征的总和来表示个性的涵义。教育理论研究个性，则指一般意义上的个性，不仅指心理特点，还包括生理、社会性等特点。

人的个性，是相对于共性而言的，是与他人的不同之处在个体身上整体的体现。因此，它既是由要素构成的，又具整体性，但总是通过具体的内容表现出来。

人与人之间的个性差异是表现在各个方面的。人的生理素质在个体之间会有区别,有的人精力充沛,有的人相对虚弱,等等。人的心理特征,如同一棵树上不会有两片相同的叶子一样,各不相同。在教育实践中经常会发现,有的学生思维敏捷,记忆力强,有的学生则相对的思维迟钝,记忆力差。人的社会性,也会有差异,在思想认识、道德品质、价值观念、社会行为等各个方面,人与人之间不会完全相同。某一方面的表现,是个体整体素质的流露。人与人之间的个性差别,是一种整体性的差异。

人的个性,是先天与后天的"合金",它与人的先天条件和后天经历都有关系。人的先天条件,在个性形成中起着物质基础的作用。许多测量表明,同卵双生者之间在心理特征,如智力方面的相关程度要高于异卵双生者。美国亚特兰大精神保健研究所经研究提出,人的性格与在受到外界刺激时体内所释放出的去甲肾上腺素和乙酰胆碱两者含量的比例有关,前者亢奋,后者抑制,不平衡则易兴奋或偏压抑①。但必须指出,人的个性特征更多的是在后天与外界相互作用中形成的。人的先天素质,在一般人之间差异不大。生命体的诞生是一种随机的过程,先天遗传特点的分布必然符合统计规律。人具有主体意识,人的行为并非受生物因素支配。人在后天的经历中积淀成作为先天与后天"合金"的个性。马克思曾说:"搬运夫与哲学家之间的原始差别,要比家犬和猎犬之间的差别小得多,他们之间的鸿沟是分工掘成的"。② 教育者必须了解受教育者的个性特点,使教育有所依据。并且,作为受教育者后天经历中的一个组成部分,教育对个体的个性形成起着重要的作用。

2. 个性与共性的关系是辩证统一的

---

① 新民晚报 1994 年 9 月 8 日。

② 《马克思恩格斯全集》第 4 卷,人民出版社 1972 年版,第 160 页。

人与人之间，既有差异，又有共同特点。由于人的生理因素具有共同性，人生活的环境，包括自然环境、社会环境，所提供的物质养料和精神养料具有共同性，人在形成千差万别的个性时，蕴涵了某种共性的内容。

人的共性与个性之间的关系，符合辩证唯物主义关于个别与一般对立统一的原则。共性存在于个性之中，个性包含了共性。列宁曾指出："个别一定与一般相联而存在。一般只能在个别中存在，只能通过个别而存在。任何个别(不论怎样)都是一般。任何一般都是个别的(一部分，或一方面，或本质)。任何一般只是大致地包括一切个别事物。任何个别都不能完全地包括在一般之中"。① 共性是对个性的概括，是个性所共同具有的特性，因此，个性必然具备共性的特点，也必须具有共性特征，否则就不属于共性所代表的范围。

人类社会的共性，是动态发展的，人类在生产实践、社会实践中，改造自然，改造社会，改造自身。人类共性的发展是人类社会发展的标志。共性的发展有赖于个性的发展，在一定社会条件下追求个性发展，是对人类共性发展的贡献。

3. 教育要正确处理共性与个性的关系

教育必须兼顾共性与个性，辩证处理两者的关系，使受教育者既达到一般的培养要求，又能充分发挥个性特点，两者合理统一。

在一定社会中，教育者使受教育者共性化的主要内容是使其社会化。社会化不等同于共性化，是使受教育者符合特定社会对社会人的培养要求，因而是共性化中的部分的、主要的内容。每一个个体都必须融入社会，教育必须使个体实现社会化。

教育还必须使受教育者个性化，每一个个体都有其自身独特的发展条件，符合个体特性的发展必然是个性化的发展。个性化，

---

① 《列宁全集》第38卷，第409页。

不是专门化,个性化的真谛在于反映个体的特点。

在教育中,教育者应努力使社会化与个性化相统一。为此,必须正确处理社会需要与个人需要的关系。教育者须背靠社会,面对个体。背靠社会,即反映社会的要求,使受教育者能符合社会的要求;面对个体,即教育要发展个体的个性。教育者必须对社会与个体有充分的了解,这样才能使两者达到有机结合,使受教育者达到在一定社会条件下的个性充分发展。同时,要提高教育的针对性。在制度化学校教育中,教育者首先面对的是班集体。必须改善教育方法,丰富教育形式,以使教育既能体现学校教育高效率的特点,又能因材施教,使每一个学生达到最佳的发展。

四、整体与部分的关系

部分,是指个体发展的某一方面,比如,人的思维能力,人的生理机能等等。部分与整体在内涵上是相对的。部分相对于构成部分的要素而言,则又表现为整体。人作为一个整体,是由部分构成的,部分中又包含各构成要素。研究人的内部结构,掌握整体与部分在个体发展中的内在关系,是教育实践的前提。

1. 人的发展具有内在不均衡性

衡量一个人的发展水平,往往以其整体的发展状况为判断标准,但是,就人的内在表现而言,不同的方面在发展的水平和速度上会存在差异,有些方面的发展水平相对领先,有些相对滞后;有的发展速度相对快些,有的则显得缓慢。这是人的发展所具有的内在不均衡性。

个体的内在发展不均衡性,基本上从两个方面表现出来。其一,同一方面在不同时期的发展速度不一致。这既表现在生理方面,也表现在心理方面。比如,人的身体发展,在出生后第一年和青春发育期的速度与其他时期相比明显要快。美国心理学家布鲁姆,曾对 1000 多名测试对象研究后发现,人的智力发展在 4 岁之前速度最快,如果以 17 岁时的智力水平为 100,则在 4 岁之前已发展了其中的 50%,8 岁时达 80%,余下的 20%在 8 岁至 17 岁这段时间内形成。其二,不同方面的发展状况表现出差异,也即在同一个体身上会表现出有长有短。比如善于抽象思维,却不善于形象思维;记忆力强,却思维能力差,等等。这种差异还会表现在个体的生理、心理及社会性等各个方面。

造成人的内在发展不均衡性的原因是复杂的。在一般情况下,主要有两种原因。一是人的发展规律所致。人在发展过程中,不同方面会自然表现出发展上的差异。比如上述所列举的人的身体发育、智力发展皆属于这一类。二是在人的先天条件与后天经历共同作用下形成的个体发展上的特点。这种状况属于个性差异的表现,其原因中既有自然的成分,又包含社会的成分,具有较大的可变性。但其实第一种状况,在每一个人身上的具体表现也会有所不同。并且,既便自然原因形成的特点,也会伴随人类的发展而变化,也即既是稳定的,又具有可变性。

2. 人的结构性与整体性

人的内在发展不均衡性表明,人的不同方面,具有各自的发展特点,也即具有某种独立性。这表明,人是具有结构性的。人既是整体的,又是部分的,是由各具特点的不同部分按某种联系组成的。但部分共存于一体,相互联系,相互作用,以整体特点的形式表现出来。因此,结构性与整体性在个体身上是并存的,人是结构性与整体性的统一。

结构,意味着要素与联系。我们应从不同角度,不同层次,依据某种特点来分析构成人的要素,以便加以研究。我们可以将人的构成分为生理、心理与社会性等组成部分,甚至可以作进一步的划分。提取要素是为了研究和培养的需要。比如研究人的思维特点、记忆特点、语言能力的特点,等等。同时还必须研究不同要素之间的相互关系。事实上,不同要素之间在相互联系的特点上是不同的。比如,智力与情感的关系同智力与认知的关系就不会一样,数学能力对语言能力的依赖程度,与数学能力对思维能力的依赖程度也是不相同的。造成这种区别的原因是复杂的,既可能因逻辑联系程度不同,也可能因内容性质不同,等等。对人的构成要素、对要素之间关系的研究,直接关系到教育的理论依据。

结构与整体密切相关,不同的结构会表现出不同的整体特点。同样,不同的整体特点所需的相应的内部结构是不同的。比如,职业素质结构具有层次性与倾向性的特点,构成职业素质的各种要素在基础性、固有性、形成性及易变性方面有所不同。对不同的职业素质结构进行研究,可以为学校教育提供选拔和培养人才的科学依据。

但是,对结构与整体关系的研究,不等于可以取代对整体特性的研究。对个体整体性的研究,是对个体表现出的总体特点的研究。由于人的素质特点的差异,人与人之间在整体特点上会表现出较大的差异。整体虽与结构相关,但毕竟不是同一概念。教育者必须对学生在要素、结构、整体方面的特点作全面的了解,才能使教育依据变得充分。在我国当前的教育改革中,对人的素质及其结构的研究的进展状况,直接关系到素质教育的发展。

3. 教育要正确处理整体与部分的关系

教育必须符合人的内在发展特点,确立培养目标,选择教育方法,都必须在对人有充分了解的基础之上,这样才有科学依据,才能真正提高教育质量。

教育必须要有针对性,不仅要针对受教育者的整体特点,而且要针对不同发展方面的特点,有的放矢地实施。数学能力的发展不同于语文能力的发展,人的智力与情感各自的发展特点不同,个体之间在整体的发展倾向性上也都存在差异,我们不仅要掌握人的内在发展关系的一般特点,还需了解具体对象的特点,才能量体裁衣,长善救失。

教育必须强调发展的协调性。在一定的培养目标之下，协调受教育者内在各部分的相互关系，有赖于受教育者与教育者的共同努力。事实上，重视知识的获得而忽视智力的培养，重视认知发展而忽视情感的发展，追求情感的愉快而忽视意志的锻炼，重视心理发展而忽视身体发展等状况是客观存在的。协调发展的内部关系，需要我们掌握内在要素间相互影响、相互作用的基本特征，而尤为重要的是要摈弃片面强调、不全面看问题的思想。

教育必须要有全面性。要全面了解学生，全面地看问题。既要从横向全面把握个体内在各部分的特点、相互关系、整体特点和发展倾向，又需从纵向完整考虑个体的内在不同要素以及整体在不同发展时期的特点。这样才能有助于制定科学的培养计划，有系统地培养学生，使之得到完整的、合理的发展。

五、连续与阶段的关系

人的发展是连续的，又是阶段性的。连续与阶段是人发展的两种不同表现形式，教育不仅要重视发展的连续性，还须重视发展的阶段特征。

1．人的发展具有阶段性

所谓发展的阶段性，即人的某一方面或人的整体在发展的某一时期，会表现出不同于其他时期的相对稳定的特征。比如，人的语言，在出生后至3岁这段时期，与其它时期相比，表现出更容易发展，而且一旦错过这一时期会对语言发展造成不利影响的特点。因此通常将这一时期称为语言发展的关键期。再比如，在人的青春发育期，快速的身体生长与依然稚嫩的心理发展水平之间表现出的矛盾，形成这一时期不同于其它时期的发展特点。很早就有人对发展阶段进行研究并提出划分标准。古希腊的亚里士多德曾把人在21岁前的发展分为三个阶段，即出生至7岁，7岁至发育期，及发育期至21岁。对发展阶段的划分，是学校教育在确定教育阶段时的重要依据。我国目前在进行的将小学六年改为五年，最后一年划归中学的改革，其重要原因就是考虑儿童的年龄发展特点。

对发展阶段的划分方式具有多样性。人在不同的发展方面所存在的阶段特点是不同的。对涉及多种因素的发展方面的划分，还存在以哪一因素为主要依据的问题。即使对同一发展方面进行划分，也与人的认识深度和划分目的密切相关。瑞士心理学家皮亚杰把儿童的道德发展分为自我中心、权威、可逆和公正四个阶段。美国的柯尔伯格认为人的道德发展包含前道德水平、前习俗水平、习俗水平和后习俗时期等发展阶段。但必须看到，人的发展无论是整体还是部分都具有相对稳定的特点，因此，是存在客观的划分依据的。通常我们把人从出生至青年的发展过程分为6个时期：乳儿期(0—1岁)、婴儿期(1—3岁)、幼儿期或学前期(3—6、7岁)、学龄初期或童年期(6、7—11、12岁)、学龄中期或少年期(11、12—14、15岁)、学龄晚期或青年初期(14、15—17、18岁)。这种年龄划分不是一成不变的，许多研究表明，人的青春发育期和学龄初期的时间都有前移的迹象。

2. 人的发展过程具有内在规律性

人的发展之所以表现出连续性和阶段性，是因为人的发展是一种不断地由量变到质变的过程。量变到质变的规律性，体现在儿童发展的年龄特征上，就是连续性和阶段性的关系。在量变阶段，发展的特点呈现质的相对稳定性，量变至一定程度导致质变，质变是新质代替旧质的运动从而引起阶段特点的改变，迎来新的发展阶段。

这种量变至质变的特点，存在于人发展的整个过程和发展的不同方面。在人的认识活动中，感性认识的积累会产生质的飞跃，上升为理性认识。在人的情感活动中，不稳定的情绪状态向较为稳定的情感状态的转变，同样是一种质变现象，人的发展过程正是由无数的这种量变和质变积累而成的。小的量变至质变的完成，为大的质变积累条件，局部的量变至质变，是整体的质变的基础。我们可以从不同层次、不同角度对这种量变至质变的发展过程以连续性与阶段性来加以描述。从人的心理发展的总的特点来看，“儿童时期(从出生到青年初期)心理发展过程的总的矛盾、总的质变是由软弱无能、不识不知的状态(一种质的状态)转化为具有一定的思想观点、知识文化和劳动能力的独立社会成员的状态(另一种质的状态)”。①

必须看到，由于人的不同方面之间存在发展速度不均衡的特点，因此，不同方面在发生量变至质变的时间上，既可能相同，也可能相互交叉。同时，人的生理或心理发展特点的出现，具有一定的顺序性，例如，儿童总是先有具体思维，然后发展到能进行抽象思维；先有喜、惧等一般感情，而后有理智感、道德感等复杂的情感。

3．教育要促进人的发展

教育的真谛在于促进人的发展。教育既不能超越人的发展可能性，也不是简单的适应。前苏联教育家维果斯基曾提出“最近发展区”的概念，主张教学的难度要落在学生将要达到而尚未达到的水平区域，其目的就在于强调教育要促进学生的发展。但必须指出，这里所说的难度，不仅指知识的难度，应当还指教育影响引起的学生整个身心活动，教育要促进学生身心各方面向前发展。

教育能否促进发展，有赖于教育者掌握并遵循学生的身心发展特点。

教育者必须掌握量变与质变的发展过程特点，为量变与质变创造条件。量变与质变都是发展的表现，不可厚此薄彼。比如，就学生的认识发展过程而言，既要为学生提供丰富的感性材料，让学

---

① 朱智贤:《儿童心理学》(上册)，人民教育出版社 1980 年版，第 80 页。

生形成完整的感性认识,同时要引导学生进行积极的思维加工,促使感性认识上升为理性认识,产生认识的质的飞跃。教育者应掌握不同发展方面的量变与质变规律、相互间的关系及其在整体发展中的地位和作用,完整地把握发展规律,全面地促进发展。

教育者还须了解学生的年龄特点。在班级授课制的情况下,年龄基本相同是目前常用的年龄编班制所形成的特点。学生在不同的年龄阶段会表现出不同的发展特点,并且,某些年龄阶段是身心某些内容发展的关键期,错过这一时期就可能失去最佳发展时机,或造成发展障碍。掌握年龄特点,是一个教育工作者的基本功。

教育须减少随意性,增强科学性,全面认识先天与后天、客观与主观、共性与个性、整体与部分、连续与阶段的关系,从中寻找规律,为教育提供科学依据。

附录

1. 关于人的教育观

人是万物之灵,人的特征存在于人自身、对象化世界之中。对人的认识,是教育思想的基础。综观历史,人类的教育思想,不断变得科学,不断地细化。其根源与人类自身的发展,生产实践、社会实践的丰富等密切相关,同时,也与人类对其自身的认识的发展有关。

在古代,关于人的教育观主要建立在关于人性的哲学认识之上。我国古代的性善论与性恶论之争,以及古希腊的快乐主义与至善主义之争,形成了“外铄”与“内求”的两种基本观点。由于自然科学尚不发达,对人的认识是经验性和思辨性的。亚里士多德曾把人的灵魂分为植物、动物和理性三部分,进而提出相应地要进行体育、德育和智育。在中世纪,关于人的教育观带上浓厚的宗教色彩,认为教育是用来净化人的灵魂的,使人死后能转世或升入天国。

文艺复兴,使人性代替神性得到崇尚,实证科学兴起,在此背景下的夸美纽斯在其《大教学论》中声明,他所指的人的本性“不是指亚当夏娃犯罪以后给我们所有的人所种下的孽根”,而是人的最初的状态,并高度赞扬教育的作用:“只有受过一种合适的教育之后,人才能成为一个人”。①达尔文的进化论则直接解答了人的来源问题,使得关于人的认识有了发展。但是,关于人的本质的认识直至马克思主义诞生以后才有了根本的变化,从而使人的教育观找到了科学的哲学认识。

近现代的科学发展,极大地推进了关于人的科学研究,如果将人的特性分为生物、心理与社会性三个方面,则每一方面都有相应的研究学科,相应的研究成果丰富了关于人的教育观的科学依据。生物学所揭示的主要是关于人的物质形态的运动规律,社会学所揭示的是人的社会性及社会活动特点,而心理学则研究人的心理活动。其中,心理学的认识成果对教育影响最为直接。曾有不少心理学理论对教育产生过重大的影响,如瑞士皮亚杰的发生认识论、美国华生的行为主义理论、班杜拉的观察学习理论等,以及前苏联的列昂节夫等以马克思主义哲学思想为理论基础的心理学思想,等等。当然,教育是对人的全面的培养活动,因此,科学的教育思想必须广泛地吸收关于人的认识成果。对人的认识的深化,有助于深化教育人的认识,人只有在研究自身的时候,才使人的发展成为自觉的行为。

2. 人的发展特点与教育改革

教育改革在我国正轰轰烈烈地展开,理论和实践的探索给教育注入了新的思想和方法,提高了教育的质量。与此同时,人们开

① 夸美纽斯:《大教学论》,傅任敢译,人民教育出版社 1979 年版,第 36 页。

始反思改革的基本原理问题,因为在改革浪潮中,出现各种以某种教育为名义的教改旗号。其名称各异、不断涌现,譬如,“快乐教育”、“个性教育”、“超前教育”、“情感教育”等等。有人提出疑虑:在某种旗号下实施学校教育整体改革,是否会以偏盖全。

纵观世界各国教育发展史,往往在教育被重视时,才强调教育改革,人们试图通过教育改革来强化教育的作用。但是,这涉及一个基本的理论问题,即人的发展具有规律性,历经千百年发展的教育,已基本适应人的发展特点,为什么还要改革,教育改革的原理究竟是什么。

首先,必须认识教育改革的原因,促成教育改革的原因是多方面的。人是具有社会性的,因而具有时代性。尽管人的发展特点具有相对稳定性,但对人的要求会伴随社会的发展而改变。经济、政治、文化等各种社会因素的变化必然会反映到对人的要求上来,促使对教育进行重新认识。事实上,我国所出现的教育改革热潮与此原因不无关系。另一方面,人的发展不仅具有稳定性,还具有可变性,并表现在人的生理、心理和社会性等各个方面。比如,人的身高与寿命,现代人与古代人相比就改变了许多。在社会环境对人的作用与要求的变化之下,人的智力水平也在变化。人的社会性与社会变化的关系日益密切。因此,开发人的发展可能性,是一个永恒的课题。再则,对人的认识也有一个不断深化的问题。对人的发展规律的认识远远有待发展,如同人们所比喻的,人类对月球的认识胜过对自身的认识。

因此,教育改革有其存在的必然性。但教育改革必须符合人的发展规律,必须对教育的特点有科学的认识。

(1) 必须正确认识整体与部分的关系。对人的培养须有完整性,要促使个体在一定社会条件下尽可能地全面发展,就不能把人的某方面发展作为教育的全部。因此,对各种教育改革的旗号须理清其内涵,究竟是对某方面的强调,还是以偏盖全。

(2) 必须正确处理共性与个性的关系。采用集体教育形式是制度化学校教育的特点。对一个班级、一个学校来讲,什么是共性特点,什么是个性特点,正确认识并处理这两者的关系,是十分重要的。决不能以针对部分学生、或某一届学生的教育思想和方法,作为整所学校、甚至这所学校从此不变的教育模式。教育须因材施教。

(3) 必须明确区分课题研究与常规教育。课题研究不能取代常规教育,因为,在研究阶段的认识并非成熟的认识。此外,人的发展特点具有稳定性和规律性,这表明教育具有稳定的一面,科研成果在更多的情况下是对教育的修正和充实。同样道理,我们须正确看待教育研究的焦点问题。科研焦点具有探索性,不应紧跟其后而偏离教育的基本规律。

人的发展特点的稳定性与可变性,以及人的社会性,意味着教育的稳定与发展。但必须指出的是,教育改革的根本思路,是使教育符合客观规律。

思考题

1. 试析人的基本特点及其同教育的关系。
2. 试析影响人发展的因素及教育的特点。
3. 试析先天与后天的关系及教育对策。
4. 试析客观与主观的关系及教育对策。
5. 试析共性与个性的关系及教育对策。
6. 试析整体与部分的关系及教育对策。
7. 试析连续与阶段的关系及教育对策。
8. 请结合实际谈教育改革的根本思路。

参考文献

1. 瞿葆奎主编:《教育与人的发展》,人民教育出版社 1989

年版。

2. 中央教育科学研究所比较教育研究室编译:《简明国际教育百科全书·人的发展》,教育科学出版社 1989 年版。

3. 叶澜:《教育概论》,人民教育出版社 1991 年版。

4. 袁贵仁主编:《人的哲学》,工人出版社 1988 年版。

5. 韩庆祥:《马克思主义人学思想发微》,中国科学出版社 1992 年版。

6. 赵军武:《人的本质研究简述》,载《哲学动态》,1996 年第 11 期。

7. 程家明:《近十年人的本质问题研究述介》,载《哲学动态》,1994 年第 12 期。

8. 黄济:《教育哲学初稿》,北京师范大学出版社 1982 年版。

9. 刁培萼、丁沅:《马克思主义教育哲学》,华东师范大学出版社 1987 年版。

10. [日]筑波大学教育学研究会编,钟启泉译:《现代教育学基础》,上海教育出版社 1986 年版。

11. 燕国材:《素质教育论》,江苏教育出版社 1997 年版。

12. 李孝忠:《能力心理学》,陕西人民教育出版社 1985 年版。

13. 赵功民:《遗传学与社会》,辽宁人民出版社 1986 年版。

14. 朱智贤:《儿童心理学》,人民教育出版社 1980 年版。

第六章 学校教育活动

［提要］ 本章着重分析学校教育活动的特性。为此，阐述了学校的性质和学校教育活动的基本特点，并对学校的沿革及发展趋势进行分析。

第一节 学校教育概述

一、学校的性质

学校是什么，学校的最基本的特性是什么，这是了解学校，进行学校教育活动，或进行学校教育改革时，首先必须弄清的基本问题。对此问题有科学的认识，有助于维护和强化学校的性质。

学校是培养人的教育机构。学校是以对人进行培养为目的设立的，学校使个体获得系统的教育，得以从潜社会的人成为合格的社会人，或某方面的社会化不完善达到相对完善的程度，这是学校的根本性质。

学校的这一性质，是由其社会地位决定的。人类社会的延续和发展，需要教育来培养后代。在远古时期，简单的生产和生活经验的传递，以混同于生产和生活中的口耳相传的方式即可解决，但随着社会的发展，日益复杂的人的培养过程，必须依靠专门的教育形式，这是学校产生的主要原因，而对人的培养也就成为学校这种机构的基本性质，并且，社会发展在客观上不断强化学校的这一性质。在当代，如果学校偏离这一性质，将会对社会产生不可估量的负面影响。我国在十年动乱时期，曾把学校作为阶级斗争的工具，结果造成社会人才断层的局面。

学校对人的培养，具有系统性的特点，这种系统性表现为以使个体从潜社会人成为合格的社会人为主要目的，对个体实施有计划的、相对完整的教育和训练。学校在目的的确立、内容的选择，乃至整个机构的运作上，都体现出这一特性。因此，学校不同于非学校教育机构和学生家庭。学校对个体的教育和训练是否完成培养，是个相对的概念，因为，客观存在的社会分工，对社会成员在发展水平上的要求是不同的，具有层次性的，并且是发展的。学校对人的培养，须使其能进入社会，不同种类和层次的学校互相配合，以使学校教育在人的培养上满足社会需求，这是现代学校的特点。

学校是一种社会机构，它是根据社会需要实施教育的，它同社会的经济、政治和文化的关系密切。但是，不同于非学校的其它教育形式，学校的社会性，主要表现为对人进行相对完整的培养以满足社会的需求。学校的培养目标和质量规格，是社会人才需求的集中体现，既融入了国家或统治者的教育价值取向，也反映了社会的发展状况。在奴隶社会和封建社会，学校基本上是官吏的养成所，近代大工业生产的出现和发展，引起社会对劳动者从业能力要求的提高，从而使学校开始直接为生产力的发展服务。在当代，社会绝大部分行业包括国家机构的从业者的培养，都主要依靠学校教育，学校已成为社会的重要机构，社会发展状况与学校发展状况相互影响，息息相关。

现代学校是高效率的教育机构。所谓高效率，主要表现为，在短的时间内完成对人的培养，并且具有高的质量和数量。以少数教师培养多数学生是学校教育的基本特点，而短时高质则始终是学校追求的目标。学校教育的质量标准是相对的，会随社会的变化而改变，但最低限度须符合社会的基本要求。质量和时间是两个相关的因素，应在保证质量的前提下缩短培养时间。回顾历史，质量标准在社会要求下的总体变化特点是不断提高，这同样是未来的变化趋势。

学校教育必须是高效率的，这是现代社会对学校教育的基本要求，也是学校在社会发展的历史过程中形成的重要特征。在人类知识积累程度不高、生产技术含量低下的古代社会，学校尚无此特点。从词源上看，意为学校的"school"或"schule"源于拉丁语"schola"，此词又出于"闲暇"、"休息"的希腊语"skole"。① 我国早先的学校雏形"庠"和"序"也仅是氏族长者附带管教儿童的地方。具有漫长发展历史的古代学校，虽然也是一种对人或至少对人的某方面进行系统培养的机构，但其为少数人服务的阶级性质，决定了它依然是一种低效的教育机构。随着近代对劳动力素质要求的提高，教育开始普及，并产生了如何提高学校教育效率的问题。于是采用班级授课制的新型学校开始推行。捷克教育家夸美纽斯是最早对高效率的班级授课制进行系统阐述的人。进行以制度作保证的规模化教育，是新型学校与古代学校的重要区别。高效率作为新型学校的特征，在此后的历史发展中，被社会需求不断强化。在当代，如何使学校教育尽可能地短时高质多量，是改革学校教育的重要目标。其社会根源是，人类知识总量的巨增与学生有限的在校学习时间之间的矛盾日益尖锐。尽管有各种改革学校教育的有益的见解：让学生掌握基础知识，培养学生学习能力，使学生懂得如何收集信息，等等，但不可否认的是，知识依然是学生素质发展的基础，并且，成为这种基础的知识的量在不断增加。高效率已成为现代学校教育的基本性质。在社会嬗传体系中，学校担负着培养后代的主要社会重任。从教育的组织、方法、手段以及学校存在方式等各方面改革学校，以提高其教育效率，这是当代的重要课题。

---

① [日]筑波大学教育学研究会编，钟启泉译，《现代教育学基础》，上海教育出版社 1986 年版，第 5 页。

在分析学校性质时，必须强调的是，学校是社会嬗传体系中的一种形式，它是主要的，但不等于是唯一的，并不能代替其它形式。事实上，除了学校之外，客观存在于人周围的教育因素是很多的，如家庭教育、各种社会活动中的教育行为，尤其是现代发达的传播手段使各种媒体中包含着丰富而强有力的教育信息。各种教育因素汇成人类社会的嬗传系统，使个体在这样的系统中完成的不仅是从潜社会人成为能融入社会的人的教育过程，而是在不断地被社会化，同时，个体也为社会注入新的血液，成为改造社会的一员。正如《学会生存》中所强调的，“如果我们初看一下当代学校林立的社会，就可以发现情况并没有多么大的差别，因为实际上，儿童，乃至成年人，都是在他们的环境、家庭和社会中，直接地、现成地吸收经验，从而获得他们大部分的教育的。”① 我们不能用学校来包揽个体的全部教育任务，或像卢梭那样在远离都市的地方营造一个环境，让学生在这样的学校中完成教育过程再进入社会。这不仅因为学校不能代替学生的社会生活空间，更在于社会中的教育与学校教育相比，具有学校所难以形成的与社会直接相联的特性。在社会嬗传体系中，学校居于核心的地位，它的高效率的性质，使它承担着使人类得以延续和发展的教育内容中的主要任务。并且，作为一种制度化的专门的教育机构，学校所反映的是社会的主要教育意向，是社会教育需求的集中体现。因此，学校教育在社会嬗传体系中起着主导的作用。它同其它非学校的社会教育互相补充、互相影响，并起着导向和协调的作用。

完整而深入地认识学校的性质十分重要，在此基础上才能摆正学校的社会地位，科学地发挥其作用，并进而改进学校，完善社会嬗传体系。

---

① 联合国教科文组织国际教育发展委员会编著:《学会生存》，上海译文出版社 1979 年版，第 28 页。

二、学校的教育途径

教育是有意识地影响人身心发展的社会活动。作为一种培养人的机构,学校有哪些教育途径?各种教育途径的特点怎样?相互关系如何?

从性质上看,学校中的任何事物,甚至一草一木,都可能具有教育作用。因为,作为一种存在,都可能成为学生意识反映的对象,从而引起学生的身心发生变化。事实上,不仅具体的教育活动有教育作用,学校的环境布置、人的言谈举止、服装格调、建筑式样、校园色彩、等等,也都具有潜移默化的教育作用。因此,从这一意义上讲,学校教育的途径广及对整个学校事物的调控。教育者须关注学校的每一样事物,使一草一木都蕴含教育的意图。

就学校组织的活动来看,学校教育的基本途径可分为两类:一是教学,二是教学外教育活动。

教学,是指教师传授和学生学习的共同活动。其主要特征是由师生双方共同构成的学习学校基本教育内容的活动。教学不单指教师向学生传递知识信息,且含有教学生学之意,教学也包括在教师引导下的学生自学活动。教学不局限于教室内的活动,因此,教学不等同于课堂教学。课堂教学是指在一定的场所,通常是教室,进行的教学活动。除课堂教学之外,现场教学、参观访问、社会调查等等,也属于教学活动。教学既可以是常见的学生端坐于教室的形式,也可采用在活动中进行的形式。

教学外教育活动,是指学校在教学之外组织的各种校内外教育活动。比如,课外科技活动、社会活动、文学艺术活动、文娱体育活动、以及校方实施的宣传教育活动等。教学外教育活动与教学的主要区别在于,其内容具有灵活性,可因人、因时、因地而变化,具体实施过程由教师主持或由学生在教师辅导下自主地进行,学校的工作主要体现在总体安排和提供条件上。

教学和教学外教育活动,共同构成学校的教育活动。学校的教育任务主要通过这两种途径来完成。因此，两者都是重要的，在我国现行课程计划中把教学和主要的教学外教育活动都包含在内。其中教学分为必修课和选修课两种。

但是，重要不等于没有分工。教学是学校教育的基本途径。知识技能主要是通过教学传递的。而将人类所积累的知识技能高效率地向学生传授，是学校所担负的最基本的社会重任。同时，教学也是培养学生能力和道德品质，以及增强体质的重要途径。这不仅是因为这些方面的发展与掌握知识相关，而且，教学过程本身是促进学生身心发展的重要途径。教学外教育活动，对教学进行补充和延伸，可以进一步完善学生的知识结构，使既精且博，并有助于使学校教育满足学生不同的发展要求和兴趣爱好，因材施教，丰富校内外生活，沟通学校与社会的教育联系。

因此，学校教育必须以教学为主，统筹安排，营造教育的学校。

三、学校教育的基本矛盾

学校是应社会的需要而产生的，学校究竟采用怎样的形式也取决于社会的需要，社会对教育需求的历史发展推动学校向前演变，成为今日的高效率的制度化的教育机构。这种学校形式满足了为社会短时高质多量地培养人才的这一最突出的需求，但也在客观上给教育带来某些难题。

一是如何处理班级授课制与因材施教的关系。这是现代学校教育中存在的基本问题。中国古代的私塾和欧洲中世纪的学校主要采用个别教育的形式。在个别教育中，尽管一个教师面对多个学生，但实际上学生学习的内容、进度都可能不同，学生只是聚在一起，教师一对一地教学生。这种低效率的教育组织形式难以满足大规模推广教育的社会需求。班级授课制极大地提高了教育的效率，并且，同学间的相互交流形成一种个别教学所不具有的心理氛围，既能满足个体的情感需要，也是一种教育因素。但是，一个教师采用同一教材,以同一进度,用同样的方法面对集体进行讲课,在客观上是不利于因材施教的。尽管教师可以用提问学生、演练题目等等各种方法来增加教学的个别针对性,但无可否认其基本面是针对一个班级的。尽管我们可以采用小班化的班级形式,但这与社会人口出生率及社会财力密切相关,况且,再小班化也不可能退回古代教育的一对一形式。

如何在班级授课制条件下因材施教,是自采用班级授课制以来,学校教育改革的课题之一。事实上,也已取得有益的经验。改革方法可归为几类:其一,改进课堂教学活动,包括教师教学方法、课内组织形式,如桌椅编排,等等;其二,改用灵活的编班形式,如根据学生特点编班,不固定编班与固定编班结合;其三,增加有助因材施教的课外活动,等等。但高效率与教育针对性的统一,依然是现代学校教育尚须努力的目标。

二是如何处理教育周期性与及时满足社会需求的关系。学校对人的培养需花费一定的时间,在制度规范下使学校教育表现出相对稳定的周期性特点。从总体上看,完成同样层次的教育所花时间在缩短,我国第一个颁布并实施的学制《奏定学堂章程》曾规定,入小学至高中毕业在学时间是 17 年,至大学毕业是 21 年,而现在一般分别仅花 12 年和 16 年。但因为社会对社会成员受教育程度的要求日益提高,又使得教育周期相对延长。我国解放初期,小学分初小四年高小二年两段,也即最低限是受完四年教育可进入社会,而现在一般城市的招工最低要求,须受完九年普通教育,加上一至两年的职业培训。而在沿海发达地区,要求更高。虽然,社会需求的变化突出表现在专业内容和各行业的用人数量上,对高等教育和中等职业教育影响较为直接,但从根本上看,其影响是对整个教育系统的。不仅反映在高等教育与中等教育、职业教育与普通教育的知识能力的衔接上,确切地说,社会需求影响的是整个教育系统的质量规格。当代知识经济的特征,需要教育系统调整其培养目标,在整个教育中注入创造教育的内容。

因此,学校在招入新生时,对其毕业时的社会状况要有所预测,使学校的成果不滞后于社会发展或不偏离社会要求。这对于短期的专业教育相对容易,而整个教育系统要很完善地吻合未来社会的需求相对困难,尤其在一个发展迅捷或动荡的社会更为困难。教育要有超前意识,但超前要有依据,学校教育的周期如何与未来社会需求相吻合,始终是一个不可忽视的问题。

除上述两点之外,诸如以相对稳定的书本为载体的教学内容如何及时反映社会知识的发展状况、学校教育如何与社会各种教育影响因素相协调等等,都是学校教育条件下存在的问题。学校教育效率高、规范、有集体教育效应等等,诸多的优越性使它至今依然是难以被替代的主要教育形式。研究其固有问题,推动对学校教育的改革,有助于使社会的教育形式更趋完善。

第二节　学校教育活动的基本特点

教育活动与教育现象是两个不同的概念,前者指教育的具体运作,后者的涵义则更为广泛。学校教育活动也不同于教育活动,它是指在学校条件下的教育活动。研究学校教育活动,揭示并遵循其特点,可以增强学校的教育功能。学校教育活动有许多特点,首先应把握其主要的特点,以便为教育实践提供基本依据。

一、学校教育活动的准社会活动性

这里的“准”包含几层意思:一,非“真”;二,是“真”的前身;三,是以“真”为发展目标和归宿的。学校教育是一种社会现象,它的存在和变化与社会需求息息相关,学校教育的目的、内容等都具有社会制约性。然而,依据社会需要来培养学生的过程,即学校教育活动,是一种准社会活动。学生是因为不具备真社会活动能力,或某方面社会活动能力欠缺而进入学校的。因此，学校教育活动主要不是为了作用于社会、改造社会，而是为了学习，是一种以真社会活动为参照的培养社会活动能力的过程。也即，在入校前的潜社会和离校后的真社会之间所经历的，是在学校教育条件下的准社会活动过程。它是真社会活动的前身，是以真社会活动为指向的。

学校教育活动作为准社会活动，与真社会活动相比有许多根本的不同：

1. 目的。准社会活动是为了学习，即通过学习掌握知识技能，发展能力，使自身各方面得到发展。真社会活动主要是为了改造客观世界，使客体发生变化。

2. 对象。准社会活动的对象主要是客观规律、前人的经验，从而间接地认识客观世界。在学校教育活动中，教师和学生共同接触的通常是经教育化或教学化处理的教材。真社会活动的对象主要是客观实际，在这里客观规律如果已被掌握则成为认识对象、改造对象的工具。而在前者，实际事物如果需要则被用作认识客观规律的道具，比如教学活动中的实物演示。

3. 利益。准社会活动的利益源于经验，并体现于自身的发展。真社会活动的利益源于实际，并主要表现为自身之外的物质的或精神的成果。比如生产实践，主要带来实际的经济收益。

4. 过程。准社会活动是一种模拟活动。学校教育活动，是一种经教育化或教学化处理的“社会活动”，处理的目的，是为了让学生高效率地完成准社会活动过程，形成真社会活动能力。因此，这种活动往往是强化真社会活动中有利于实现上述目的的因素，减少或避免消极因素。比如，教学飞行驾驶时，为避免发生坠机的事件往往采用模拟飞行的形式。真社会活动则是一种真实的活动，其过程依实际状况进行。

5. 条件。准社会活动具有教的因素存在，教的一方积极地为学的一方提供有利于活动进行的条件。突出表现为,准社会活动是一种有组织的、有引导的活动。真社会活动则是一种自然的活动,活动的进行凭借活动主体自身的力量。

学校教育活动,作为准社会活动,与真社会活动相比有其有利于教育的优点,主要是能提高培养的效率,并能贯彻教育者的意图,控制教育过程,影响人的发展方向。因此,"准"的特性伴随学校产生并被不断强化。但是,这种准社会活动也存在不如真社会活动的方面。其一,真社会活动更能锻炼活动主体的能力,尤其是对解决实际问题的能力和综合能力的培养;其二,真社会活动比较能够调动活动主体的积极性,因为这种活动往往或是与主体的直接利益相关或是能适合主体的兴趣。而在学校教育中,为了顾及效率,较多地是采用教师讲学生听的教育方式,使活动显得枯燥,而从根本上看,准社会活动的模拟特点缺乏真实活动所特有的真实性。其三,真社会活动较能符合活动主体的个性特点,这主要是因为主体对活动有自主权。而学校教育是一种集体教育,在客观条件上难以照顾到每一个学生的个性特点。

如此等等,使得在发展学校教育的同时,必须考虑如何改进学校教育。最早系统论述学校教育的夸美纽斯,在肯定"学校是造就人的工场"① 的同时,强调教育要适应自然,他说:"步随自然的后尘,我们发现教育的过程会来得容易"②。接近真社会活动,是改革学校教育的重要思路。对此较为强调的是杜威。不同于夸美纽斯的"教育是生活的预备"③ 的是,杜威认为"教育是生活的过程,而不是将来生活的预备",并且认为"教育既然是一种社会过程,学

---

① [捷]夸美纽斯著:《大教学论》,傅任敢译,人民教育出版社 1984 年版,第 55 页。

② 同上,第 105 页。

③ 同上,第 64 页。

校便是社会生活的一种形式"。[1] 他批评当时的学校,"由于忽视了把学校作为社会生活的一种方式这个概念,来自教师的刺激和控制是太多了"。[2] 杜威特别强调教育要满足儿童的兴趣,强调直接经验的获得,他所采用的教学方法是"做中学",并要求"学校社会化","把学校作为社会生活的一种形式",[3] 但不是照搬社会生活,而是对社会生活的"简化"。杜威在其创办的芝加哥实验学校中身体力行其教育思想,结果一改传统教育呆板而死气沉沉的局面。杜威的这种思想含有合理因素,即要克服学校教育作为准社会活动所固有的弱点,对教育实践富有启发意义,因此,不仅影响了当时美国的教育,并且作为一种学校教育改革的思路事实上影响了此后世界各国的教育。但是,杜威过分强调"学校社会化",把教育视为"社会过程",而非社会化过程,认为"学校即社会"而非社会中的教育机构。实质上是否认了学校教育的根本特性,即学校是一种高效率的教育机构,学校教育活动必须是一种准社会活动。因此,他的思想是不切合实际的,学生在他那儿学不到系统而扎实的知识。在美国60年代掀起的以发展学生创造能力为核心的教育改革中,杜威的思想受到了严厉的抨击。

必须强调的是,学校教育活动的准社会活动性是由学校的性质决定的,学校教育是一种高效率的教育机构。因此,学校教育不同于混合在社会生产和生活过程中的广义教育。学校必须以尽可能短的时间完成社会要求下的培养尽可能多的人才的任务。其中,知识的传递是最为基本的。而知识逻辑不等同于生活逻辑。

---

① [美]杜威:《我的教育信条》,转引自华东师范大学教育系,杭州大学教育系编译:《现代西方资产阶级教育思想流派论著选》,人民教育出版社1980年版,第6页。

② 同上,第8页。

③ 同上,第7页。

在有限的时间内传递大量的知识，只能以知识逻辑为基本依据，而不可能以生活形式来呈现全部的知识。

在不偏离学校是一种高效率的教育机构这一基本性质的前提下，使学校教育活动尽可能接近真社会活动，这是可行而基本的改进学校教育的思路，也是处理学校教育活动与真社会活动之间相互关系的基本原则。

我们应在此原则之上，尽可能地在学校教育中融入真社会活动的成分。融入不是添加或照搬，而是有机的结合，并意味着是以符合学校教育特点的活动为主干的。之所以强调这种融入，是因为真社会活动是最生动而直接的教材，更为重要的是，这样可以缩小准社会活动与真社会活动的距离，有利于让学生更快更好地形成真社会活动能力。学校教育不是单单传递知识，其目标是促使学生身心全面发展，而走向社会则是学生的最终归宿。

二、学校教育活动的认识性

学校教育活动的核心是认识活动，这种认识活动主要表现为学生在教的一方的引导下去认识外部世界，尤其是前人积累的认识成果。无论是教学活动还是非教学的教育活动，都离不开认识活动，认识活动是学校教育活动的基本特征。

这一基本特征是由学校教育活动所要解决的基本矛盾决定的。这个基本矛盾，即学生一方的欲知与未知的矛盾。由于这对矛盾的存在，才构成了教与学的关系，并且，由未知向知转化的需求是推动教育活动向前发展的根本动力。而这对矛盾的解决必须依靠认识活动。在认识活动中，使已有的矛盾得到解决，并引发新的欲知，形成新一轮的教育活动。

学生是通过认识活动学习和掌握知识的，学校教育是凭借认识活动实现向学生传递知识这一主要目的的。但是，认识活动在教育活动中所起的作用不局限于此。认识作为人脑对客观世界的反映，不仅其成果，包括其活动过程都会对人的各方面的发展产生作用。人的社会性，既表现为一种社会行为，也表现为人对社会的认识，并且后者是形成自觉行为的基础。在个体道德品质的结构中，道德认识是一基本要素，它是形成道德品质的基础。就人的心理发展而言，同样须依赖认识活动，因为，人的心理的本质是人脑对客观世界的能动反映。不仅心理活动的内容，包括心理特征的形成也都与认识活动关系密切。个体的智力，是个体在认识活动中形成的保证认识活动得以顺利完成的稳定的心理特征的综合。个体的情感，是对客观事物的态度的体验。虽然，情感过程不同于认识过程，认识过程是对客观事物本身的反映，情感过程是对客观事物与人的需要的关系的反映，但是，人的需要同人对客观事物的认识有关，因此，人的认识是情感的重要基础，对情感具有导向和调节的作用。除了上述人的社会性和心理受认识活动影响之外，我们还须看到认识活动对身体发展的作用。虽然人的身体发展主要表现为物质性的变化，但是，人对身体发展规律的认识，可以作用于身体发展过程，改变身体发展的内外条件。

因此，认识活动是学校教育活动的核心，它的作用既是根本的，又是辐射活动整体的。

但是，我们对认识的活动特点要有科学的认识。

首先，我们应该明确，认识活动是一种整体性的活动，是人的各种生理和心理因素共同参与的活动。

认识是人脑对客观世界的反映，人的大脑神经系统及其它生理条件是认识活动的物质基础，其状况会影响认识活动的质量。同时，在感知、理解和运用的认识过程中，不仅有注意力、观察力、想像力、思维力和记忆力等智力因素的参与，也有兴趣、情感、意志、志向等非智力因素在发挥作用。智力有高低之分，非智力因素则有积极与消极之别，两者的状况也是影响认识活动质量的因素。因此，在学校教育中，必须调动身心各种因素，使之在认识活动中达到和谐统一。

并且,我们的培养目标是使学生身心各方面得到发展。必须区分以认识活动为核心与培养智力两者的含义,前者是指活动的关键所在,后者是指培养目标,在学校教育的认识活动中,我们所追求的目标远大于此。我们更须明确认识活动与知识的区别,后者是认识活动的成果之一,因此,在肯定认识活动的核心地位,与把培养目标局限于掌握知识的做法之间,没有必然的联系。在传统教育中,人们仅关注认识活动对学习知识的作用,本世纪六十年代掀起的教育改革,将目光拓展至对智力、能力、创造力的培养,此后崛起的人本主义教育又提出了使“情意发展”(affective development)(情绪、感情、态度、价值)和“认知发展”(cognitive development)(理智、知识、理解)相统一的问题①。追求人的更完善的发展,是时代对学校教育提出的要求,而这一目标的实现,必须依托认识活动这一学校教育活动的主阵地。我们应使认识活动有利于学生各方面的发展。

其二,我们应该研究并遵循在学校教育条件下的认识活动的特点。与一般的认识活动相比,学校教育活动中的认识活动具有独特的地方。

1. 间接性。即认识的对象以前人的认识成果为主,借助前人的认识成果间接地认识客观世界。这一特征尤其在作为学校教育基本途径的教学活动中表现突出。但是,以前人认识成果为主不等于唯一,在学校教育活动中也存在从客观世界中获取真理的认识活动,这主要表现在高层次的教育阶段。

这一特点决定于学校教育本身的性质,即学校教育的主要任务是进行知识的再生产,尤其是在基础教育阶段,主要是将前人的知识经验传递给新生一代。恩格斯在《自然辩证法》中说:“每一个

---

① 钟启泉:《现代课程论》,上海教育出版社 1989 年版,第 157 页。

体都必须亲自去经验,这不再是必要的了,它的个体的经验在某种程度上可以由它的祖先的经验来代替。”这种间接的认识活动,与一般的认识活动相比大大地节省了时间,“再生产科学所必要的劳动时间,同最初生产科学所需要的劳动时间是无法相比的”。① 并且,这种认识活动可以超越时空的限制,借助前人的认识成果,可以间接地了解古今中外的事物。

必须明确的是,这种认识活动依然符合辩证唯物主义的认识论所揭示的认识规律,即从感性认识开始至理性认识再至实践。前人的认识成果对于学生而言只是感性的材料,只有在此基础上经过思维加工才能产生认识上的质的飞跃。另外,这种认识活动虽然其实质是进行知识的再生产,但是同样可以并且需要有创造性。这里的创造是指过程而非结果。美国的布鲁纳将创造界定为学生用自己的头脑去发现自己尚未知晓的真理。这种创造与一般的创造所不同的是,其成果是教师已知的,达到彼岸的过程中有教师的引导因素,但两者的心理活动机制是同质的。在教育活动中强调认识过程的创造性,是为了培养创造能力,这是学校教育的重要目的。

2. 引导性。即认识过程是在教的一方的引导下进行的。知识的组织和呈现,认识活动的发生和发展等都蕴涵引导的因素。在教学活动中,引导性的根本作用是对学生认识路线的指导。一般的认识活动是一种尝试错误的过程,而教学中的认识活动基本上是沿着捷径抵达彼岸的。

必须明确的是,对认识路线的指导,不同于直接呈现答案。我们强调在这种认识活动中要激发学生独立思考,增加发现学习的含量,以培养他们的认识能力。与一般认识活动相比,在学校教育条件下的认识活动中,学生的智力要素,如观察力、注意力、想像力、思维力和记忆力等在参与程度和活动程度上显得逊色得多,这

---

① 《马克思恩格斯全集》第26卷,第1分册,第377页。

也正是引发教育改革的一个着眼点。但是，无论是讨论式的或是发现式的教学，在各种以增加探索成分为特点的在学校教育条件下的认识活动中，学生是沿着教师设计好的认识路线展开思维的，而不是纯粹的摸索，否则结果可能是事倍功半或一事无成。

这种引导性，在现代学校教育中已发展为一种教育设计，即不仅关注学生的认识能否顺利进行，而且，对整个认识活动进行精心设计，溶入教育者的培养意图，以期使认识活动能促进学生的各方面的发展。

三、学校教育活动的系统性

学校教育活动属于系统运动的范畴，具有系统运动所具有的特点。系统性是事物的重要特性。美籍奥地利生物学家贝塔朗菲(L. V. Bertalanfy)在其著作《一般系统论》中，将系统的思想上升为理论，使系统论成为分析事物运动规律的思维方式。

所谓系统，是指由若干相互联系、相互作用的要素所组成的、具有一定结构和功能的有机整体。这里的要素是构成系统的基本单元。学校教育是一种复杂的系统，可以从不同的角度进行分析。从师生共同参与的教育实践活动的角度来看，学校教育的基本构成要素是教师、学生和内容。这三者相互联系，构成有机的整体，其功能是依据一定的教育目的使学生的身心发生变化。这种功能是在系统运动的过程中实现的，也即表现为学校教育活动。

学校教育活动的最基本的运行机制，是师生之间的信息交流活动(图 1)。信息分为两类，一类是经信息化处理的教育内容。教师以校方规定的教育内容为依据，将汇集的信息加工成教育信息向学生传递。另一类是来自学生的反馈信息，其内容是学生在接受教育信息后产生的反应。这是教师进行教育调控的主要依据，教师根据学生的反馈信息来调整其教育行为。除了教师、学生和内容之外，在实际的教育活动中还必须考虑环境因素和教育方

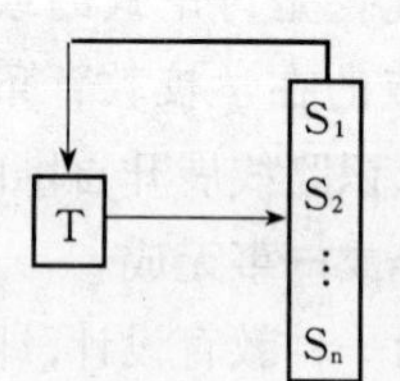

T—教师　S—学生

图　1

式。教育活动总是在某种环境中进行的，必然受到来自环境的信息的影响，教育活动的进行与其所采用的方式有关，如信息的媒体、教育的程序等等。

这种基本运行机制所代表的是师生之间直接交流的教育活动，属于这一类的主要有教学活动，非教学的教育活动，如教师参与的课外活动、个别教育活动等。在学校教育中还有另一类非直接的教育活动，主要指各种社团活动，如诗社、文学艺术兴趣小组、共青团活动和班会活动等，这类活动的运行机制是，学生在教师指点下自行组织和实行。教师对学生的教育主要表现为对个别学生的指导，通过个别学生影响学生整体(图 2)。这类教育活动的原则是以指导为主。

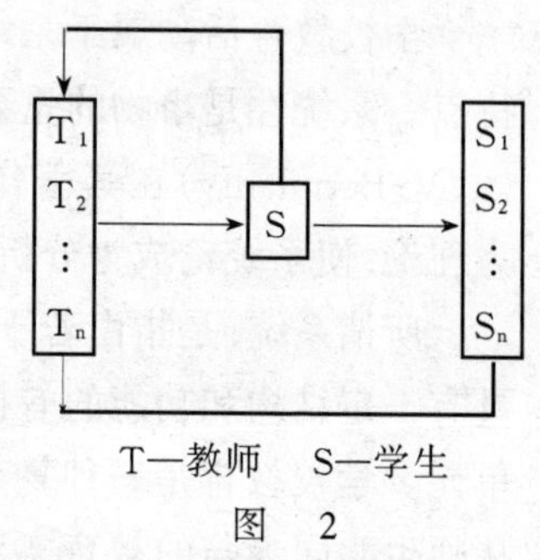

T—教师　S—学生

图　2

无论哪一类运行，都必须符合系统的活动特点。学校教育系统是一种人工系统，能否真正形成系统，系统的运行效率如何，与人为因素密切相关。

根据系统论原理，学校教育活动作为由要素构成的系统的运动，具有系统的基本特性：

1．整体性。整体是与要素相对的概念，整体是由要素构成的，但整体不是要素的简单相加。整体性的基本涵义是：其一，构成系统的要素必须具有系统赋予的特性；其二，要素之间相互联系，各司其职；其三，由要素组成的系统，具有系统的整体特性，而非各要素特性之和。教师与学生在学校教育活动中，必须扮演各自的角色，各尽其职，广泛沟通，这样才能强化系统的整体特性。

2．结构性。结构性强调的是，系统的功能与要素的组合方式有关。当某一系统在组成要素及其数量不变的情况下，一旦改变这个系统的要素组合方式，则系统的功能会随之改变。在学校教育活动中，影响系统结构的因素是多方面的，包括师生各自的地位、作风、教育方式，等等。要素的组合方式，与教育目的及学生的身心活动规律有关。但就师生双方的基本关系而言，教师是教育活动的主导者，学生是学习的主体，教师的工作是为学生的发展服务的。

3．层次性。层次性是指系统的结构和运动形式表现为多层次状态的特点。在结构上，构成系统的要素本身是由要素组成的系统，是大系统中的子系统。比如，学生既是构成教育活动的要素，又具有其自身的内在特点。因此，对同一系统进行分析时，在不同的层次上可以找出不同的系统要素。不同层次的要素发挥不同性质的作用，但既是共存于同一大系统中，都会对整个系统产生影响。在学校教育系统中，每一个要素都是具体的，都可以加以具体的分析，教师与学生都有各自在思想、知识、个性等方面的特点，进行层次性分析，有助于深入掌握系统的具体特点。从系统的运动特点来看，则表现出层次性递进的特点。根据辩证唯物主义的基本原理，事物的发展是一种由量变至质变的过程。其中，量变阶段就是发展过程中出现的性质相对稳定的层次，质变是引起层次递进的根本原因。递进是低一层次向高一层次的质的飞跃。在学校教育活动中，学生的认识由感性认识向理性认识的飞跃，情感发展由不稳定的情绪状态向稳定的情感状态的转变等，都是层次性递进的表现。系统的层次性特点表明，在分析系统时应把握不同的质的区别，层次的根本涵义就是具有不同等级差异的质的关系。

4．发展性。发展性强调学校教育系统是在不断发生变化的。变化是系统存在的基本形式。恩格斯在《路德维希·费尔巴哈和德国古典哲学的终结》一文中曾说："一个伟大的基本思想，即认为世界不是一成不变的事物集合体，而是过程的集合体"。① 这里的

① 《马克思恩格斯选集》第4卷，第239—240页。

"过程"就是事物间的相互作用及总体的发展变化。系统的发展性需要我们注意的是:一,在学校教育活动中,随着信息的交流,师生双方都在发生变化,新我已不是原来的旧我,认识、情感、思想等都有可能发生变化,因此,手拿教案照本宣科的做法是难以切合实际的。二,应认识过程与状态的关系。过程是由状态组成的,状态是过程在某一时刻的表现。改变某一状态将可能导致整个过程的改变,而对于过程的完成而言,须把握其间的状态,尤其是关键的环节。三,学校教育活动的发展变化,是有方向性的,即贯穿了教育者的意图。但是,目标不是一成不变的,应根据学生的表现作相应的调整。

5. 协同性。协同性是指整个系统须在其性质规范下和谐有序。这是一条贯穿于系统各个方面的红线。其要求涉及系统的要素关系和发展程序。能否使系统和谐有序,直接影响系统的功能。目标与调控是与协同性相关的范畴。在学校教育活动中,作为活动主导者的教师,应根据来自学生的反馈信息,依照教育目标来调控系统的运行,使之达到最佳状态。构成最佳状态的因素涉及系统的各个方面:师生的心理状态是积极的,内容深广度是合适的,信息媒介是得体的,环境是有利于教育活动的,等等。在总体上即表现为系统的和谐有序。

从系统论的角度来分析学校教育活动,是一个重要的方法,之所以重要是因为学校教育是一种人工系统,具有系统的特性。全面优化学校教育,是现代教育理论与实践追求的目标。这一目标的实现有赖于对学校教育系统进行深入的研究。

四、学校教育活动的开放性

所谓开放,是指系统与外部环境发生交换。学校教育是整个社会系统中的一个子系统,它必然与外界发生联系,成为开放的系统。社会是学校教育发生、发展的根源,也是学生的最终归宿。学校教育只有与外界进行广泛的信息交流，才能与社会发展保持一致，只有在功能上与其它系统相互耦合，才能显示其存在的价值。

学校教育的开放性是客观的，但是，如何对待开放却是主观的。“两耳不闻窗外事，一心只读圣贤书”的做法及卢梭要求学校远离都市的做法，都属于消极开放。

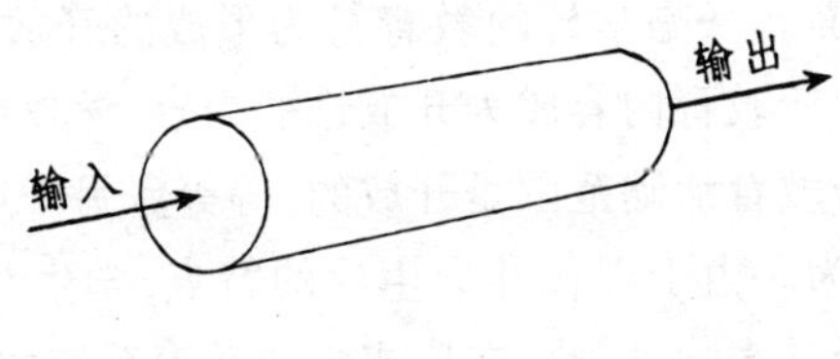

始末开放型

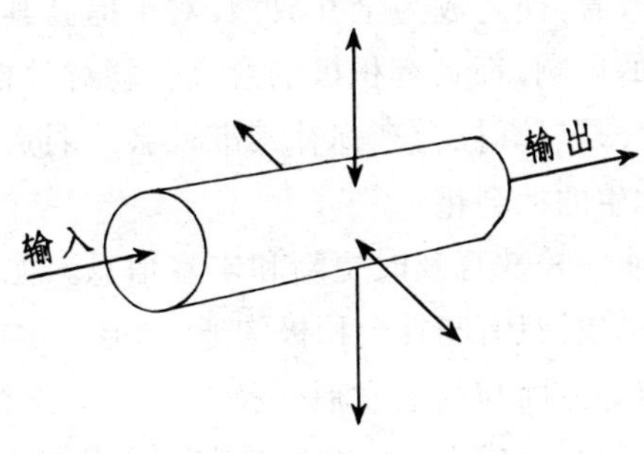

全开放型

图 3

至少我们可以从两个维度来揭示学校教育的开放情况。其一，纵向开放，与外界的交换主要表现在开始时的输入与结束时的输出上。其特点是，教育者根据开始时的信息和条件实施教育，直至学生学成出校。可以将之称作始末开放型。其二，横向开放，这是指在学校教育的过程中与外界发生联系。其特点是，教育者使系统与外界发生交换，其结果主要是对学校教育产生影响，或充实或调整学校教育。兼顾纵向和横向的开放，可称为全开放型。(图3)一般学校教育的开放状况位于始末开放型与全开放型之间，但有程度上的区别。

学校教育的纵向开放是不可避免的，而横向开放状况与学校的态度及措施相关。综观现代学校教育的特点，其横向开放主要表现在两个方面。一是学校的教育行为形成的开放，学校与外界积极沟通信息，使教育内容成为开放性的内容，学校组织走出校门的活动，使学校教育活动范围是开放的，等等。另一造成开放的原因是学生的行为。由于现代社会生活的特点，学生与社会有着广泛的联系，并受其影响，因此，在构成学校教育系统的要素中，学生是一个活跃的开放的要素。

开放学校教育，使之成为全开放型，对于提高其教育质量，增强学校对社会的影响，都具有积极的意义。就对学校教育的作用而言，在本质上，是以真社会来弥补其准社会的弱点，缩短两者的距离，有利于学生的社会化。

开放可以使学校教育及时更新和丰富信息。尤其在当代，社会的发展变化迅捷，只有与社会积极沟通，才能使学校教育在培养目标、教育内容等方面与社会发展保持一致。学校教育具有相对的稳定性，但不等于一成不变。社会是在不断发展中的，社会的价值观念等意识形态伴随社会的发展在不断更新进步。事实上，我国改革开放以来，人们的观念已发生了巨大的变革。人类的自然科学发展速度也日益加快，新知识不断产生，其成果需要学校教育及时加以传递。最明显的例子是，个人电脑，这个原来十分陌生的事物，现已成为连小学生也在学习的普通的东西。更为实际的是，学生可以在开放的学校教育中获得更加丰富的知识，使他们的知识来源不囿于课堂和书本。

开放可以让学生有机会接触和参加社会实践。我国著名教育家陶行知曾尖锐地批评“传统教育是为办教育而办教育，教育与生活脱离”，“先生是教死书，死教书，教书死；学生是读死书，死读书，读书死。”① 将知识运用于真实社会实践，不仅可以巩固知识，检验知识，还能产生新的求知欲，体验知识的真正价值。在社会这个广阔天地，不仅可以锻炼实际能力，体验真善美的现实表现，更能让个性得到充分的舒展。

学校教育的开放应该是全面的，而非局限于始末开放型。结果是由过程导致的，教育过程中的横向开放，将优化教育结果的质量。但必须看到，就活动而言，由学校组织的开放活动，依然带有“准”的色彩。学校组织的学工劳动，即使是去真的工厂进行，也体会不到真实的劳动所具有的与经济利益相联系，甚至会被“炒鱿鱼”而特有的喜与忧。社会活动的独立程度应随年龄和学历的增加而提高。上海某大学在学生毕业时，作为社会实践，让学生怀揣60元去别的城市独立寻找工作，虽然这种做法是一种有待探讨的尝试，但其社会实践更具真实性。

但是，必须指出的是，开放学校教育不可违背学校的基本性质，学校是一种高效率的教育机构，传递以教材为依据的内容是学校教育的基本任务，开放教育是对它的补充，并成为学校教育的有机成分。

既然，开放性是现代学校教育的重要特性，学校教育就不再仅是学校内的事情。我们应对学校教育作更全面的安排，树立大教育观，构筑大教育系统。

学校应将开放教育纳入教育计划，并认真研究其科学的实施方法。学校要在构筑大教育系统中积极发挥作用。

1. 反映。开通学校与社会联系的渠道，反映社会信息，使教育

---

① 陶行知：《普及大众教育》，转引自凡喆芬编：《中国古今教育家》，上海教育出版社 1982 年版第 178 页。

内容不囿于书本知识。

2. 组织。要积极组织各种形式的社会活动，给学生提供社会实践的机会。

3. 引导。要加强对学生的指导，引导他们把所学知识运用于实际，形成正确的思想观念，并重视培养其社会实践能力。此外，当今社会传媒手段发达，社会信息多元而生动，事实上，在学生的身心发展中，社会影响因素已占据相当的比重，作为专门教育机构的学校，应该在各种社会影响中发挥主导的作用。

4. 协调。要协调社会各种教育力量，尤其要与校外教育机构及学生家庭保持密切的联系，共筑学校的大教育系统。

学校教育活动的开放性，随着社会的发展表现得日益鲜明。如何使实践更科学地符合这一特性，是尚需研究的重要课题。

附录

1. 我国学校教育活动纵横

学校教育的活动形式，是伴随学校的发展不断发生变化的，变化的根本原因是社会对学校教育的需求的改变。

我国古代教育的主要目的是传递以文字记载的知识，学校教育活动的基本特征是教师向学生讲授知识。在不同时期其表现形式略有不同。

在学校产生之初，教育是一种“兼职”行为，古代的庠和序是养老、习射的场所，附带管教儿童。至春秋出现私学，才官师分离。私学虽一师同时教多个学生，但内容和进度会有不同，汉代的太学曾采用大班上课形式，并辅之以高年级学生教低年级学生的办法。汉代私学把学生分为及门弟子与著录弟子两种，后者仅挂个名而不来受业。汉代太学虽以大班上课，但并无规定肄业年限，只要通过考试即可毕业。

我国古代学校主要以传递知识为活动的主要内容，但也有附带其它内容的。兴盛于战国的稷下学宫,是一所独特的学校。据说当时齐国的威王爱人才胜过爱珠宝,广纳天下贤士于稷下学宫,官家建校却允许诸子百家在其中办私学。使稷下学宫成为官私合办,既教学又进行学术交流、百家争鸣的学校。始于唐代、盛于宋代的书院,则是一种集藏书、讲学、研究、修身养性为一体的教育场所。

我国于清末办近代教育,在1902年的《钦定学堂章程》中称学校为“学堂”,1912年孙中山在南京成立临时政府,在新颁布的学制中改称“学校”。我国近代学校的主旋律依然是传递知识,但采用班级授课制,学校教育活动的特点突出表现为以教师、书本、课堂为中心。但在“五四”运动前后,随着美国实用主义教育哲学思想的传入,注重直接经验的教育活动形式开始出现,陶行知曾积极提倡并实践其“生活教育”思想,强调“教、学、做合一”、“生活即教育”、“社会即学校”。

其实,倾向于自然主义、儿童中心、活动教育、社会生活教育等,是19世纪末至20世纪初欧美新兴学校的共同特点,在欧洲的新教育运动中曾涌现出一批这样的学校,著名的有:雷迪阿博茨霍尔姆学校、利茨的“德国田园教育之家”、凯兴斯泰纳的“劳作学校”、德克罗利隐修学校等。在美国的进步教育运动中也产生一些类似的新学校,著名的有:帕克的昆西实验学校、帕克赫斯特的道尔顿制中学、沃什伯恩的温内特卡制学校及杜威的芝加哥大学附属实验学校等。这类学校都不同程度地强调儿童、经验和活动在教育中的地位,这种思想影响了我国当时的教育,甚至其中的道尔顿制等学校教育活动形式还在我国中小学试行过。

我国解放后至十年动乱,主要以苏联凯洛夫教育理论为参照,学校教育活动以课堂教学为中心,同时贯彻教育与生产劳动相结合的办学方针。改革开放以来,随着新的形势对人才要求的提高及教育理论研究的深入,改革学校教育、全面提高教育质量,已成为教育界的共同口号。其改革的基本特点是,培养目标日趋全面,学校教育活动贯彻素质全面发展的教育思想,并从各个方面寻求改进。其一,坚持课堂教学为主,全面开辟第二课堂。1992 年国家教委颁布《九年义务教育小学初级中学课程计划》,将活动课程纳入课程计划,并在《九年义务教育活动课程指导纲要》中指出:“活动课程是在学科课程之外,由学校有目的、有计划、有组织地通过多种活动项目和活动方式,综合运用所学知识,开设以实践性、自主性、趣味性、创造性以及非学科性为主要内容特征的课程体系。”学校教育活动正朝多样化的方向发展。其二,积极沟通校社联系,协调校外教育力量。例如,开办家长学校,组织社区教育活动,建设社区教育基地等。其三,利用现代化通讯手段,拓宽学生的知识来源,有条件的学校已开通英特网,使学生可以从网上获取更多的信息。其四,改革学校教育活动中的班级组织形式。或改革编班方式,或发展小班化教育,以增强学校教育的个别针对性。必须指出,改革的根本思路应该是扬长避短,强化学校教育的功能。

2. 学校会消亡吗

人类社会的发展比以往任何时候都更需要知识的力量,日渐成形的知识经济,使得无论是国家还是个人都把赢得知识作为谋求发展的重要途径。这种时代背景使教育的价值极大地得到提升,并作为原动力,加上现代技术条件,推动着整个社会的嬗传体系发生深刻的变化。

现在,学校已不再是唯一的可以得到专门教育的场所。教育的产业化倾向,导致各种形式的教育机构不断产生,虽然,在系统性、组织性等方面,该类教育不如正规学校,但至少可以让受教育者在某一方面得到培训。

尤其是现代发达的科学技术,已营造出全新的教育形式,学生可以借助计算机网络,在自己家里选学课程,而不必去学校。

因此,教育正在向社会化方向发展。这引发人们思考学校的价值、学校教育与社会教育的关系、学校功能的未来走向等一系列新的问题,对这类问题的研究,不仅有助于构筑符合时代发展趋势的社会嬗传体系,而且可以完善学校教育。

必须指出的是,即使在未来社会教育发达的社会,学校也不会消亡。这是因为:一,学校对教育有严密的设计并付之科学的实施;二,学校的特定教育氛围让学生获得的不仅是知识,而使其情感等身心各方面得到感染;三,学校的可供操作和实验的条件,传媒无法代替。

但也必须指出,学校应该调整其教育活动特点,在整个社会嬗传体系中找到自身的位置。

(1) 应强化学校教育的指导性。因为,学生更需要的,是方法的指导,要重在教会他们如何学习,如何搜寻信息,如何确认发展方向等。而教师的工作也主要在于教育,事务性工作将由现代技术来完成。早在1827年,制造出教学机的普莱西就指出,要“把教师解放出来,使教师有可能进行真正的教学工作,进行那种具有领悟性和启发思维的教学工作。”①

(2) 应强化学校教育的主导性。学校教育在整个社会嬗传体系中应承担主导的作用,协调各种教育力量。并且,应发挥学校的优势,成为社会的教育信息中心。

(3) 应增强学校教育手段的科学性。充分利用现代科学技术可以进行模拟、编程、遥控等的特点,改善教育条件,提高教育质量。

总之,学校不仅不会消亡,而且将会随着社会的发展,变得更为重要,手段更为科学。

---

① [美]普莱西等著:《程序教学和教学机器》,刘范等译,人民教育出版社1979年版,第63页。

思考题

1．简述学校的性质。

2．简述学校的教育途径。

3．请分析学校教育的基本矛盾。

4．试析学校教育活动的准社会活动性。

5．试析学校教育活动的认识性。

6．试析学校教育活动的系统性。

7．试析学校教育活动的开放性。

8．请依据学校教育活动的基本特点评析我国现实的学校教育改革。

参考文献

1．[捷]夸美纽斯:《大教学论》,傅任敢译,人民教育出版社1984年版。

2．毛礼锐、沈灌群主编:《中国教育通史》,第1卷,山东教育出版社1985年版。

3．崔相录:《中小学多样化、特色化大趋势》,教育科学出版社1998年版。

4．薛焕玉等:《谁执牛耳？——未来世界的教育》,中信出版社1991年版。

5．查有梁:《系统科学与教育》,人民教育出版社1993年版。

6．乌杰:《系统辩证论》,人民出版社1997年版。

7．[美]杜威:《明日之学校》,朱径农、潘梓年译,商务印书馆1924年版。

8．程培杰编:《外国简明教育史》,辽宁师范大学出版社1995年版。

9．陈桂生:《教育原理》,华东师范大学出版社1993年版。

10．[美]劳伦斯·阿瑟·克雷明:《学校的变革》,单中惠、马晓斌译,上海教育出版社1994年版。

11．瞿葆奎主编:《课外校外活动》,人民教育出版社1991年版。

12．张人杰主编:《国外教育社会学基本文选》,华东师范大学出版社1989年版。

第七章　教 育 目 的

[提要]　确立教育目的是教育实践的首要问题。本章分析教育目的的性质和主要特点，介绍我国的教育目的及其实践，并在附录部分介绍我国当代素质教育实践及基本的教育目的观。

第一节　概述教育目的

一、概念

教育的目的，即教育的基本要求。教育是有意识地影响人身心发展的社会活动，凡教育行为，无论是民间的还是官方的，无论是个人的还是学校的，都带有目的性。究其性质，教育的目的都有这样的特点：

1．期望性。即它是对教育结果的期望。教育行为主体希望通过教育使受教育者的身心发生某种变化。期望的实质，是要消除现实与目标的差距。凭借目前的教育水平能实现的期望，主要是对教育的规定，表现为一种培养目标；而须改进目前的教育状况，经努力后才能在未来实现的期望，则带有教育理想的色彩，是追求的最终目的。但无论哪一种，都具有可行性，即便是理想也是建立在现实基础之上的，对现实具有指导意义。

2．实践性。即它具有引发和引导教育实践，并须凭借实践才能转变为现实的特性。作为先于结果而产生的期望，目的是根据已有条件对未来发展作出的判断和选择，它的价值在于对实践有导向作用，但不能代替实践。在其向现实转化的过程中，也许会产生更具体的目的,实践往往是在外在目的和内在目的共同作用下完成的。

制度化学校教育的目的,除了具有上述目的的一般特点之外,还具有层次性。大致可分为四个相互联系的层次。

第一层次是国家的教育目的,在教育术语中称为教育目的。它是由国家以法律或政策形式规定的各级各类学校必须遵循的总要求。

第二层次是学校的教育目的,称为教育目标,或培养目标。它是学校依据教育目的和自身性质制定的培养要求。

第三层次是某方面教育的教育目的,称为课程目标。它是依据教育目标制定的某方面教育的要求。体现在课程计划、教学大纲,以及德育、智育、体育等各种教育的教育大纲中。

第四层次是具体教育活动中的教育目的,可称为行动目标。这一层次包括各种教学或非教学教育活动中的具体教育要求。例如,上课时写入教案并体现于具体教学过程的教学目标、课外活动中的具体教育目标,等等。

上述四个层次的目的,从一般到个别、从抽象到具体、从远期到近期,构成学校教育的目标体系。其中,国家的教育目的是一般的、抽象的、远期的教育目标。它不是针对某所学校,而是针对所有的学校,因而它具有高度的概括性,是国家在某一历史时期对学校教育的总要求。它的实现需依靠具体的教育实践,这意味着,国家的教育目的必须落实到实处,才能产生应有的作用。在整个体系中,从上到下每一种目的,必须具有一致的基本精神,才能成为系统中的有机组成部分。

二、意义

俄国教育家乌申斯基在谈到明确教育目的对教师工作的重要性时,曾作过这样的比喻,如果建筑师在为一座新建筑物奠基时,连要建筑什么都回答不出来,你将对他说什么呢?同样,当我们把儿童纯洁而易感的心灵托付给教育者,任其在这些心灵中刻划最初的,因而也是最深刻的轮廓时,我们完全有理由去问教育者,他将在他的工作中追求什么目的。

目的是以实践显示其价值的。教育的目的对教育实践的作用是多方面的,择其主要的有:

1. 导向作用。目的是行动的指南,有明确的教育目的,才能使教育活动变得自觉而不盲目。国家的教育目的,统帅着全国教育系统的努力方向,决定了教育的性质,即教育为了什么而培养人,规定了全国教育质量的总体要求。各级各类学校的教育目标,则指明了学校的具体培养要求。整个教育系统是围绕教育目的运转的,教育目的的科学性、明确性制约着教育的基本格局。

2. 协调作用。教育的目的是贯穿教育系统的红线,对各种教育因素起着协调的作用,使之保持一致。教育活动是依据目的来制定计划和工作程序的。教师、学生乃至学校的全体成员,是在教育目标之下明确自己的角色地位的。并且,教育目的是协调学校、家庭及社会各方面教育力量,构筑大教育系统的基本依据。

3. 激励作用。教育的目的是对教育结果的期望,无论是教育目的,还是教育目标等,其内涵与教育活动主体的根本利益和理想相关,是教育的根本激励因素。缩小与目标的差距,是教育过程中激发主体奋进的根本动力。在调动各种激励因素时,必须看到这种目标激励的根本性的作用,而各种激励因素也只有有助于实现教育的目的,才具有积极的意义。

4. 衡量作用。教育的目的,是教育的出发点,也是衡量教育质量的重要依据。教育目标具有规范教育的作用,制度化学校教育的评价标准主要是根据教育目标来制定的。我们须制定科学的评价标准,教育须因材施教,教育目标的实现会因人而异。以教育目标为评价依据,才能规范教育,保证质量。

因此，可以说，教育的目的问题是教育的首要问题。只有有了科学而恰当的目的，才会有高质量的切合实际的教育。由于教育目的事关国家教育的全局，重大的教育改革往往涉及教育的目的。我国目前在全国范围开展的素质教育实践，其核心问题也是如何科学地理解和实践我国的教育目的。

三、制定

教育的目的，视其性质而出于不同的制定主体。教育理论工作者、思想家或家长提出的是民间关于教育目的的看法；国家的教育目的，主要以立法或行政规定的形式来制定；学校的培养目标主要由国家主管教育的行政部门制定。课程目标由教育主管部门制定或审定；而行动目标则主要是教育者在教育过程中确定的。我国是以这种方式来提出教育目的或目标的，其中，国家的教育目的已写入《教育法》。

无论采用何种形式，教育的目的都是由人制定的，是制定者建立在对客观因素的认识之上作出的价值选择。因此，教育的目的中，既有主观的认识和意愿，也有客观的影响因素。

教育目的是社会发展的要求和可能性与个体身心发展需要和可能性的统一，这是教育的育人功能与社会功能的辩证统一性在教育目的问题上的体现。教育目的具有社会制约性，教育必须为社会发展服务。教育目的的制定，受社会的经济、政治和文化等因素的影响。教育目的不能超越现实的可能性，但必须有超前的意识。这不仅因为教育具有培养周期的特点，更在于教育目的反映了一段历史时期社会的发展趋势和努力方向。制定教育目的还必须考虑人的身心发展特点和个体的发展需要，尤其是与教育实践关系更为直接的教育行动目标以及学校教育目标，更必须使社会化与个性化有机融为一体，这是制度化学校教育的基本问题。杜威曾为了强调教育要顺应儿童的自然发展，提出“教育无目的论”。

认为“教育的过程,在它自身以外没有目的,它就是它自己的目的”①。教育就是生长,生长就是目的。杜威观点的积极意义在于提醒人们要重视教育过程中的内在目的。但必须强调的是,教育毕竟是社会的教育,不能无视社会要求对个体教育过程的直接影响作用。

在各种客观影响因素之上,最终需要由人来作出抉择,确定怎样的教育目的,反映了制定者的教育价值取向。所谓价值,是一种主客体之间的关系。教育的价值关系是多元的,因此,价值抉择须基于价值评价之上,这种评价既反映了主体对教育价值关系的认识,也代表着主体的利益。在阶级社会中,教育目的具有阶级性。在当代,教育的不平等现象依然存在,但教育对于经济乃至整个社会发展的巨大作用,已受到世界各国的普遍关注。

四、目标的细化

所谓细化,就是将目标细分为具体的内容,目的是为了便于操作。细化既有利于指导教育活动,也有利于评价教育活动,使两者有明确的依据,并且,借助依据目标进行的诊断性评价,可以矫正教育活动。美国学者布卢姆(B. S. Bloom)最早开创教育目标分类学,并提出“掌握学习”理论,收到了理论与实践的成效,从此使目标分类成为教育目的理论的一个组成部分。

关于细化,首先应区分教育目的与教育目标。国家的教育目的,是一种高度概括化、抽象化的教育要求,是针对一般的教育行为而言的。教育目标则是针对具体教育实体或教育活动提出的具体要求。前者的作用主要是指明方向,后者则还提出指标。因此,细化主要适用于教育目标。如同《学会生存》一书所介绍的,“‘目

① [美]约翰·杜威:《民主主义与教育》,王承绪译,人民教育出版社1990年版,第54页。

的与目标根本不同。你能测量目标,但不能测量目的。一个最后的目的是一种哲学力量……'(引自A.比安切里的著作)"①,国家的教育目的,必须在实践中进行领会并使之具体化,而各层次的教育目标是这种具体化的主要形式。

制定细致的教育目标,不仅是一种教育原理的具体运用,而且是制定者教育思想的具体体现。在制度化学校教育中,学校教育目标和课程目标由国家教育主管部门制定,已具有初步细化的要求,使之转变为行为目标则有赖于教育者结合教育内容使之变为更细致具体的要求。无论哪一层次的细化,都反映了教育主体对教育的理解和意向。

在技术上,细化目标的直接依据是心理学原理。这是因为教育活动的实质是学生生理和心理的活动与变化。细化的层次,既可以是一般心理变化的分类,也可以是结合学科内容提出具体的内容目标。细化的方法,则可以纵横结合,横向进行内容分类,纵向按发展水平分层次。布鲁姆曾把教育目标按心理活动特点横向分为认知、情意和技能三大类,并将每一类纵向分出不同层次,如把认知领域的目标按序分为知识、理解、应用、分析、综合和评价,再对每一层次进一步分层,如分析方面分为抽出要素、抽出关系、抽出综合原理。近年来,我国的理论与实践工作者也在这方面进行尝试,并取得积极的成果。

必须看到,目标的细化,是使教育目的落到实处的重要环节,从国家的教育目的,直至最细致的具体要求,形成完整的教育目标体系。然而,必须指出的是,目标与目的的关系,并不是等同的关系,目标是对目的的领会,教育活动的复杂性与变化性,需要我们在实践中对教育目的有更具体的理解。

---

① 联合国教科文组织国际教育发展委员会编著:《学会生存》,华东师范大学比较教育研究所译,上海译文出版社1979年版。

第二节　我国的教育目的

一、我国关于教育目的的表述

建国至今，我国的教育目的在表述上经历多次变动，其内涵前后基本一致，但针对不同历史时期的社会实际而有所改变，在制定方法上，从行政规定发展为采用立法的形式。在总体上，建国后教育目的的形成和发展可分为三个时期：

第一个阶段，是建国初至1957年，这一时期百废待兴，新的教育需在改造旧教育的基础上建立，为此，国家多次提出有关教育目的的规定。1949年9月29日，在中国人民政府协商会议第一届全体会议上通过的《中国人民政治协商会议共同纲领》中的第41条规定："人民政府的文化教育工作，应以提高人民文化水平，培养国家建设人才，肃清封建的、买办的、法西斯主义的思想，发展为人民服务的思想为主要任务"。1951年教育部召开第一次全国中等教育会议后，直接规定"普通中学的宗旨和教育目标是使青年一代在智育、德育、体育、美育各方面获得全面发展，使他们成为新民主主义社会自觉的积极的成员"。1954年4月政务院发布的《关于改进和发展中学教育的指示》中又提出"中学教育目的，是以社会主义思想教育学生，培养他们成为社会主义社会全面发展的成员"。这一时期还没有形成指导全国各级各类学校教育的统一的教育目的。

第二个阶段，是从1957年起至1986年。1957年毛泽东在《关于正确处理人民内部矛盾的问题》一文中提出，"应该使受教育者在德育、智育、体育几方面都得到发展，成为有社会主义觉悟的有文化的劳动者"。1958年中共中央、国务院在《关于教育工作的指示》中重申我国的教育目的是"培养有社会主义觉悟的有文化的劳动者"，从而使之成为统帅全国教育的正式教育目的。十年动乱结束后，1981年中共中央《关于建国以来党的若干历史问题的决议》、1985 年《中共中央关于教育体制改革的决定》以及其它重要文件在论及教育目的时，其基本精神与 1957 年提出的教育目的是一致的。但这一时期，我国进入了社会主义现代化建设的新时期，面对国内和国际的巨大变化和新时期的历史任务，在教育目的中增添了富有时代特色的内容。1985 年的《决定》提出要"为九十年代以至下世纪初我国经济和社会的发展，大规模地准备新的能够坚持社会主义方向的各级各类合格人才"，并规定"所有这些人才，都应该有理想、有道德、有文化、有纪律，热爱社会主义祖国和社会主义事业，具有为国家富强和人民富裕而艰苦奋斗的献身精神，都应该不断追求新知，具有实事求是、独立思考、勇于创造的科学精神"。

第三个阶段，是 1986 年起至今。1986 年 4 月 12 日颁布《中华人民共和国义务教育法》，1995 年 3 月 18 日颁布《中华人民共和国教育法》，这两个法律文件中都有关于教育目的的叙述。《教育法》第 5 条规定："教育必须为社会主义现代化建设服务，必须与生产劳动相结合，培养德、智、体等方面全面发展的社会主义事业的建设者和接班人"。尽管在此之前，1954 年和 1982 年的宪法中都有关于教育目的的内容，但以专门的教育类法律来规定教育目的，是从这时开始的。《教育法》是教育的基本法，第 5 条所规定的是国家的教育目的，对全国的教育具有指导意义，是我国教育必须遵循的关于教育目的的法律条文。

综观我国不同时期的教育目的，虽然表述略有不同，但基本精神是一致的，所叙述的内容涉及两个基本问题：其一，教育的根本性质是培养社会主义事业的建设者和接班人；其二，教育的质量规格是使受教育者在德、智、体等方面全面发展。

二、我国教育目的的基本精神

根据教育目的的表述、我国一贯的基本要求以及新时期的社会实际，我们认为我国教育目的的基本精神所强调的是：

1. 德与才的统一

德，是指个体的道德品质和政治思想；才，是指个体认识世界和改造世界的能力，它包括个体的文化素质和身体素质。前者所涉及的是人的灵魂，后者则是人的才能。我们的教育目的是追求两者统一，德才兼备。

我国建国以后，曾以“红与专”为名对德才的关系问题展开过长期的讨论，比较集中的争论至少有三次：一次是1957年夏季，在整风、鸣放、反右斗争阶段，全国的大专院校几乎都开展了红专关系的讨论，持续时间长达一年多。第二次是1964年，在哲学领域开展关于“一分为二”与“合二而一”的讨论的同时，涉及红专关系问题。第三次是共青团“九大”以后，《中国青年报》1964年12月24日发表北京钢铁学院某学生的信，提出怎样看待“政治上过得去，业务上过得硬，生活上过得好”的思想，从而又一次引发大讨论。① 红专关系的多次争鸣，虽然带有政治色彩，但也反映了这一问题所蕴涵的重大社会意义，作为思想认识，尤其对学校教育曾产生巨大的导向作用。

必须看到，红与专是相互联系，又相对独立的两个方面，红不一定专，专并不等于红。1958年1月31日毛泽东曾在《工作方法六十条》(草案)中强调：“红与专，政治与业务的关系，是两个对立的统一。一定要批判不问政治的倾向。一方面要反对空头政治家，另一方面要反对迷失方向的实际家。政治和经济的统一，政治和技术的统一，这是毫无疑义的，年年如此，永远如此。这就是又红又专”。② 邓小平在十年动乱结束后的1978年，针对长期以来

---

① 《又红又专》，《毛泽东著作选读》(下册)，人民出版社1986年版，第803页。

② 《又红又专》，《毛泽东著作选读》(下册)，人民出版社1986年版，第803页。

在此问题上的左的倾向，提出"学校应该永远把坚定正确的政治方向放在第一位。但这并不是说要把大量的课时用于思想政治教育。学生把坚定正确的政治方向放在第一位，这不仅不排斥学习科学文化，相反，政治觉悟越是高，为革命学习科学文化就该越加自觉，越加刻苦"，① 此后曾再次强调"专并不等于红，但红一定要专"。②

我们必须在培养方向上，强调德与才的统一。在目前改革开放发展经济的社会条件下，这种强调尤其显得重要。改革开放至今的实践经验表明，这两方面，对社会的现代化和人的现代化都是缺一不可的。国家的振兴，有赖于国民的建设本领，更需要国民有为国建设的热情。迎接知识经济的挑战，赶超先进发达国家，再现中华民族的辉煌，塑造两者达到高度统一的国民素质是其先决条件。并且，在现代化的社会文明中，高尚的道德品质、正确的政治思想、高度的文化修养以及健康的体魄，都是不可缺少的组成部分。德与才的统一，也是个体健康发展的需要。德的提高，会激发一个人对才的追求，而个体的文化修养则是其思想素质的基础。因此，在我们的教育中，对两者不可偏废，应该使之达到有机的统一。这样才能真正培养出"社会主义事业的建设者和接班人。"

2. 一般发展与特色发展的统一

一般发展，即符合国家基本要求的发展；特色发展，即反映个体身心特点的发展。我们的教育目的，是在个体身上实现两者的统一，实施符合社会需要的个性化的教育。

追求两者的统一，是共性与个性关系在教育目的上的体现。人是社会的人，个体的发展必须反映社会的共性特点，这样才能融入社会。但人与人之间是存在着差异的，这种差异是先天与后天

---

① 《邓小平同志论教育》，人民教育出版社 1990 年版，第 58—59 页。

② 《邓小平文选》，人民出版社 1983 年版，第 226—227 页。

的"合金",教育必须重视这种差异,在个体身上,使共性与差异有机结合并达到充分的体现,造就完整而丰满的个性。人类社会是由各不相同的个性构成的,个性的充分发展将丰富人类共同的人性特点,使人类社会具有丰富而强大的创造力。

这种个性化教育思想,是有利于个体充分发展的重要指导思想。仅强调千篇一律的教育要求,必然会限制个性发展。我们必须研究并提出符合社会发展特点的基本的共性教育要求,并在此基础上,在社会条件许可之下充分发展个体符合社会需要的长处,这样才能使我们的教育有利于每一个受教育者获得充分发展。

这种个性化教育思想,也是符合社会结构对个体的发展要求的。事实上,社会的分工是客观存在的,并会长期地存在,正如1977年德国的学者所指出的,即使在未来的共产主义社会,为保障个人劳动的高度生产率和高度效率,专门化活动也将是不可避免和必需的。① 我们所要做的,是创造条件尽可能使社会职业需求与个体的个性特点两者之间相吻合,尽量消除两者之间的错位,尤其是具有阶级对抗性质的错位。但必须看到,如马克思、恩格斯在《德意志意识形态》中所指出的,社会的分工,一方面极大地促进了社会生产力的发展,另一方面使"每个人就有了自己的一定的特殊活动范围",② 这个范围限制了人的发展。虽然分工不会被消灭,但使人终生束缚于一种职能(职业或某一职业内部的一定工种)的"旧的分工",必将伴随社会的发展被消灭。事实上,现代社会的生产方式已显示了职能的流动性。它需要个体有宽广的适应能力,这种能力的基础离不开个体的一般发展与特色发展。

---

① [德]阿斯曼·斯托贝格:《马克思列宁主义社会学原理》,黑龙江人民出版社1983年版,第140页。转引自陈桂生:《"教育学视界"辨析》,华东师范大学出版社1997年版,第58页。

② 《马克思恩格斯全集》第3卷,第37页。

社会主义不仅要从制度上消除分工的阶级对抗,并且要在教育上努力使受教育者形成宽广的适应能力,推进社会与个体的合理发展。

因此,我们所强调的要使受教育者在德、智、体几方面都得到发展的意图,不是要求平均发展,而是强调各个发展方面应在个体身上得到辩证的体现。学校教育要有利于在每一个体身上实现一般发展与特色发展的统一。

3. 当前发展与可持续性发展的统一

可持续发展(Sustainable-development),是 1992 年在巴西召开的世界环境与发展大会上提出的思想,其核心是强调发展不仅要考虑现在的利益,还须考虑将来的利益。这种强调发展后劲的思想,不局限于解释环境问题,已被广泛用于解释其他领域的问题,而成为一种新的观念。在教育领域,同样存在须强调可持续发展的问题。就教育目的而言,不能把目光仅聚焦于眼前利益,而要为学生的长远发展着想。教学生三年,要为学生想五十年,为国家和民族想一百年。这里,可持续性发展,是指有利于增强发展后劲的发展,其关键是形成自我发展的能力。

事实上,在教育者的指导思想及其促成的学生的当前发展中,既有有利于可持续性发展的,也有仅为眼前利益的。前者的例子,如掌握学习方法、培养自学能力、启迪自我意识、挖掘发展潜能,等等。属于后者的,比如为了应付考试而死记硬背,过后就忘,或虽掌握了知识,但因某种原因形成厌学情绪,影响以后的学习,等等。我们的指导思想,应该使教育既有利于当前发展,又有利于可持续性发展,使两者相一致,达到统一。

这种教育目的观,是符合社会对人才的需求特点的。学校教育的目的,是使受教育者从潜社会人成为真社会人。社会的知识体系、对个体的素质要求等,都是相对稳定的动态因素,是在不断发展变化中的。学校教育很难与社会需求在种类和程度上完全吻合。学校教育所提供的仅是基础，个体走出校门进入社会后，须不断充实自己，更新自己的素质结构，这样才能适应社会的需求。尤其在当代，知识增长速度加快，有人粗略估计，20 世纪前五十年所取得的研究成果，远远超过了 19 世纪。60 年代以来，科学技术上的新发现、新发明，比过去两千年的总和还要多。这正如恩格斯在《自然辩证法》中所指出的："科学的发展从此便大踏步地前进，这种发展可以说是与从其出发点起的（时间的）距离的平方成正比的"①，这种发展带来的结果是快速的知识更新与职业变换。学校教育必须使学生形成自我发展的能力，增强他们的自我意识、发展意识和创造意识及相应的才能，使受教育者能适应这种社会发展，并且成为参与推动这种发展的社会成员。

坚持这种教育目的观，可以提高教育的质量。因为，要实现当前发展与可持续性发展的统一，就必须使教育的效果是长效的，而非短效的。为此，教育所引起的学生的变化必须是深层的，而非表面的。不可停留于量的增加，而必须实现质的改变。并且，不能仅满足于某方面质的改变，还须求得整体的改善，以促进其内在素质的发展。这样才能形成可持续性的发展，才能培养自我发展的能力。

我们必须摈弃教育中的短期行为，教书须育人，要为学生的长远发展着想，授人以猎枪，而非拐杖。

上述的德与才的统一、一般发展与特色发展的统一、当前发展与可持续性发展的统一，是我国教育目的的基本精神，所体现的是全面发展的教育思想。

人的全面发展，一直是古今教育家、思想家们的理想，古希腊的亚里斯多德、16 世纪法国的拉伯雷、18 世纪瑞士的裴斯泰洛齐、19 世纪英国的欧文及法国的傅立叶等等，都从不同的角度以不同

① 《马克思恩格斯选集》第 3 卷，第 446 页。

的表述论及这一问题。但无论是人文主义者还是空想社会主义者，都没能跳出人性论的窠臼。人的全面发展，不单是个体的问题，也是社会的问题，不仅是现时的问题，也是历史发展的问题。马克思依据辩证唯物主义和历史唯物主义原理，考察了作为生产力要素的人的发展与社会发展，尤其是生产方式的发展之间的关系，从而提出了科学的人的全面发展学说。我国一直将它作为教育目的的主要理论依据。但如何科学地揭示其现实意义，尚需我们结合我国的社会发展实际，深入研究并合理汲取其思想精髓。马克思主义全面发展理论的最基本的精神在于：其一，提出了科学的人的发展观，人的发展与社会发展相关，“个人是什么样的，这取决于他们进行生产的物质条件”，① “人的本质并不是单个人所固有的抽象物。在其现实性上，它是一切社会关系的总和”②。其二，从历史发展的角度指明了人的发展方向。整个人类实现全面发展的过程，也就是人类获得彻底解放的过程。正如列宁所说：“共产主义正在向这个目标前进，必须向这个目标前进，并且一定能达到这个目标……”③。

因此，我们的教育目的是实现现实意义上的人的全面发展，即在社会发展的现实特点下去尽可能地培养一个人。这种全面性，既体现在培养内容上应使受教育者各个方面得到发展，同时体现在培养意图上，要为受教育者的长远发展着想。并且，全面发展应该反映个性特点，必须因材施教，培养出个性化的全面发展的人。

---

① 马克思、恩格斯：《德意志意识形态》，见《马克思恩格斯选集》第1卷，第25页。

② 马克思：《关于费尔巴哈的提纲》，见《马克思恩格斯论教育》，人民教育出版社1979年版，第24页。

③ 《马克思恩格斯列宁斯大林论教育》，人民出版社1977年版，第58页。

第三节　我国的全面发展教育

一、全面发展教育的基本内容

根据全面发展的教育思想,我国所实施的是全面发展的教育,即尽可能全面地培养受教育者,使受教育者获得在社会主义历史条件下的全面发展。这种全面发展教育,是由德育、智育、体育、美育和劳动技术教育等五个方面的基本教育内容组成的。

德育,即思想品德教育,是培养学生形成所期望的思想品德的教育。德育包括政治教育、思想教育和道德教育三方面内容。三者密切相关,难以绝然划分,从总体上影响学生对社会政治、对人生和世界、对人际关系等的认识、价值取向及行为表现。学校的思想品德教育,是社会性质在学校教育上的集中体现。我国的社会主义教育,以学校的思想品德教育来培养学生形成正确的思想政治方向和社会主义的道德品质,使新生一代成为社会主义事业的建设者和接班人。

智育,是向学生传授知识、技能,发展其智力、能力的教育。知识是人类的认识成果,其初级形态是经验,而完备的形态是系统的科学理论,是人类对事物本质和规律的系统认识。技能是通过练习而巩固下来的自动化、完善化的动作方式。智力是在认识活动中形成的保证认识活动得以顺利完成的稳定的心理特征的综合。能力是与顺利地完成某种活动有关的心理特征。学校的智育肩负着向新生一代传递人类积累的认识成果,启迪和培养其智慧的社会重任,在整个学校教育活动的内容中占居主要的基本的位置。

体育,是锻炼身体,并传递有关的知识、技能,以发展身体、增强体质的教育。体育不仅表现为一种肢体运动,同时表现为对运动及生理知识的认识。体育不同于体力劳动,后者所体现的是人与客体的关系,前者所体现的则是人与自身的关系。学校通过体育活动来提高学生的身体素质，也为其整体发展提供良好的物质基础。

美育，是培养学生健康的审美观，发展他们感受美、鉴赏美、创造美的能力，培养他们的高尚情操和文明素质的教育。感受美，是对事物的外在形式美与内在内容美的感知；鉴赏美，包括鉴别美和欣赏美；创造美，即以物质的或精神的等各种形式来表达美感。美育不等于艺术教育，后者是前者的一种实施途径。美育具有很强的情感性，著名教育家蔡元培曾说："美育者，应用美学之理论于教育，以陶冶情感为目的者也"。① 但美育同样是情感教育与理性教育的结合，离不开审美价值的作用。

劳动技术教育，是引导学生掌握劳动技术知识和技能，形成劳动观念和习惯的教育。劳动技术教育包括了劳动教育和技术教育两个方面。劳动教育主要是培养学生的劳动观念和劳动习惯，它与德育关系密切，但又有区别。德育一般是以思想教育为主，结合训练学生的道德行为，而劳动教育一般是以劳动实践为主，结合进行思想教育。技术教育主要是使学生掌握基本的生产技术知识和劳动技能。实施劳动技术教育，可以使脑力劳动与体力劳动结合，理论与实际结合，促使身心健康发展。

上述五育，作为教育活动，其实施都是有目的、有计划的，必须符合学生的身心发展特点，反映社会的要求，遵循相应的教育活动规律。

二、全面发展教育的基本结构

1．五育与教育

五育与教育是部分与整体的关系。教育是有意识地影响人身心发展的社会活动。在教育概念中，教育影响的指向并无特定的内容界定，而德育、智育、体育、美育和劳动技术教育则各自有影响

---

① 《蔡元培美学论文选》，北京大学出版社 1983 年版，第 174 页。

内容的侧重，主要指向于使某方面素质得到发展。因此，五育是教育的具体表现。

五育是全面发展教育的主要组成部分。就人的全面发展而言，五育并未把应实施的教育全部包容在内。五育的各育，是伴随人们对教育、人及社会的认识而逐步形成的。从不同的方面对人施加教育影响，这种教育思想源远流长，但最早把教育划分为智育、德育和体育的，大抵始于斯宾塞，他的代表作《教育论》(1861)以“智育、德育和体育”为副标题，可算是开三育并举的先例。18世纪 90 年代，席勒的《美育书简》奠定了近代美育的理论基础。英国的空想社会主义者莫尔与欧文都曾提出对学生进行劳动教育。马克思在论述儿童和少年的劳动应和教育结合时，指出教育的内容要包括三个方面，即智育、体育和技术教育，这是针对资本主义社会条件下工人阶级子女的教育问题提出的。在原苏联的教育理论体系中，曾将体育、智育、综合技术教育、道德教育及美育并列为全面发展教育的组成部分。我国解放后基本采用这种方式，以后又将综合技术教育改为劳动技术教育。五育涉及了个体发展的主要内容，但不等于全部内容。事实上，不仅对人的发展内涵的揭示与人类对其自身的认识程度有关，并且，人的发展与社会发展密切相关，人的发展内涵将伴随社会的发展而变得日益丰富，也即人的全面发展本身是一个发展的概念。此外，从上述五育的角度划分人的发展方面，也不是唯一的方法。人是一个具有不同内涵的整体。可以从不同的视角进行认识。近年在我国，心理教育，简称心育，开始受到重视。心育既是一种教育的新视角，又包含了对人的发展的新的认识。

2. 五育的关系

五育之间是相互依存、相互影响的。德育、智育、体育、美育和劳动技术教育，是从不同的角度对人施加影响，以使相应方面得到发展。人的发展是身心各个方面的因素协同活动的结果，某方面的发展不可能脱离与其他方面的联系。因此，五育之间也必然是相互联系的，其关系的性质，既可能是一种条件关系，也可能是一种正向的促进关系。德育影响到个体的思想灵魂，对个体的行为倾向、整体身心活动都有作用，成功的德育会有效地强化其他各育的作用。智育在个体身上形成的知识和能力等，是其发展的认知条件，因此，智育是其它各育的基础，并且，其他各育中也包含着智育的成分。体育旨在促进个体的身体发展，所影响到的是个体发展的生理因素，它使个体在接受其他教育时具备良好的身体条件。同样，美育不仅受其他各育的影响，并对其他各育产生作用。个体感受与创造美的意识、观念和能力，是其综合素质的体现，并且，个体的行为受其审美情感的影响。美具有丰富的内涵，涉及个体身心活动的各方面内容。就美育对其他各育的作用而言，会影响个体对各育内容的美感体验。道德美、理智美、身体美、勤劳之美，是制约个体行为的重要因素。当美育激发个体把美作为目的和理想来追求时，将调动起个体强大的内在动力。劳动是主体与客体关系的直接体现，个体的素质在劳动中得以展示，受到检验，获得营养。因此劳动技术教育对其他各育同样具有促进作用。

五育中的各育，虽在目的上各有侧重，但作为一种教育活动，都表现出对个体身心两方面，或人的认识、情感、意识等方面施加影响的教育的基本特点。因此，五育之间不仅在效应上相互影响，甚至在内容上也会相互渗透，你中有我，我中有你。

但必须看到，各育是相对独立的，作用性质有别，并且各具不同的活动特点。因此，相互不能代替。五育是根据人的身心发展特点和社会发展的需要，在教育发展的历史中形成的，难以从某一角度对其作体系分类。即使体育，虽然对人的身体发展关系密切，但体育不等于身体，作为教育，不仅影响人的生理素质，还会影响人的心理，甚至社会性特点。五育中的各育即是相对独立的，其作用就会不平衡，但总是在个体身上整体性地体现出来。学校须协调各育的关系,根据国家的要求和个体的特点,因材施教,促使受教育者的身心健康发展。

3. 五育与各科教学

五育与各科教学是什么关系?

首先必须明确,五育是就培养内容而言的,是侧重于使个体形成某方面素质的教育方向,也即,五育并非依据教育手段来划分的。五育之间因培养内容的不同,必然使相应的教育活动具有特殊性。但五育之间存在共同的特性,无论是德育、智育、体育、美育还是劳动技术教育,都必须解决知与不知的问题,都存在知与行相统一的问题。因此,学校教育的基本途径,教学及非教学教育活动,都可以成为实施五育的途径。

如何利用学校的教育途径,体现了教育者的价值选择,这种选择是基于教育的目的、对教育规律及对受教育者身心发展特点的认识。

我国的学校教育,必须充分开发和利用各种教育途径来实现全面发展的教育目的,要有利于五育的实施。同时,必须符合各育的教育特点。

学校必须以教学为主,教学必须完成学校所肩负的向新生一代传授人类积累的知识经验及基本技能的社会重任。但是,必须明确的是,教学不等于智育。这不仅是因为其他各育同样可借助教学手段,而且,既使是以智育为目的的教学,从知识内容、发自教师的信息、整个活动过程等,都会存在与其他各育相关的对学生具有影响作用的因素。这种因素既可能是无意识形成的,也可以是有意识融入的。由于五育之间的相关性与各自的相对独立性,使得对教育途径的利用既可以是相对独立的,也可以是互相渗透的。

我国的学校教育,基本上采用分科教学的方式。科的划分,既有根据知识特点的,如物理、化学、数学、语文等;也有依据五育的,如思想品德课,劳动技术教育课等。但必须强调的是,五育之间是相互联系的,各科教学是实施五育的基本途径。并且,对于教师工作而言,“分工不分家”,教师必须在其工作中贯彻全面发展的教育思想,并在各科教学中渗透五育的内容,教书育人,实施“全方位教育。”①

附录

1. 我国的素质教育改革

以实施素质教育为目的的教育改革,正在我国全面地向纵深推行。这场围绕教育目的问题展开的整体性的教育改革,事关我国跨世纪的教育发展、人才资源的质量、国民的水准和国家的发展后劲。因此,科学地认识和把握素质教育的实质和特点,是极为重要的。

要认识素质教育的实质,必须了解素质教育的产生根源。原因是多方面的,但根本的原因是我国改革开放以来,高速发展的社会对其社会成员和将要进入社会的新生一代的要求不断提高,同时,社会体制改革之下出现的新的用人制度使这种变化转化为社会的现实。教育价值的不断提升,出现了国家昌盛、教育兴旺的有利于教育发展的良好的社会大环境,并引起教育领域的一系列的反应。就具体原因而言,其一,传统的学校教育模式在教育竞争加剧之下,演变成应试教育,引起人们对学校教育目的的反思。事实上,改革开放后学历已成为用人的重要依据。这使得教育者和受教育者都把应试、升学、得文凭作为基本的教育目的。这种应试教育只注重工具的、功利的目的,而不关心本体的、内在的目的,不利于培养真才实学。这种应试教育与我国社会对人才的根本要求形成的极大的反差,引发改革教育的呼声,教育应该培养人,而不是

① 陈桂生:《“教育学视界”辨析》,华东师范大学出版社 1997 年版,第 89 页。

提供文凭。

其二,在新形势下,教育理论的发展。我国解放初期,受前苏联凯洛夫《教育学》的影响,强调实施"双基"教育,所谓双基,即基础知识与基本技能。这种教育模式的弱点是易产生高分低能者。十年动乱结束后,我国开始重视对学生的智力、能力的培养问题,并追求强调智、能、创的学校教育模式,从而提高了教育的质量。但是,认知的发展并不能代替情意的发展,而后者对于在改革开放时代背景下的新型人才而言尤显重要。80年代中期,这一问题开始引起理论界的重视,此后,"情、知教学"、① 要重视"非智力因素"② 等的观点和理论相继产生,并引起反响,其价值是使培养目标由认知领域拓展至情意领域。这种从不完整走向完整的理论发展,最终提出实施素质教育的口号。理论是对客观存在的反映,不能否认西方人本主义思想对我国的影响作用,但从根本上看,素质教育思想代表着我国新的时代背景下教育的发展潮流。1993年中共中央、国务院印发的《中国教育改革和发展纲要》曾明确指出:"中小学要由'应试教育'转向全面提高国民素质的轨道",此后多次加以强调。至1999年3月5日召开九届人大二次会议时,朱镕基总理在《政府工作报告》中再次指出,要大力推进素质教育。1999年6月13日中共中央国务院作出了《关于深化教育改革全面推进素质教育的决定》。

从产生根源和现实意义上分析,素质教育的实质是要摈弃"应试教育",使教育回归到提高国民素质的正确轨道,培养符合我国现代社会发展需要的社会新人。

素质教育的这一根本性质,决定了我国当前推行的素质教育

---

① 冷冉:《谈"情、知教学"》,载《教育研究》,1982年第1期。

② 燕国材:《应重视非智力因素的培养》,载《光明日报》,1985年9月23日。

改革具有重要的现实意义与深远的历史意义。作为一种改革，在理论与实践上都尚需深入研究，我们应把握素质教育的基本特点。“素质”一词原用于指人或事物在某些方面的本来特点和原有基础，在心理学上指人的先天的解剖生理特点。素质教育借用“素质”一词，意在强调：一，教育要促进学生内在的身心发展，而不追求表面的、暂时的变化，如，为了应付考试让学生机械地记住知识；二，教育要尊重和发展学生的主体意识和主动精神，培养健全的个性；三，教育要开发学生的潜能，使学生获得充分的发展；四，教育要相对全面地培养学生，使学生具有良好的整体素质。

在推行素质教育改革的过程中，产生许多新的问题，需要我们有科学的认识。表现突出的问题是：

一、关于如何理解素质教育与全面发展教育的关系问题。我们认为，素质教育是对全面发展教育的补充和发展。两者的基本精神是一致的。全面发展应落实于素质发展，而素质发展应符合全面发展的教育目的。

二、关于如何认识素质及其结构问题。如前所述，在素质教育中，素质涵义已有新的拓展，是可发展的因素，是先天与后天的“合金”。关于素质结构有各种不同的看法，并引发关于素质构成要素有多少的探讨。我们认为，实施素质教育改革重在体现其基本精神，素质教育的具体培养要求应与我国社会发展对国民素质的实际要求相联系，避免空泛的讨论，事实上，从不同的视角和层次来划分人的构成因素，在内容和数量上是难以统一的。《关于深化教育改革全面推进素质教育的决定》中提出：“实施素质教育，就是全面贯彻党的教育方针，以提高国民素质为根本宗旨，以培养学生的创新精神和实践能力为重点，造就‘有理想、有道德、有文化、有纪律’的，德智体美等全面发展的社会主义事业建设者和接班人。”这指明了我国新时期人才培养的基本方向。

三、关于如何科学实施素质教育问题。素质教育作为科学的教育指导思想,必须借助科学的实施方法,对此,最根本的是必须遵循学校教育的规律,尤其要正确认识素质教育与学校教育性质、素质教育与传统教学方法的关系。全面提高素质不意味要降低掌握知识的质量,而相反要促使学生更牢固地掌握知识,强化向新生一代传递知识这一学校教育的最基本的职能。素质教育反对"应试教育",但并不反对考试,考试是检验质量的手段。重要的是,必须研究并完善对学生素质的评价手段,为人才选拔和教育评估提供科学的依据,这既可以保证素质教育的质量,又可以发挥评价对教育的导向作用,以保障素质教育的实施。素质教育改革是一项系统工程,与各种因素有关,但其中,我们尤其要重视对课堂教学的改革,使素质教育落于实处。

2. 现代教育目的观

教育目的观,即对教育目的的根本看法,表现为在思想观念上的对人的培养方向的价值取向。它与制度化的教育目的不同,后者表现为一种规定,或以规章或以法律的形式加以制度化。制度化的教育目的表现出统一性,而教育目的观则往往呈现出多元性,并广泛存在于人们的头脑中。

教育目的观对教育目的的形成具有影响作用,任何教育目的,其背后都有某种教育目的观的支撑,否则就只是一堆琐碎无章的培养目标的简单集合。同样地,人们头脑中的教育目的观对制度化的教育目的的作用,会因两者之间的性质关系而表现为积极的或消极的。教育目的观,作为一种观念形态,它源于实际并对实际产生巨大的影响作用。归根结蒂,教育目的观是对社会发展性质与状况的反映,了解、把握、引导和确立正确的教育目的观,对于教育的健康发展、强化教育的积极功能具有重要意义。

综观近、现代人类社会教育目的观的发展历史,人文主义、科学主义,或两者的交织,是其基本的色彩。人文主义教育目的观,是以人为出发点和以人为中心的教育目的观,而科学主义教育目的观，则是以社会为出发点和以科学为中心的功利性的教育目的观。究其根本起因，是人类对于物质与精神的追求，这种追求是人类与客观世界相互作用的产物。在一定的社会中，受经济基础及在此之上形成的政治的、哲学的等因素的影响，使教育目的观表现为不同的内涵。如日本学者小原国芳所列举的"古往今来的教育理想"，有个人主义的、社会主义的、国家主义的、理想主义的、功利主义的、宗教主义的、主知主义的、人文主义的、行为主义的，以及自然主义的等等。① 西方的文艺复兴运动，曾培植了近代人文主义的教育目的观，涌现出维多利诺、拉伯雷、蒙旦、莫尔等一批创导重视人性的教育家和思想家。18 世纪大工业生产的出现和发展，给人类社会带来了巨大的物质财富，科学的力量使科学主义代替人文主义成为思想观念的主流。但是，科学主义并不能完满解决人类自身的发展问题。日本学者大桥薰在其《现代教育的病理》一文中指出，日本在战后经济高速发展的同时，经济优先、物质中心、金钱万能等物神崇拜的思想横行，人们的"精神开始变得空虚"。② 因此，在一些经济先行发展的国家中，新人文主义或称作人本主义的思潮开始复兴，追求人格完善成为教育的新目标。

在当今，人们发现，现代世界文明中存在着科学文化与人文文化的对立与融合，社会发展需要我们去把握人类文化中的理性与价值的辩证关系，在创造和享受科学辉煌的同时，必须寻求并确立文明的价值观念。展望发展趋势，科学人文主义的教育目的观是教育思想的基本走向。什么是科学人文主义？联合国教科文组织国际教育发展委员会曾对"科学人文主义"作过解释："它是人文主

---

① 小原国芳：《完人教育论》，引自瞿葆奎主编：《教育目的》，人民教育出版社 1989 年版，第 316 页。

② 张人杰主编：《国外教育社会学基本文选》，华东师范大学出版社 1989 年版，第 494 页。

义的，因为它的目的主要是关心人和他的福利；它又是科学的，因为它的人文主义的内容还要通过科学对人与世界的知识领域继续不断地作出新贡献而加以规定和充实”①。科学人文主义教育目的观，不是两者的拼盘，而是两者的辩证统一，是以科学主义为基础，以人文主义为价值方向的教育目的观②。这是一种高度抽象的教育指导思想，它的体现会融入各国的社会实际因素。但必须看到，科学人文主义教育目的观所反映的，是现代人类社会发展对教育的基本要求。

因此，如何认识与把握这一基本趋势，值得我们去认真研究。

思考题

1. 什么是教育的目的。
2. 试述学校教育的目标体系。
3. 试述教育目的的意义。
4. 为什么要进行目标细化。
5. 试述我国教育目的的表述。
6. 试述我国教育目的的基本精神。
7. 试述我国的全面发展教育。
8. 请结合我国的教育实际谈对素质教育的基本认识。

参考文献

1. 瞿葆奎主编：《教育目的》，人民教育出版社 1989 年版。
2. 陈桂生：《“教育学视界”辨析》，华东师范大学出版社 1997 年版。

---

① 联合国教科文组织国际教育发展委员会编著：《学会生存》，上海译文出版社 1979 年版，第 10 页。

② 扈中平：《教育目的论》，湖北教育出版社 1997 年版，第 200 页。

3．[美]B.S.布卢姆等编:《教育目标分类学》，罗黎辉等译，华东师范大学出版社 1986 年版。

4．扈中平:《教育目的论》，湖北教育出版社 1997 年版。

5．陆有铨总主编，扈中平、刘朝晖著:《挑战与应答——20 世纪的教育目的观》，山东教育出版社 1995 年版。

6．张人杰主编:《国外教育社会学基本文选》，华东师范大学出版社 1989 年版。

7．陈桂生:《人的全面发展理论与现时代》，上海教育出版社 1992 年版。

8．蒋冰海:《美育学导论》，上海人民出版社 1990 年版。

9．国家教育发展研究中心编:《迈向新世纪的脚步——我国教育热点问题的若干思考》，北京师范大学出版社 1998 年版。

10．郭文安、陈东升:《国民素质建构与基础教育改革》，人民教育出版社 1997 年版。

11．燕国材:《素质教育论》，江苏教育出版社 1997 年版。

12．燕国材:《教育十论》，中国建材工业出版社 1996 年版。

13．瞿葆奎、郑金洲:《教育基本理论之研究(1978—1995)》，福建教育出版社 1998 年版。

14．[美]杜威:《民主主义与教育》，王承绪译，人民教育出版社 1990 年版。

15．桑新民:《当代教育哲学》，云南人民出版社 1988 年版。

16．刘楚明:《教育辩证法》，教育科学出版社 1994 年版。

17．联合国教科文组织国际教育发展委员会编著:《学会生存》，华东师范大学比较教育研究所译，上海译文出版社 1982 年版。

18．殷陆君编译:《人的现代化》，四川人民出版社 1985 年版。

第八章　学校教育体制

［提要］　学校教育体制是实现教育目的的重要保障。本章叙述学校教育体制的一般特点、我国的学校教育体制及其发展中存在的基本问题。在附录部分，介绍我国学校教育体制的历史沿革和当代世界学制发展的动向。

第一节　学校教育体制概述

一、学校教育体制概念

"体制"一词，有体裁、格局、结构、组织制度、礼制、规矩等多种涵义，也用以指国家机关、企业、事业单位等的组织制度。在教育领域也日益频繁地使用这个词，但什么是教育体制，对其内涵的界定尚未统一。这里，学校教育体制，是指学校教育系统的建立与运行的制度，在此内涵之下，其外延包括有关的各种问题。为便于认识和把握，我们把实际学校教育体制所涉及的主要内容分为三个方面：其一，学校制度，它是对学校系统的规定，涉及学校的种类、层次、结构关系等问题；其二，办学制度，它是对办学政策的规定，涉及谁来办、怎样办等问题；其三，管理制度，它是对管理体制的规定，涉及管理部门、管理方式等问题。

学校教育体制一般具有这样的特点：

1. 政策性。学校教育体制反映了国家的办学意图，是教育的行动准则。确立怎样的学校教育体制，蕴涵国家的教育价值取向，及对教育权和受教育权的原则性的规定。

2．合法的强制性。学校教育体制往往得到行政规定或法律的保障。一旦制定，其实施是强制的。用立法的形式来确定学校教育体制，正成为各国学校教育体制在形式上的发展趋势。

3．系统性。学校教育体制体现出一国或某一行政区域的学校教育体系及其内在联系。系统的特性，关系到该处学校教育的整体功能。因此，完善学校教育系统，是改革学校教育体制的重要内容之一。

4．相对稳定性。学校教育体制的确定，反映了某一历史时期社会对学校教育的基本需求，具有稳定性。但社会是在发展中的，学校教育体制必须伴随社会的发展不断进行调整，以满足社会的需求。

二、学校教育体制的作用

学校教育体制的根本作用，是规范学校教育，使学校教育体系在建立和运行上有制度的约束，在行政规定或立法的基础上，建立起国家整个学校教育的基本框架。

这种教育规范作用的实际意义是多方面的。学校教育体制是实现教育目的的基本保障。目的属于意识的范畴，而制度规范下形成的则是客观存在的教育现实。学校教育体制对各级各类学校教育的规定和监管作用，使之在教育的性质和质量上得到约束。学校教育体系的内在逻辑联系，则直接影响到受教育者的社会化程度。可以说，科学的教育目的有赖于科学的学校教育体制。此外，学校教育体制中的办学政策，会影响办学主体的形成及其积极性，以及实际的教育计划性，是左右教育资源开发与办学成效的重要因素。

由于学校教育体制具有重要作用，改革和完善学校教育体制，已成为宏观教育改革的主要问题。

三、学校教育体制的建立

学校教育体制是在教育主管部门的决策之下,或经过立法程序产生的。在我国,对教育的根本性的规定,已体现在教育法、义务教育法、教师法等教育法律中。学校教育体制的具体规定,由国务院、教育部及各级教育主管部门以教育行政法规的形式颁定。学校教育体制的制定,是教育价值取向的体现,但这并非是随意的,而是具有客观制约性。

制定学校教育体制,必须体现教育、人及社会三者之间的基本关系。学校制度必须符合人的身心发展特点,我国已在实施的由小学六年,初中三年的六·三制向五·四制转变的改革,正是出于这种原因。但是,人的发展特点相对比较稳定,教育与社会的关系,往往是推动学校教育体制改革的更为现实的动因。

影响学校教育体制的根本的社会因素,是生产力的发展状况。它对社会从业人员的质量规格提出要求,因此制约学校教育的培养方向,要求学校在种类、层次、结构关系,以及地区布局等方面与社会的职业结构相一致。学校教育体制的重大变化,究其根本原因,与社会生产力发展状况的变革密切相关。明显的例子是,近代大工业生产成长时期,生产力的长足发展迫切要求改善劳动力的素质,由此推动了实科教育和义务教育的发展,最终导致新型学校教育体制的建立。

在生产力之上,社会的科技体制、经济体制、政治体制、乃至民族文化特点,都会对学校教育体制产生影响作用。科技体制涉及科技发展方向、科研机构的设置、运作以及人员编制等问题,它反映了社会发展对科技发展的根本需求,同时,科技体制对学校教育产生影响作用。集中表现为以培养科技人才为目标,促使学校教育体制在协调教育的普及与提高的关系方面作出反应,并因此影响到学校的设置、学制结构、甚至课程的开设。在世界范围日渐盛行的教学、科研、生产三位一体的模式,对学校教育体制产生更为直接的影响作用，这种作用不限于高等教育，而是贯通整个学校教育系统。在知识经济的时代，科技对于社会发展的作用日显重要，如何使学校教育体制有利于科技发展，已成为受人关注的焦点问题。经济体制，涉及国民经济的管理制度和管理方法，可以分为集权型和分权型两种模式。不同的经济体制，对学校的资金来源、毕业生的就业模式、学校管理、办学模式等一系列问题，产生不同的影响作用。说到底，教育需要经济基础，教育必须为经济发展服务。在我国发生的由计划经济向市场经济转制的变革，事实上已对学校教育产生深刻的影响作用。

学校教育体制与政治体制同样关系密切。政治体制涉及国家的政治制度，包括国家的管理形式、结构形式以及选举制度、人民行使政治权利的制度等。各国可形成不同的政治体制，按政权组织形式分，有君主制、共和制、议会制、人民代表大会制等，按管辖权限分，有中央集权制、地方分权制等；按国家结构分，有单一制与复合制。教育具有阶级性，学校教育体制的根本政治性质必须与国家的政治性质相一致。在此之上，与学校教育体制有关的教育价值取向、教育方针、办学政策、行政管理，以及对学校教育体制重大规定的产生形式，都与政治体制相关。有人曾主张把世界主要国家的教育行政体制划分为六种类型，即美国的地方责任型、英国的责任分担型、法国的国家责任型，澳大利亚的州责任型，加拿大的一部分州的宗派控制型及前苏联的联邦政党控制型。①

学校教育体制的建立，还必须兼顾本民族的文化特点。从狭义上理解，文化是指在社会物质生产基础上形成的精神财富。民族的文化积淀，是民族的精神财富，对民族的社会发展起着积极的作用。民族文化的延续和发展，需要教育的作用，而民族文化本身

① [日]高木太郎著：《义务教育制度的研究》，风间书房出版社 1971 年版，第 412 页。

对本民族社会生活的各个方面会打下烙印。这种关系必然反映到学校教育体制中来。美国是一个移民社会,为促使民族文化融合,美国每年都得投入大量经费,对移民进行教育。资源小国的日本,技术与贸易是其生存之本,这使得日本不仅一再提高国民的整体教育层次,并在基础教育阶段就注重进行国际化教育。中国自推行独生子女政策以来,在一些地区相应形成的重视子女教育的独特文化氛围,是在完善学校教育体制时,应该加以重视的社会因素。

建立学校教育体制,必须综合考虑各种因素,以作出最佳的选择,因此,科学性是其基本原则。但是,强调科学并非意味着脱离政治,政治本身就是其中须考虑的一个重要因素。

第二节　我国的学校教育体制

一、学校制度

学校制度,或称学校教育制度,或简称学制,是指国家颁布并实施的学校系统,它规定了学校的种类、层次、结构关系,以及各级各类学校的性质、任务、培养目标、入学条件和学习年限。学校制度不同于教育制度,后者是对国家整个教育的规定,学校制度是教育制度的重要组成部分。

我国解放后至今,学制经历了多次改革,重大的改革主要有三个时期:

(一)解放初期的学制改革

中华人民共和国建立后,大多数地区仍沿用国民党统治时期的旧学制,它与新中国社会主义建设不相适应的矛盾,促使实行学制改革。1951 年 10 月 1 日,中央人民政府政务院颁布了《关于改革学制的决定》,指出:“我国原有学制(即各级各类学校的系统)有许多缺点”,“不能适应培养国家建设人材的要求”。在此之前,

1949 年 9 月 29 日通过的《中国人民政治协商会议共同纲领》中已提出："人民政府应有计划有步骤地改革旧的教育制度、教育内容和教学法"。由此拉开了建国后学制改革的序幕。

1951 年《决定》提出了"我国目前时期的学制"，这个学制把学校教育分为四个层次，每一层次有各种学校教育机构。第一层次是幼儿教育，实施机构是幼儿园；第二层次是初等教育，实施机构是全日制小学、工农速成初等学校及业余初等学校；第三层次是中等教育，实施机构是全日制中学（分初级与高级二段）、中等专业学校、工农速成中学及业余高级中学；第四层次是高等教育，实施机构是各种高等学校，包括大学、专门学校和专科学校。（见图 1）。

新学制是在吸收老解放区的办学经验及旧学制中某些合理因素的基础上制定的，带有一定的过渡性质，1952 年起在全国逐步推行。1953 年 11 月 26 日，政务院在《中央人民政府政务院关于整顿和改进小学教育的指示》中，宣布停办小学五年一贯制，恢复原来的四二制，1955 年又宣布停办工农速成学校。

新学制体现的基本精神，是教育面向工农、教育为生产建设服务，反映了建国初期政治经济的发展特点，在当时起到了积极的作用。

（二）1958 年的学制改革

1958 年 9 月 19 日，中共中央国务院公布了《关于教育工作的指示》，提出："为了适应社会主义建设的需要"，必须"积极地进行技术革命和文化革命"，同时规定："全国将有三类主要的学校：第一类是全日制的学校，第二类是半工半读的学校，第三类是各种形式的业余学校。"

其中，全日制学校包括全日制的大、中、小学和中等专业学校，这部分学校在三类学校中占主要地位。半工半读学校，采用一面读书，一面劳动，学习和劳动时间大致相等的教育方式。业余学校以生产劳动为主，结合学习，是广大工农群众和在职职工在不脱

中华人民共和国学校系统图

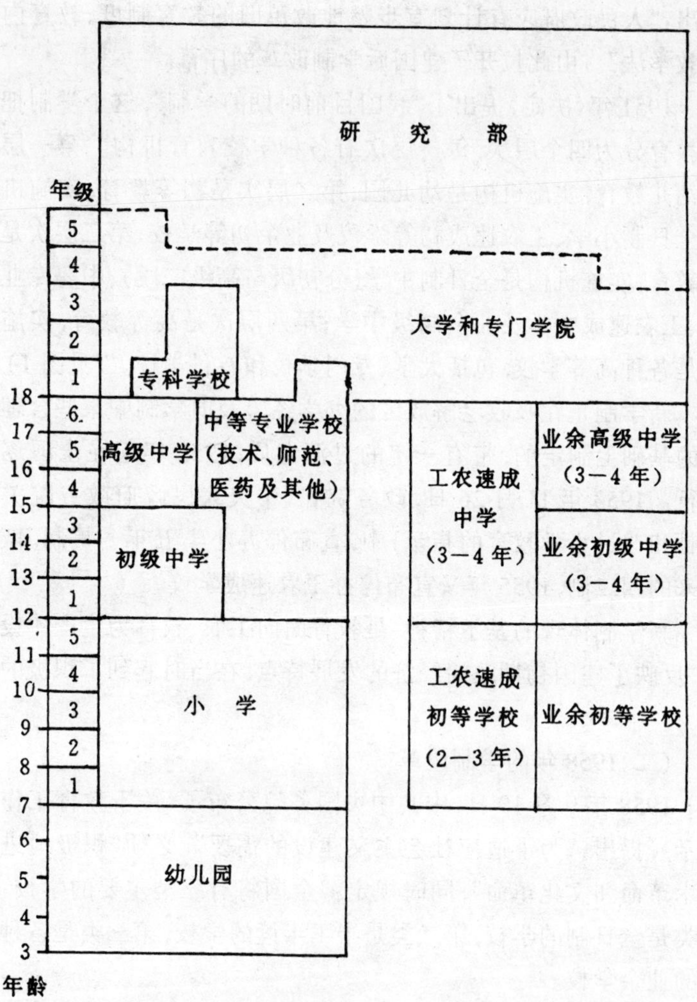

图 1

产的情况下进行学习的一种学校形式。《指示》指出："三类学校中，有一部分担负提高的任务。这部分学校必须有完备的课程，注意提高自己的教学工作和科学研究工作的质量，提高各门学科的水平"，"为了很快地普及教育，应当大量地发展业余的文化技术学校和半工半读的学校，因为这种学校可以全部或者大部解决自己的经费，很少需要或者不需要政府的帮助，因为这种学校可以按照'能者为师'的原则就地找到师资"。《指示》认为："现行的学制是需要积极地和妥善地加以改革的，各省、市、自治区的党委和政府有权对新的学制积极进行典型试验，并报告中央教育部。经过典型试验取得充分的经验之后，应当规定全国通行的新学制。"

在《指示》的规定下，当时全国展开了学制改革试验，取得一定的成效。尤其是半工半读、业余学校为建设事业培养了大批急需的从业人员。但由于受左的思想的影响，改革偏离客观规律，教育发展速度超越国民经济的承受能力，导致教育浪费现象的出现。此后，改革试验又在十年动乱中遭到破坏。

(三)1985 年后的学制改革

1985 年 5 月 27 日，中共中央颁布了《关于教育体制改革的决定》，这是十年动乱结束后，关于学制改革的重要文件。其基本精神是体现"教育必须为社会主义建设服务，社会主义建设必须依靠教育"的思想，在我国经济体制改革取得积极成效的背景下，改革教育体制，使"教育事业在经济发展的基础上有一个大的发展"，"有力地推动我国的社会主义现代化建设，把全民族的文化科学素质和精神境界提高到一个崭新的水平。"

在基础教育阶段，《决定》提出的基本改革措施是：一、根据我国发展的实际，分三类地区，即城市与沿海各省中的经济发达地区、内地少数发达地区、中等发展程度的镇和农村以及经济落后地区，"有步骤地实行九年制义务教育"，"地方各级人民代表大会根据本地区的情况，制定本地区的义务教育条例，确定本地区推行九年制义务教育的步骤、办法和年限”，“在实行九年制义务教育的同时，还要努力发展幼儿教育，发展盲、聋、哑、残人和弱智儿童的特殊教育”。二、“调整中等教育结构，大力发展职业技术教育”，并要“在改革教育体制的同时改革有关的劳动人事制度，实行‘先培训，后就业’的原则”。

《决定》颁布以来，我国积极进行教育体制的改革并取得积极的成果。职业技术教育得到很大的发展，已逐步实行“先培训，后就业”制度，并积极推行岗位资格证书制度。尤其是对九年义务教育阶段的学制结构进行积极的改革尝试。打破原来单一的“六·三制”格局。目前我国学制结构的基本状况是，大学本科为四至五年，大专为二至三年，硕士研究生学习年限为三年，博士生为三年。高中教育基本上为三年。九年义务教育阶段有多种学制形式：“六·三制”、“九年一贯制”及“五·四制”等。其中“五·四制”正在积极推行之中，“五·四制”即小学五年，初中四年，第一年为初中预备班。

我国的学校制度依然处于试验和改革阶段。中共中央、国务院在 1993 年 2 月 13 日印发的《中国教育改革和发展纲要》中指出：“当今世界政治风云变幻，国际竞争日趋激烈，科学技术发展迅速。世界范围的经济竞争、综合国力竞争，实质上是科学技术的竞争和民族素质的竞争。”因此，必须“采取切实有力措施，落实教育的战略地位，加快教育的改革和发展，开创教育事业的新局面”。

二、办学制度

办学制度，是指国家的办学政策及其规定下形成的办学机制。办学制度涉及的主要问题，是对办学主体的规定，即由谁来办学，并由此关系到办学的形式。办学制度与学校制度密切相关，后者规定了国家的学校系统，前者规定了构筑这个系统的准则。

我国自解放以来，办学制度经历了从改造旧教育，发展公立学校至走向办学主体多元化的发展过程。

1949年9月29日,《中国人民政治协商会议共同纲领》提出:“人民政府的文化教育工作,应以提高人民文化水平,培养国家建设人材,肃清封建的、买办的、法西斯主义的思想、发展为人民服务的思想为主要任务”。解放后,人民政府着手接管、改造旧的学校。同时,中央人民政务院在1953年11月26日公布的《关于整顿和改进小学教育的指示》中提出:“由于国家逐步工业化、城市人口增加较快”,“在工矿区、城市,特别是大城市,公立小学应作适当发展”并且要“协助工矿企业、机关和团体办学,协助办好私立学校,允许群众和工商业家继续兴办学校”,在农村“应根据需要与自愿的原则,提倡民办小学(包括完全小学)”,“对乡村公立小学,除在学校较少的少数民族地区和老革命根据地应作适当发展外,其他地区均应以整顿提高为主,一般不作发展”。1958年,中共中央国务院在《关于教育工作的指示》中强调,要使“国家办学与厂矿、企业、农业合作社办学并举”。但从总体上看,这段历史时期我国办学制度的基本特点是教育国有化,办教育的权力和责任归国家所有,私立学校逐步萎缩,趋于消失。在国家教育经费有限的社会条件下,这种办学制度不利于学校教育的发展。

改革开放以后,伴随经济体制改革,国家对办学制度作出调整。《中国教育改革和发展纲要》指出:要“改变政府包揽办学的格局,逐步建立以政府办学为主体、社会各界共同办学的体制。”使办学形式呈现新的格局:

其一,办学主体多元化。国家在政策上日益鼓励和支持各种力量办学,并给予法律保障。1980年,中共中央国务院在《关于普及小学教育若干问题的决定》中曾指出:要“以国家办学为主,充分调动社队、集体、厂矿企业等方面办学的积极性,还要鼓励群众自筹经费办学”。1982年新制定的《宪法》第19条规定:“国家鼓励集体经济组织、国家企事业组织和其他社会力量依照法律规定举办各种教育事业”。1985年,《中共中央关于教育体制改革的决定》指出:“地方要鼓励和指导国营企业、社会团体和个人办学”。1986年颁布的《中华人民共和国义务教育法》第9条规定:“国家鼓励企业、事业单位和其他社会力量,在当地人民政府统一管理下,按照国家规定的基本要求,举办本法规定的各类学校”。1995年颁布的《中华人民共和国教育法》第25条也作出了相同内容的规定。1997年10月国家还专门出台了《社会力量办学条例》,进一步明确了国家对社会力量办学采取“积极鼓励、大力支持、正确引导、加强管理”的“十六字”方针,并对办学方式作出详细规定。

我国目前对社会力量办学的政策,在办学方向上是有所规定的。《条例》规定:“社会力量应当以举办实施职业教育、成人教育、高级中等教育和学前教育的教育机构为重点”,同时规定:“国家鼓励社会力量举办实施义务教育的教育机构作为国家实施义务教育的补充。国家严格控制社会力量举办高等教育机构”。

尤其须强调的是,《教育法》第25条规定:“任何组织和个人不得以营利为目的举办学校及其他教育机构。”

其二,允许国际合作办学。1993年,中共中央、国务院印发的《中国教育改革和发展纲要》提出:“国家欢迎港、澳、台同胞、海外侨胞和外国友好人士捐资助学。在国家有关法律和法规的范围内进行国际合作办学。”1995年1月国家教委还出台了《中外合作办学暂行规定》,其中,允许外国法人组织、个人以及有关国际组织同中国具有法人资格的教育机构及其他社会组织在中国境内合作举办教育机构。

必须指出的是,我国《教育法》第30条规定:“学校及其他教育机构的校长或者主要行政负责人必须由具有中华人民共和国国籍、在中国境内定居、并具备国家规定任职条件的公民担任,其任免按照国家有关规定办理。学校的教学及其他行政管理,由校长负责。”

由于政策的支持，并有法律保障，目前我国已初步形成了以政府办学为主体，各种力量共同参与办学的格局，公办民助、民办公助、私人办学、国际合作办学等形式正在积极发展之中。

三、学校教育的管理制度

学校教育的管理制度，是指国家规定并实施的对学校教育的管理方式。管理制度主要涉及管理主体、管理权限划分及管理方式等问题。从管理的范围来看，国家对学校教育系统的管理，是一种宏观的管理，而学校内部的管理，则是一种相对微观的管理。

在计划经济时代，我国学校教育管理制度的基本特点，是高度的集中和统一，各级管理部门之间纵向隶属，国家统一管理，下传指令，层层贯彻。《中共中央关于教育体制改革的决定》指出：政府对学校"统得过死，使学校缺乏应有的活力"。《中国教育改革和发展纲要》进一步强调，要"改革包得过多、统得过死的体制，初步建立起与社会主义市场经济体制和政治体制、科技体制改革相适应的教育新体制。"

我国目前学校教育管理制度的基本特点是：

1．宏观规划，分级管理

政府转变职能，由对学校的直接行政管理，转变为运用立法、拨款、规划、信息服务、政策指导和必要的行政手段，进行宏观管理。并实行简政放权的政策，中等及中等以下教育，由地方政府在中央大政方针的指导下，自行统筹和管理。国家颁发基本学制、课程设置和课程标准、学校人员编制标准、教师资格和教职工基本工资标准等规定。省、自治区、直辖市政府有权制定本地区的学制、年度招生规模，确定教学计划，选用教材和审定省编教材，规定教师职务限额和工资水平等。

2．实行校长负责制

我国《教育法》第30条规定："学校的教学及其他行政管理，由校长负责”，“学校及其他教育机构应当按照国家有关规定，通过以教师为主体的教职工代表大会等组织形式，保障教职工参与民主管理和监督。”

3. 从行政方法为主转向法律、行政并行

长期以来，我国对学校教育的管理基本上采用行政的手段，缺乏法律的约束和监督。《中国教育改革和发展纲要》指出：要“加快教育法制建设，建立和完善执法监督系统，逐步走上依法治教的轨道。”我国近年已相继制定并颁布了一些有关教育的法律和法规。如《中华人民共和国教育法》、《中华人民共和国义务教育法》、《中华人民共和国教师法》、《中华人民共和国未成年人保护法》、《中华人民共和国学位条例》等。教育立法，将使教育管理变得更为规范，减少人治的成分。

4. 完善督导制度

教育督导，即对教育工作进行监督、检查、评估、指导的活动。

根据国家的规定，我国在县以上均设教育督导机构，分国家、省(自治区、直辖市)、市(地)、县(区)四级。国家一级，设国家教育督导团。下设教育督导团办公室，负责处理日常事务。地方县以上教育督导的组织形式及其职责，由各省、自治区、直辖市人民政府确定。教育督导的基本依据，是国家的教育方针、政策以及教育法律和法规。

根据1991年5月国家教委第15号令发布的《教育督导暂行规定》第2条规定，教育督导的任务是对下级人民政府的教育工作，下级教育行政部门和学校的工作进行监督、检查、评估、指导，保证国家有关教育的方针、政策、法规的贯彻执行和教育目标的实现。督导者必须向同级政府和教育行政部门报告督导结果。

我国的教育督导制度始于清末。以后虽有变革但一直沿用。中华人民共和国成立后，中央人民政府教育部设视导司，部内其他各职能司局也设有兼职视导员。省、地(市)、县各级教育行政机关都有专设的视导机构或人员，按事业和地区分工，定期到所属中小学和下级教育部门巡回视察和指导。1958年视导机构被撤销，从此停顿了二十多年。1986年，国务院在全国人大六届四次会议上提出："要加强教育事业的管理，逐步建立系统的教育评价和监督制度。"同年9月，国家教委设立督导司。1987年3月，国家教委印发《全国教育督导工作座谈会纪要》。1988年9月，国家教委、人民部联合发出《关于建立督导机构问题的通知》。此后全国各地相继建立教育督导机构。1991年4月26日，国家教委15号令，发布《教育督导暂行规定》，形成了正式的法规性文件。

教育督导制度完善了教育管理的组织形式，与教育的决策、执行系统一起构成三位一体的模式。我国的学校教育管理制度，从优化管理方式、加强立法到完善组织体系，正在向健康的方向发展。

第三节　学校教育体制的基本问题

学校教育体制既是相对稳定的，又是动态发展的，必须伴随社会发展进行调整。如何完善学校教育体制，同认识有关，也同教育价值取向有关。建立我国学校教育体制的根本目的，是实现我国的教育目的，使受教育者更充分地获得在社会主义历史条件下的全面发展，使教育为社会主义建设服务。建国以来的经验表明，我国的学校教育体制改革涉及许多基本问题，尤其需要我们对下列关系要有正确的认识。

一、统一与多样

统一与多样，体现于事物之间的关系，统一的实质是求同，多样的实质则是求异。同与异是一对矛盾，但是，事物之间往往具有多方面的联系，这种联系的性质，既可能是相同的，也可能是相异的。就一个系统而言，根据系统构成的一般特点，系统是由要素组成的，要素相对于整个系统是一种子系统。系统与要素之间，存在某种同质的关系，而要素对于系统则具有独特性。

学校教育体制，是关于学校教育系统的构建与运行的制度。学校教育系统，是由子系统，即不同类型、不同层次的学校教育组成的，各子系统既具有国家学校教育系统的共性特点，又具有各自的个性特点。这种个性特点的形成原因是多方面的，子系统具有自身的结构与活动特点。此外，子系统既隶属于整个系统，又隶属于具体的社会区域，并形成相应的具体特点。因此，在学校教育系统中，统一与多样是并存的。统一，是指在学校教育系统中具有某种共性因素，并使整个系统具有相应的特征；多样，是指或因不同种类、不同层次的学校教育的特点，或因具体社会区域造成的特点所形成的各种独特性。由于这种根本原因，相应地在学校教育体系的兴办、运作和管理上必将形成相应的特点。问题是，在哪些方面须统一，在哪些方面可多样，统一至什么程度，多样至什么范围，这需要加以深入研究。

必须看到，制度化学校教育在根本性质上，必须与国家的性质相一致。国家的性质，突出体现于国家的政治性质和经济性质，它需要教育为之服务，对教育具有根本的制约作用，这种关系集中反映在对教育具有根本指导意义的国家的教育目的和教育方针中。因此，国家的整个学校教育系统必须贯彻国家的教育目的和教育方针，在这一根本问题上是统一的，相应地学校的办学制度和管理制度，也必须与学校教育系统的根本性质保持一致，为促成和维护这种统一服务。

国家的学校教育系统，在内部结构的划分上具有统一性。这与社会分工及受教育者身心发展特点有关。社会分工是伴随社会发展而产生并有助于社会发展的基本的社会现象。社会分工形成了社会的职业种类及其不同水平的职位。作为个体社会化基本途径的学校教育，为有利于受教育者在结束学业后进入社会、进行社会流动，并维护教育质量的稳定性，其培养规格必须与社会分工相适应地具有不同的种类和层次，并制定统一的关于培养规格的标准。这是形成不同的具体培养目标的根本原因。但是，与社会分工相关联的培养目标的实施，必须依据受教育者的身心发展特点。国家的学校教育体系，主要是为新生一代的教育而建立的。因此，在划分系统的结构时，既要考虑社会分工特点，也必须考虑新生一代在身心发展上存在的共性特点，从而形成有统一制定依据的学校教育体系，产生各具特点的各级各类的学校教育。我国的学校教育体系，横向是由以传授一般科学文化知识、技能为主的普通教育和以传授与社会行业相关联的专门知识、技能为主的职业类教育两大类教育组成的，纵向则分为学前教育、初等教育、中等教育及高等教育四个层次。不同的学校教育形成教育的多样性，而相同的学校教育在培养目标上具有同一性。

除此之外，制定学校教育体系必须考虑特殊因素。允许教育实践具有灵活性。尤其我国幅员辽阔，各地发展不平衡，实际的教育需求和教育实施条件存在差异，因此，学校教育实践必须因地制宜。但是，鉴于利于人才社会流动及教育质量的稳定，应尽量拓宽教育的质量标准的范围及其实施的地区范围。

国家的办学制度和学校教育管理制度，在基本精神上是与学校教育制度一致的，其根本目的是保障学校教育制度的实施。但是办学制度和管理制度又各具自身的活动特点，与国家的政治体制、经济体制等关系密切。

办学制度涉及谁来办学，教育经费筹措等问题。其实质既反映办学权的归属，也反映教育的经济模式。在计划经济时代，国家实施包揽办学的政策。实践表明，这种政策不利于广泛吸纳教育投资，调动各种积极的社会办学力量，开发教育资源。随着国家办学为主，鼓励、支持、引导社会力量办学的政策及有关法律的出台，我国已形成办学主体多元化的格局，拓宽了教育的经费来源，增强了教育发展的能力，带来了教育竞争、优化教育的可喜现象。但需要强调的是，办学形式的多样化必须与教育质量的规范化相结合，这样才能保证国家学校教育制度的实施，提高教育的质量。因此，强化教育质量检定是十分必要的，既可以起到规范作用，又可以为教育竞争提供公平的竞争条件，这样才能迎来办学形式百花齐放的局面。

学校教育的管理制度，涉及谁来管、如何管的问题，这与国家的行政方式关系密切。集权制与分权制是两种基本的管理模式。集权制是指行政权力集中于中央政府或上级机关，其下属地方政府和下级机关没有或很少有自主权，一切措施都必须以中央制定的法令和指示为准。分权制是指下级机关和地方政府在其管辖范围内，有完全的独立权力，中央政府对其在权限内的事项不加干涉。实行分权制的国家有美国、西德和英国等，实行集权制的国家有法国、日本等。集权制与分权制各有利弊。集权制有利于教育政策的统一，有利于统筹、规划、调节教育整体的发展。分权制则使教育管理富有弹性，利于调动下级机关的主动性、积极性和创造性。各自的优点，也正是对方所缺乏的，因此，取两者的优点，互融互利是现代西方教育管理的改革趋势。

我国的教育管理制度，属于集权制的类型。虽然在我国教育发展中起着积极的作用，但随着改革开放以来社会的快速发展，日益暴露出其自身的弱点。高度集权的体制把教育统得过死，使之丧失活力。因此，中共中央在《关于教育体制改革的决定》中，提出了要“简政放权”的口号，并提出“基础教育管理权属于地方。除大政方针和宏观规划由中央决定外，具体政策、制度、计划的制定和实施，以及对学校的领导、管理和检查，责任和权力都交给地方。”实际上，是在吸收分权制的优点，在教育的管理权上，使统一与多样结合。这与办学制度及学校制度的基本精神是一致的，共同构成我国学校教育体制的基本特点。

二、普及与提高

普及，意即让更多的人受到教育；提高，即提高教育的水准。后者在实践上有多种方式：一是提高国家的整体教育水平，包括提高教育质量和提高国民受教育的层次；二是在国家教育系统中增加高层次学校教育的比重；三是在各层次学校教育中优先提高部分学校教育的质量，从形式上给优秀人才培养以保障，这主要表现为办重点学校，从办学力量的投入到招生给予优先的条件。如何处理普及与提高的关系，涉及整个国家的教育格局，从而影响教育的实际社会作用。从理想的角度看，既要普及，又需提高，应让更多的人受到更高水准的教育，这实际上是国家教育发展的目标，但是，在教育资源有限的状况下，如何使普及与提高达到合理的统一，须进行深入的研究。

首先，必须看到，在本质上普及与提高的关系是相辅相成的。提高有赖于普及，普及还需提高，提高会促进普及。发展高层次教育，需要低层次教育为其提供生源。拓宽教育的普及面，并不断追求其质量的提高，既可以使升学生源的数量增加，水准上升，又能提高产生优秀人才的概率。无论是增加高层次学校教育的比重，还是办重点学校，都不可忽视基础问题。在普及教育的同时，必须不断提高教育的层次，以适合社会发展的需要。追求教育提高，必然向基础教育提出更高的要求，从而对教育普及起到积极的促进作用，从更深远的意义上看，合理发展高层次教育所产生的促进社会发展的效应，终将导致社会对教育要求的提高。这种普及与提高之间的相辅相成的关系表明，普及与提高必须相结合，两者不应偏废。

此外，从社会发展的需求看，普及与提高都是必须的，这与社会分工的存在有关。不同的行业之间，行业内部的不同职业之间，在劳动的复杂程度上是有差异的，各自在知识、技术、能力等因素方面的含量的不同，使相应的培养劳动者的教育需要程度也是不同的。这种状况将伴随社会分工一直存在。因此，学校教育必须兼顾高低不同层次的需求，使普及与提高相结合。

基于这种认识，具体处理普及与提高的关系，必须根据社会的实际发展状况。事实上，这不是教育结构内部调整的单一问题，具体存在形式，是社会各种因素综合平衡的结果。社会的政治体制、经济体制乃至文化传统，都是制约这对关系的重要因素，它涉及社会的认识因素、价值取向及客观条件。比如，英国和美国各自采用不同的人才培养模式，美国崇尚平等开放的公平竞争形式，而英国则注重有控制的筛选方式，人才的培养过程受到非个人因素的制约，英国的特纳将之称作“赞助性流动”。① 相应地，美国的学校教育制度突出教育的普及性，英国则保障一部分人优先受到高质量的培养，早期英国的学校教育制度采用从基础教育就实行分流的双轨制。这与英美两国各自推崇的价值标准、社会发展历史及文化传统的差异有关。其中，美国对平等的强调与英国根深蒂固的贵族教育传统分别起着重要的作用。从宏观上看，制约普及与提高关系的根本因素，是社会生产力发展的状况，18 世纪大工业生产兴起，提高了对劳动力素质的要求，从而引发普及教育的运动。而在当代，社会发展日益依赖知识在生产中的运用，知识经济日渐成形，因此，世界各国，尤其是发达国家，都对提高教育质量、发展高层次教育倾注力量。

我国的学校教育在处理普及与提高的关系上，解放以来有过多次调整。建国初期，实行的是大众教育模式。1949 年 9 月 29 日制定的《中国人民政治协商会议共同纲领》提出：“中华人民共和国的文化教育为新民主主义的，为民族的、科学的、大众的文化教

① [英]拉尔夫·H·特纳：《赞助性流动、竞争性流动和学校教育》，张人杰主编：《国外教育社会学基本文选》，华东师范大学出版社 1989 年版，第 92 页。

育”，当时的教育方针突出了为工农服务的精神。从第一个五年计划的实施起，开始重视提高教育质量，发展高层次教育问题，此后形成千军万马争过独木桥的英才教育模式。经历1958年的盲目发展，1960年中央提出了“调整、巩固、充实、提高”的八字方针。继1959年中央颁布《关于在高等学校中指定一批重点学校的决定》后，1962年，教育部又作出《关于有重点地办好一批全日制中、小学校的通知》。十年动乱中止了高考制度，至1977年才恢复，1978年教育部颁发了《关于办好一批重点中小学试行方案》，同年国务院批转《教育部关于恢复和办好全国重点高等学校的报告》。

我国的教育发展必须针对我国的实际，我国人口众多，受教育程度偏低，普及义务教育的任务依然十分艰巨。但同时，改革开放正在使我国社会发生深刻的变化，技术密集型和知识密切型产业快速增长，1999年已开始出现以金融、通讯和贸易等为主的第三产业超过第二产业的地区，社会的现实状况及面对知识经济的挑战，迫切需要大力发展高层次教育。我国目前正积极推行普及与提高相结合的办学方针。《中国教育改革和发展纲要》强调，要在全国普及九年义务教育，在大城市市区和沿海经济发达地区积极普及高中阶段教育。同时，“为了迎接世界新技术革命的挑战，要集中中央和地方等各方面的力量办好100所左右重点大学和一批重点学科、专业，力争在下世纪初，有一批高等学校和学科、专业，在教育质量、科学研究和管理方面，达到世界较高水平”。但如何确定基础教育、中等教育及高等教育三者的比例关系，必须根据我国实际的教育需求。①

与此相关，我们必须正确认识教育的平等问题。在教育资源

---

① 有人将教育程度结构分为金字塔型、筒仓型、云梯型及葫芦型，分别表示低、中、高三种教育的不同比例关系。见李少元著：《教育结构学》，辽宁教育出版社，1988年8月出版，第23—28页。

有限的社会条件下，只能允许一部分人进入重点学校，或升入高等学校。平等不等于平均，平等的实质是受教育权的平等。因此，崇尚平等不等于要消除教育形式的差异。我们必须以公平、合理的方式来选拔学生，以保障每一个学生的受教育权，同时，努力提高国家的整体教育质量，发展高等教育的规模。我们还必须正确认识教育分流与身心发展的关系。分流既可以依据能力的水平，也可以依据能力的发展倾向。我们应该发展各种高层次教育，以适合学生与社会的需求，近年我国已开始发展技术类高等教育。此外，必须科学地把握分流的时机，过早的分流，将无法正确辨别学生的发展潜能。

三、教育的相对完整与学制结构的完善

学校教育必须相对完整地完成对受教育者的培养。教育的最基本的作用，是使受教育者成为能够独立生存于社会的人。在现代社会，一个不具备社会所要求的基本能力的人，已难以成为一个独立的社会人，并且，使人成为合格的社会人的培养工作主要由专门的学校教育来承担。学校教育对人的培养完成是相对的，因为，社会是由不同层次素质水平的成员组成的，社会人的素质水平也是在不断发展中的。

学校教育能否相对完整地完成对受教育者的培养，关键是必须以合格的社会人的能力结构特点为基本的实施依据。人的发展是自我发展需要与社会需要的统一，在特定的社会条件下形成相应的发展状况。要成为合格的社会人，须具备社会所需的能力结构，至少包括三方面的内容：其一，适应社会生活的能力；其二，独立谋生的能力；其三，自我发展的能力。前面两种能力，是新生一代进入社会时首先必须具备的能力。正如恩格斯在马克思墓前所说的，马克思发现了人类历史的发展规律，即历来为繁茂芜杂的意识形态所掩盖着的一个简单事实，人们首先必须吃、喝、住、穿，

然后才能从事政治、科学、艺术和宗教等活动。同样,在一定社会中,人的能力发展也是具有层次性的。适应社会生活的能力的形成条件,是具有特定社会的社会意识、伦理道德及基本生活能力。独立谋生的能力是人能独立于社会的必要条件,个体也只有具备了这样的能力才能服务于社会。其形成条件是具有某种才能,这种才能并不局限于生产经验的范围,而主要与社会的职业要求相关联。这种谋生能力的专门性,是因社会分工而形成的,在社会发展中是始终存在的,只是能力的内涵会伴随社会发展而变化。自我发展的能力,其形成是基于前两者的基础之上的。它既是个体生存与发展的重要条件,又是个体完善自我的重要条件。在当代社会,日新月异的快速社会更新,使这种能力显得格外重要。而作为完善自我需要的自我发展,必须与社会发展条件相适应。马克思主义全面发展学说的精髓,在于它确立了科学的人的发展观,把人的发展历史归结为生产方式发展的历史。但必须看到,有时培养符合个体兴趣爱好的专门才能,既能培养谋生能力,又能满足个体发展自我的需要,这种统一是教育所追求的。个体的能力结构具有整体性,即各能力要素相互联系,并从总体上以个体素质水平的形式表现出来。社会成员之间,存在素质水平的差异,这种差异表现在素质水平的高度与广度上,所谓高度是指某种能力的发展水平;所谓广度是指能力的单一与多样。这种社会人能力结构的特点,是学校教育实践的基本依据,只有完成对新生一代的能力结构的培养,才能实现学校教育的基本职能。

实行相对完整的教育,需要有科学的学制结构。这主要涉及各类学校教育的组合和各级教育层次的划分问题。

学校教育须完成对受教育者能力结构的培养,实施阶段完成教育,使受教育者结束学业走上社会时,具备一个独立的社会成员应有的能力结构。

为此,应以受教育者自进入学校至结束学业走向社会为单位来构筑完整的教育,让他们既形成适应社会生活的能力,又具备独立谋生的能力,以及自我发展的能力。即使受教育者所接受的是低层次的教育,也应形成这样的能力结构,以符合社会对一个独立成员在能力上的最起码的要求。必须看到,划分教育阶段的根本依据,是社会对不同层次人才的培养要求。相应地,不同层次教育阶段的衔接依据不应仅是单一的知识逻辑联系,而须考虑能力结构的完整培养问题。

同时,要发挥普通教育与职业教育各自的特点,共同组成阶段完成教育。

普通教育,是以传递一般文化科学知识、技能为主的学校教育;职业教育,是以传递与行业相关联的专门知识、技能为主的学校教育。从社会人能力结构的特点来看,普通教育与职业教育都不能单独完成其培养任务。职业教育须以普通教育作为其基础教育,高一层次的普通教育须以低一层次的普通教育为基础,而自身又是高一层次职业教育的基础。从教育内容的特点来看,一般文化科学知识、技能,以理论为主,技能为辅;而与行业相关联的专门知识、技能,则以技能为主,理论为辅,并具有与行业相关的专门性特点。不同的内容各自须有不同的教学方法,需要不同的教学条件,相应地形成不同的办学特点。因此,普通教育与职业教育不能互相代替。普通教育是各类教育的基础,职业教育是普通教育的继续,两者是阶段完成教育所不可缺少的组成部分。在从进入学校至结束学业的整个教育阶段中,受教育者必须接受普通教育和职业教育两种教育,也即,当受教育者不准备升入更高一级的普通教育时,必须进入职业教育类学校,受完职业教育后才能结束学业进入社会。

建国以来,我国的学制结构,经过不断的研究、改革、完善,在社会对从业人员要求不断提高的背景下,已基本形成了上述教育模式。

解放初期，我国曾规定普通教育要完成双重培养任务。1954年中央人民政府政务院在《关于改进和发展中学教育的指示》中提出："中学教育不仅应供应高等学校以足够的合格的新生，并且还要供应国家生产建设以具有一定政治觉悟、文化教养和健康体质的新生力量"①。在生产过程知识技术含量不高的时代，这种双重任务还基本能完成。但随着社会生产力的发展，尤其是改革开放以后企业与就业者双向选择用人制度的推行，很快暴露出允许普通教育作终极教育的缺陷。从普通初中和高中毕业的学生，因缺乏一技之长，难以被用人单位录用，既使被录用也难以直接上岗，为此，曾一度在我国理论界展开关于普职关系问题的研讨。必须看到，解决这一问题的关键是须让学生得到相对完整的教育，至于具体实施方式可以因地制宜。《中共中央关于教育体制改革的决定》明确提出，要"实行'先培训，后就业'的原则"。"从中学阶段开始分流：初中毕业生一部分升入普通高中，一部分接受高中阶段的职业技术教育；高中毕业生一部分升入普通大学，一部分接受高等职业技术教育。在小学毕业后接受过初中阶段的职业技术教育的，可以就业，也可以升学"，同时指出，"一切从业人员，首先是专业性、技术性较强行业的从业人员，都要像汽车司机经过考试合格取得驾驶证才允许开车那样，必须取得考核合格证书才能走上工作岗位。有关部门应该制定法规，逐步实行这种制度。"在这一指导思想下，我国正在不断完善学制结构，职业教育已有较大的发展，在中等职业教育之上又建立了高等职业教育，职业资格证书制度也在逐步健全之中，可以说，我国已在实施阶段完成教育的培养模式。这种改革是一项社会系统工程，有赖于社会的整体配合，改革的动因源于社会，改革的成效将有助于强化学校教育

---

① 对小学也有类似规定，请参 1953 年通过的《中央人民政府政务院关于整顿和改进小学教育的指示》。

的社会功能。

附录

1. 我国学校教育体制发展史述要

在清末以前，我国古代学校教育体制的基本特征是：一、学校教育缺乏系统连贯性，并无像现代学校的初等、中等、高等的层次递进，主要是蒙学和大学两种教育形式，虽偶有中学性质的学校教育，如唐代的府州学与县学，也无严格的升学关系。唐代四门学的学生学得好的可补入太学，太学生可补入国子学，但这种升格并非加深其学业程度，仅表示提高其地位；① 二、入学有等级限制，学校教育不具有普及性；三、学校教育以古代文科类内容为主，自然科学类内容不占主要位置。

公元 560 年，南北朝时期的北齐在中央设立国子寺，作为统辖当时国子学教育的管理机构，开创了我国古代教育管理制度的新形式。② 至隋代开始设立专门的中央教育行政管理机构——国子监。

我国近代教育督导制度始创于清末。1906 年，在确定学部官制时，拟设视学官，官阶五品，专巡京外学务。至 1909 年 10 月，学部奏请制订《视学官章程》三十三条，具体规定视学官资格、责任、视学区域、业务范围、视学日期、视学经费，以及视学官与地方教育行政的关系等，③ 从而形成正式的视学制度。

我国的现代学制始创于清末。1902 年，清政府公布了由管学

---

① 顾树森：《中国历代教育制度》，江苏人民出版社 1981 年版，第 108 页。

② 孙培青主编：《中国教育管理史》，人民教育出版社 1996 年版，第 105 页。

③ 同上，第 412 页。

大臣张百熙拟定的《钦定学堂章程》，但并未实施。1903 年又颁布了由张百熙、张之洞、荣庆拟定的《奏定学堂章程》，这是我国教育史上第一个实行的现代学制，因在癸卯年制定，又称癸卯学制（见图 2）。这个学制的立学宗旨是“中学为体，西学为用”，反映了当时半封建半殖民地的教育性质。学制存在学习年限过长的缺陷：初等教育长达 9 年，儿童 7 岁入学，16 岁才进中学，27、28 岁才能从分科大学毕业。第一个学制产生后至我国解放前，进行过多次改革。其中重要的改革有两次，一次是辛亥革命成功后于 1913 年制定了新的学制，一次是 1922 年实施的学制改革，所制定的《壬戌学制》（见图 3），是当时美国六·三·三学制的翻版，这个学制对我国解放后新学制的制定具有影响作用。

2．世界学制发展特点综观

学校教育制度是历史的产物，其根基是社会的需求。因此，它的内涵是同社会的发展状况密切相关的，以此观点来综观它的沿革，可以从中得到启示。

现代学校教育制度是伴随大工业生产对劳动力素质要求的提高而产生的。因而它最初的基本特征是普及与规范。普及，即利于教育的推广；规范，即以制度的约束来保障教育的质量。这两者是相辅相成的，普及需要规范，规范有助于普及。

随着社会生产技术含量的提高及其日益专门化，以培养熟练劳动力为主要目标的职业教育，开始在学校教育制度中占据重要位置。在一些经济发展较快的国家，都对发展职业教育极为重视，并收到极大的经济和社会效益。在世界上，职业教育制度完备是德国学校教育制度的一大特色，由于重视技术培训，德国的产品也一直具有很强的竞争力。

虽然，在当代，普及、规范、重视职业教育依然是学制要解决的基本问题。但在此之上使教育高层次化、个性化、终身化，已成为学校教育制度的重要发展趋向。高层次化，即提高国家学校教育

癸卯(1903年)学制

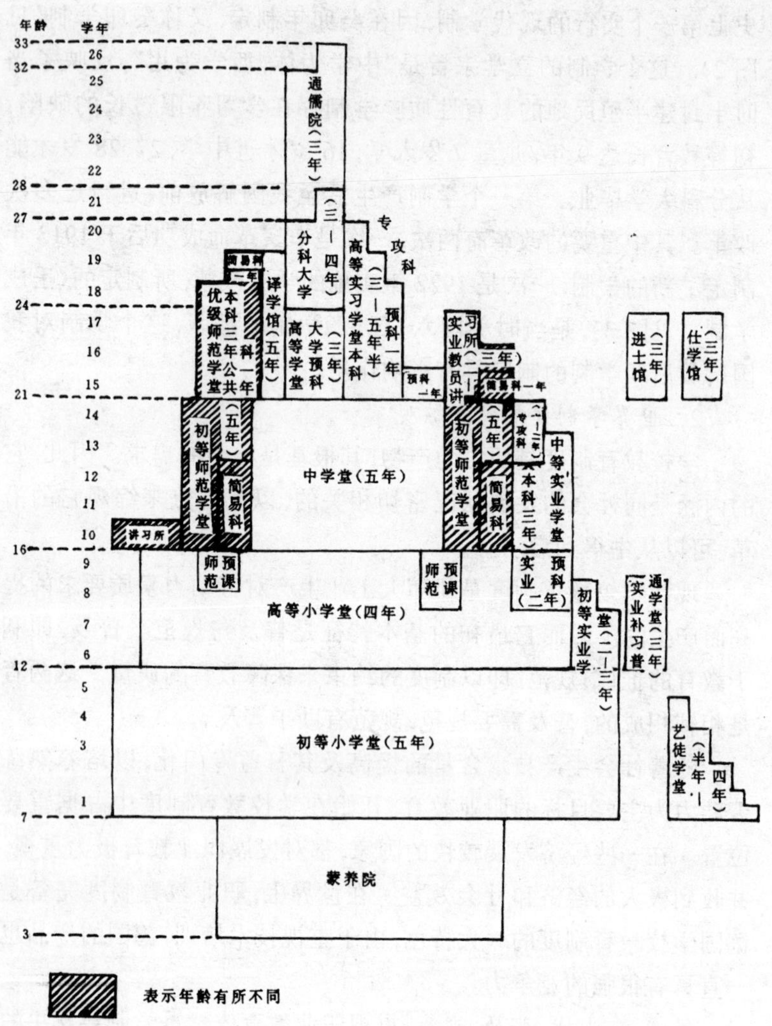

图 2

壬戌学制

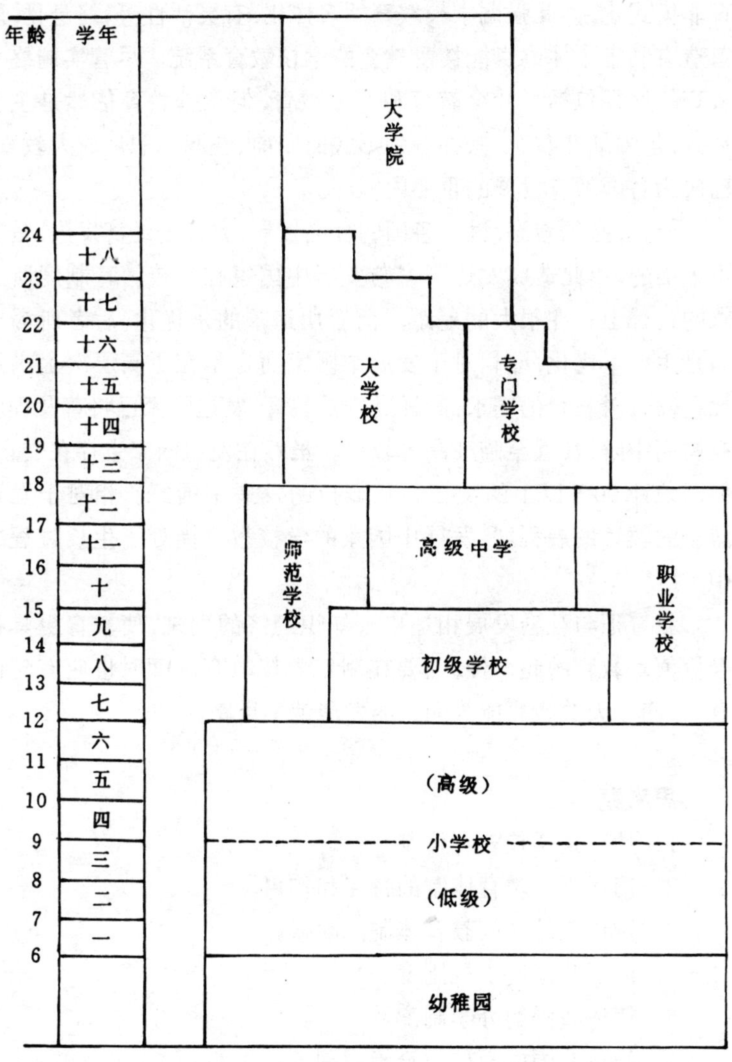

年龄
学年
24
23
22
21
20
19
18
17
16
15
14
13
12
11
10
9
8
7
6
十八
十七
十六
十五
十四
十三
十二
十一
十
九
八
七
六
五
四
三
二
一
大学院
大学校
专门学校
师范学校
高级中学
职业学校
初级学校
(高级)
小学校
(低级)
幼稚园

图 3

体系中高水准教育的比重;个性化,即使制度有利于强化教育的针对性,这同对应于产业社会初期实施规模教育的特点相异,要求教育非模式化,为此强调学校教育须多样化,有灵活性等;终身化,即营造有利于个体终身能接受教育的学校教育系统。尽管实施终身教育的途径包括了社会教育和家庭教育,但学校教育依然是主要形式,加强幼儿教育,兴办各种形式的职前、在职和职后成人教育,已成为各国教育发展的重要内容。

但是,必须看到,世界各国的社会发展,尤其是经济发展,是极不平衡的,由此造成发达国家与发展中国家在学校教育制度所追求的目标上存在很大的差距。前者所追求的是优化,后者所渴求的是生长。优化,即相对于发展中国家而言是在更高层次上满足社会发展对教育的需求,同样是普及教育,发达国家已将普及程度推向高中阶段,甚至瞄准高等教育。虽然在发达国家也存在文盲,但据统计90%以上的文盲在亚非拉的发展中国家。相对于发达国家的教育发展程度,发展中国家的学校教育尚处于生长过程之中。

教育须与社会发展相适应。知识经济的到来,使教育更具社会价值。教育的超前性,需要在制定学校教育制度时也应有超前意识,使今天的教育能为明天的发展铺平道路。

思考题

1. 什么是学校教育体制。
2. 简述学校教育体制的特点和作用。
3. 试述制约学校教育体制的因素。
4. 简述我国的学校制度。
5. 简述我国的办学制度。
6. 简述我国的学校教育管理制度。
7. 简述我国的教育督导制度。

8．请结合实际分析我国的学校教育体制改革。

参考文献

1．瞿葆奎主编:《教育制度》,人民教育出版社 1990 年版。

2．李少元:《教育结构学》,辽宁教育出版社 1988 年 8 月出版。

3．沈卫理:《教育督导概论》,辽宁师范大学出版社 1996 年版。

4．人民教育出版社编:《教育改革重要文献选编》,人民教育出版社 1986 年版。

5．国家教育委员会编:《新的里程碑——全国教育工作会议文件汇编》,教育科学出版社 1994 年版。

6．顾树森:《中国历代教育制度》,江苏人民出版社 1981 年版。

7．孙培青主编:《中国教育管理史》,人民教育出版社 1996 年版。

8．李文长主编、于建福副主编:《基础教育改革的回顾与前瞻》,人民日报出版社 1998 年版。

9．陈孝彬主编:《教育管理学》,北京师范大学出版社 1990 年版。

10．王桂主编:《当代外国教育——教育改革的浪潮与趋势》,人民教育出版社 1995 年版。

11．金世柏主编:《发达国家中小学教育改革的现状与趋势》,河北教育出版社 1990 年版。

12．赵曙明:《西方国家教育新进展》,湖北教育出版社 1991 年版。

13．扈中平、陈东升:《中国教育两难问题》,湖南教育出版社 1995 年版。

14. 李国立:《论我国当前政府教育管理方式的转变》,载《普教研究》,1997 年第 2 期。

15. 陈永明:《主要国家教育行政的现状与改革动向》,载《外国教育资料》(沪),1997 年第 5 期。

16. 李帅军:《发达国家教育督导队伍建设述要》,载《外国教育研究》(长春),1997 年第 3 期。

17. 肖建彬:《珠江三角洲教育管理体制改革的初步研究》,载《广东教育学院学报》(广州),1998 年第 1 期。

18. 陈焕章:《论阶段完成教育》,载《上海教育科研》,1991 年第 4 期。

第九章　教　师

[提要]　教师是师范生未来将要从事的职业。本章围绕教师的性质、教师的工作、教师的素养等问题展开内容，并在附录部分介绍有关教师职业道德规范、教师的资格、聘任与进修等方面的内容。

第一节　教师的性质

一、教师的概念

教师是履行教育教学职责的专业工作者。也即，教师是培养人的人，并且是一种社会职业。

教师这一概念，是伴随教师这一特定社会职业的历史发展而趋于稳定的。在教育的混沌时期，并无专门的教育者，因而也无教师可言。在学校产生的初期，开始出现兼职的教育者。我国在西周时期，学校教育的重要内容是进行军事训练，当时由军官兼任教官，官师合一。“师”字本意是官名，是师氏的简称，以师和军官的人名连称就有“师某”的称呼。另据《周礼》记载，师氏掌教国学。①这种状况在西方古代社会中也是存在的。② 我国至春秋战国，私学兴起，才官师分离。

对教师这一概念的理解，早先主要是根据教育活动的特点。

---

①　孙培青主编：《中国教育史》，华东师范大学出版社 1992 年版，第 38 页。

②　《教育大辞典》，上海教育出版社 1990 年 9 月版，第 8 页。

东汉的郑玄认为:“师者,教人以道者之称也”,① 唐代的韩愈在《师说》中说:“师者,所以传道、授业、解惑也”,这种理解颇有代表性,也即教师是指从事教育活动的人。孔子曾说:“三人行,必有我师焉”,这是对教师概念更为广义的用法。相应地古代常用“师”这个词来品誉人之品行和才学,因而有“人师”、“师表”等措词。《荀子》中有:“四海之内者一家,通达之属,莫不服从,夫之谓之人师”,西汉韩婴《韩诗外传》中有:“智如泉源,行可以为表仪者,人师也”,《史记·太史公自序》中则有:“国有贤相良将,民之师表也”。

随着学校教育的推广,教师已成为一种专门的社会职业,对教师概念的理解逐渐趋向限于职业范畴。1958 年,国际劳工组织制订的,1966 年获日内瓦 11 届国际劳工统计专家会议通过的《国际标准职业分类》中,各级各类教师被列入了“专家、技术人员和有关工作者”这一类。我国 1986 年 6 月 21 日由国家统计局和国家标准局发布的《中华人民共和国国家标准职业分类与代码》,也将教师列入“专业、技术人员”一栏。1993 年 10 月 31 日通过的《中华人民共和国教师法》第 3 条规定:“教师是履行教育教学职责的专业人员,承担教书育人、培养社会主义事业建设者和接班人、提高民族素质的使命”。

我国《教师法》中规定的教师,既指学校中的教师,也指其他教育机构中履行教育教学职责的专业人员。《教师法》第 5 条有相关的内容表述:“学校和其他教育机构根据国家规定,自主进行教师管理工作。”但无论就职于哪一部门,都须持有教师资格证书。《教师法》第 10 条规定:“国家实行教师资格制度。”

因此,教师是指履行教育教学职责的专业人员。从职业角度对教师概念的界定,既与教师的工作性质有关,也与特定社会对教师职业的规定方式有关。在实行教师资格制度的社会中,对不持

---

① 《周礼·地官司传序》,郑玄注师氏说。

有资格证书者称呼教师，是在广义上使用教师概念。

二、教师的作用

捷克教育家夸美纽斯曾用极其生动的语言赞美教师，认为“太阳底下再也没有比教师这个职务更高尚的了”①，这种赞美是因为教师的无私奉献，更在于这种奉献的无比的重要。

在社会的嬗传系统中，教师是主要的教育实践者。人类社会的延续和发展，离不开教育的作用，凭借教育将新生一代培养成符合社会要求的新人。在各种教育者中，教师是最重要的。因为，教师是社会中的专职教育者。教师所从事的是有目的、有计划、系统的教育活动。新生一代的成长期是在教师团体的直接教育下度过的，从某种意义上讲，是教师牵着一代又一代新人走向社会的。教师是人类灵魂的工程师，教师的教育行为直接影响新生一代的素质水平。

教师在社会嬗传系统中的主要地位是难以替代的。尽管在现代社会，信息传播手段发达，信息化社会日渐成形，人们可以从各种媒体获得信息，而且我们必须重视并充分利用高科技手段，以发展人类自身。但必须看到，高科技无法代替教师教育的独特性。教师的教育，是一种活的教育，是在人与人之间发生的直接影响作用。无论是信息的丰富性、生动性，影响的针对性，还是教育的随机应变能力，都是其他人之外的因素所无法代替的。正如早在两个世纪前，哲学家康德所说的，“人唯有凭借教育才能成为人。人决非人所创造的教育以外的产物。确切地说，人唯有凭借人，亦即唯有凭借同样受过教育的人才可能受教育。”② 现代社会比以往

---

① 《傅任敢教育译著选集》，湖南教育出版社 1988 年版，第 584 页。

② 转引自[日]筑波大学教育学研究会编：《现代教育学基础》，钟启泉译，上海教育出版社 1986 年版，第 68 页。

任何时候都需要教师的作用。社会越是发达,越需要教师去培养高水准的人才,即使高科技在教育上的运用,也离不开教师的智慧,因为,高科技教育的基础在于教师的教育设计。

教师的独特作用,对社会与个人具有重要的影响力。

教师的工作影响着国家的现在和未来。国家的建设,需要教师培养高水平的建设者,教师不仅是传递人类智慧圣火的使者,而且其思想宣传作用,有助于社会的稳定和协调。俄国教育家乌申斯基曾说:"教师是过去和未来之间的一个活的环节……他的事业,从表面来看虽然平凡,却是历史上最伟大的事业之一……。"①教师的工作直接影响国民的素质,因此,要强国富民须重视教师。如战国时杰出的唯物主义思想家荀况所说:"国将兴,必贵师而重傅。"②

教师的工作影响着国家教育目的的贯彻实施。教师是教育目的的主要实践者。教育目的的具体化及其向现实的转化,有赖于教师的准确理解和创造性的劳动。因此,科学的教育目的,还需要有高素质的教师队伍。

教师的工作影响着青少年一代的身心发展。教育家别林斯基曾说:"教育者多么伟大,多么重要,多么神圣,因为人的一生幸福都操在他的手中。"③ 虽然这种说法有点言过其实,却也令人产生共鸣:教师在青少年一生的发展中所留下的痕迹是深刻的。教师是学生前进道路的引导者,知识养料的组织者,教师的人格因素对学生具有潜移默化的影响力,教师的爱心是学生发展的强大动力。

---

① 《乌申斯基全集》第2卷,转引自凯洛夫主编:《教育学》,人民教育出版社1957年版,第69页。

② 荀况:《荀子·大略》,转引自王正平、汤才伯主编:《中外教育·名言集萃》百家出版社1989年版,第68页。

③ 别林斯基:《新年的礼物》,见《西方资产阶级教育论著选》,人民教育出版社1979年版,第408页。

学生的旺盛的发展期是在教师的影响下度过的，一个好教师对学生的一生都具有至关重要的意义。正因为教师有特殊的影响作用，难怪俄国教育家乌申斯基要强调：当把儿童纯洁而易感的心灵托付给教育者，任其在这些心灵中刻划最初的，因而也是最深刻的轮廓时，须问教育者，他将在他的工作中追求什么目的。① 学生的高质量的身心发展，需要高尚、知识渊博、责任心强、并充满爱心的教师。

早在1978年，邓小平在全国教育工作会议上就曾指出："一个学校能不能为社会主义建设培养合格的人才，培养德智体全面发展、有社会主义觉悟的有文化的劳动者，关键在教师。"② 因此，我们在强调科教兴国的同时，必须充分认识教师对教育事业，对青少年、对社会、对国家、对民族的重要作用。

第二节　教 师 的 工 作

一、学校的组织形式

学校教育是在教师集体共同协作下进行的，为了使学校教育能科学地正常运行，需要有严密的组织形式。在我国，中小学一般有如下的组织机构和职责分工。

1. 校长室。这是校长办公的地方。设正校长1人，副校长2至3人。校长是学校的行政负责人，对外代表学校，对内全面负责学校的教育工作。

2. 校务办公室。设办公室主任和干事1至2名，协助校长处理日常校务工作。规模较小的学校，也有不设校务办公室而设专职秘书的。

---

① 参见[苏]拉·奈罗金著：《教育学概论》，中译本，第102页。

② 《教育改革重要文献选编》，人民教育出版社1986年版，第167页。

3. 教导处。教导处是具体管理学校教育工作的机构,主管教研组、年级组、班主任、卫生室、图书馆、实验室及现代技术教育组,并负责管理学籍、教学档案和成绩统计资料。此外,教导处负责编制课程表,安排作息时间等。教导处设主任 1 人,副主任 1 至 3 人。主任全面领导教导处工作,副主任按需要分工。

4. 教研组。教研组即各科教学研究组。设教研组长 1 名,负责学校某一学科的教学工作,主持任课教师开展教学研究,检查教学进度和质量,组织教师进修业务。在教研组长领导下,任课教师按照教学计划、教学大纲和教材进行教学。

5. 年级组。年级组是同一年级教师的集体组织,设年级组长 1 名,负责协调本年级的工作,尤其主管班主任工作。班主任由任课教师兼任,主要负责学生班级的教育管理工作。

6. 总务处。总务处是负责后勤服务的工作机构,设总务主任、会计等成员。

二、教师的职责与角色

教师的基本职责是教书育人。教师必须正确领会和执行国家的教育方针,努力实现国家规定的教育目的。既要按照教学计划、大纲和教科书传递知识、技能,又须全面而有针对性地培养学生。在此同时，积极开展科研工作，科研内容包括教育科研与学科科研两个方面。尤其在中小学校，开展教育科研是教师的重要工作内容。

我国《教师法》第 8 条对教师应当履行的义务作了具体的规定,即:

(一) 遵守宪法、法律和职业道德,为人师表;

(二) 贯彻国家的教育方针,遵守规章制度,执行学校的教学计划,履行教师聘约,完成教育教学工作任务;

(三) 对学生进行宪法所确定的基本原则的教育和爱国主义、

民族团结的教育,法制教育以及思想品德、文化、科学技术教育,组织、带领学生开展有益的社会活动;

(四) 关心、爱护全体学生,尊重学生人格,促进学生在品德、智力、体质等方面全面发展;

(五) 制止有害于学生的行为或者其他侵犯学生合法权益的行为,批评和抵制有害于学生健康成长的现象;

(六) 不断提高思想政治觉悟和教育教学业务水平。

基于教师的工作性质及现代学校教育的特点,教师在实际工作中要扮演多种角色,主要的有:

1. 教师是育人工作者

教育者,这是教师的基本角色。教师的全部的劳动,都是为了一个目的:教育学生。在制度化学校教育中,教师代表着校方、国家的教育意图。教师必须全心全意投入工作,依据社会需要与个人需要相统一的原则,因材施教,培养每一个学生,努力使他们成为有用之才。教师对学生施加的影响,其内容主要是对校方即定教材的反映,但也包含教师本人的理解和加工,教师的人格因素也蕴含其中,因此,教师在传授教育内容时,必须为人师表,重视教育者的形象。

2. 教师是管理工作者

管理教育活动,同样是教师的基本工作。学校教育是一种集体教育。建立班级集体,制定和贯彻规章制度,维持班级纪律,组织班级活动,协调教师之间、师生之间、学生之间、以及校方与学生家长之间的关系等,均属于教师的工作范畴。管理是为了建立和维护正常的教育秩序,规范学生的行为,因此,教师在行使管理职责时必须贯彻正确的教育思想,坚持基本原则,并重视管理行为本身的教育作用。

3. 教师是科研工作者

教师除了教书育人之外,还必须积极开展科研活动。在中小学，教师的科研活动以教育科研为主要内容，即在进行教育的同时，研究教育，揭示规律，以提高教育质量。教育科研内容涉及全面发展教育的各个方面，同样包括对教材教法进行研究。此外，中小学教师也要开展学科科研，尤其要组织学生开展科普性质的科研活动。因此，教师既是一个教育者，也是一个科研者。在现代教育理论中尤为强调教师的科研活动，通过科研，开拓视野，提高能力，从而达到全面提高教育质量的目的。

三、教师劳动的特点

教师是一种特殊的职业，教师的劳动是一种特殊的劳动。教师的劳动，是以履行教师职责为目的，以进行由师生共同构成的教育为核心的社会活动。以人为主要劳动对象，以促使受教育者在掌握知识、技能的基础上身心全面发展为劳动目的，这是教师的劳动不同于其他劳动的根本性质。这一性质决定了教师劳动的基本特点。

1. 教师劳动的复杂性。教师的劳动对象主要是人，人是一种复杂的具有社会性的高级动物。人类对其自身的了解至今并未真正进入自由王国，诸多的不精确了解，使得在以人为主要劳动对象的教师的劳动过程中，存在着不确定性因素，教师难以对其劳动过程进行精确控制。更主要的是，人是具有主观能动性的。这使得在支配劳动过程的意识中，不仅有教师的主导性意识，也有受教育者的主体性意识的介入，而且这种意识是动态的。这种主体性因素，使教师不能单方面地对劳动过程实施控制，也没有可一成不变的行动方案，并使教育活动中的信息来源呈现多元性，因为受教育者对信息接受有主动性。教师的劳动不同于以物为对象的生产劳动，后者的劳动过程完全受劳动主体的单向意识支配。教师的劳动也不同于医生的劳动，医生以对患者的生理因素施加影响为主，而教师的主要职责是塑造人的灵魂，“教师在为社会创造最大的财富——人”①。人是万物的灵长，人的复杂性，决定了教师劳动的复杂性。

教师劳动的复杂性，要求从事教师职业的劳动者须具备相应的职业能力。要当一名好教师，必须不断提高自己的素质水平。

2．教师劳动的创造性。教育活动主要基于教师的创造性劳动。教育的对象是活生生的人，这决定了科学的教育必然是活的教育。从国家的教育目的到具体的教育行为，需要教师个人智慧的融入，从教科书到实际的教育信息，需要教师的思维加工。如何针对不同的学生因材施教，如何面对瞬息变化的教育情境体现教育机智，都有赖于教师的创造力，最不能依样画瓢的就是教育。教育有法，但无定法。有法是说教育具有规律性，无定法是说规律的运用具有灵活性。

教师劳动的创造性，要求教师不仅须掌握教育的基本规律，还须懂得教育的艺术，这种艺术既是经验的积淀，更是创造力的体现。

3．教师劳动的示范性。在教育活动中，教师具有教育示范作用。教师本身就是一本活的教材。由于师生各自的角色特点、学生的模仿倾向以及时间上的优势，教师的一言一行对学生具有潜移默化的影响作用。既使传授教材内容，也带有教师个人的色彩。教师的言行是教育信息的主要输出途径，并且，从书本到教育信息需经教师的加工处理。因此，在学生实际受到的教育影响中，不仅有教材的内容，还有教师个人的因素。不同的教师，既使教同样的内容也会产生不同的效果，其原因正在于此。

教师劳动的示范性，要求教师必须加强自身的修养。教师的言行仪表是内在素质的外部表现，教师的内在素质也一定会表露

---

① 苏霍姆林斯基：《培养集体的方法》，安徽教育出版社 1983 年版，第 29 页。

于外，教师也应该借助这种特殊的影响力为学生作示范。关键在于要提高自身的素质水平，“学高为人师，身正为人范”。

4. 教师劳动的长期性。教师劳动的任务是培养社会需要的人才，人才的培养是一个长期的过程，十年树木，百年树人。每一个阶段性的教育目标的实现，都需要一定的教育周期。并且，人的发展是复杂的过程，教育目的难以一蹴而就，学生的发展甚至会出现反复。

教师劳动的长期性，要求教师必须要有高度的责任心。教育措施要有计划性，并且要为学生的长远利益着想，摈弃功利主义的短期行为。教师对待工作要有耐心，而且要鼓励学生树立信心。教师劳动的长期性，也显示出教师劳动的特殊价值，教师是在为社会、为国家培养栋梁。

5. 教师劳动的延续性。教师劳动的时间难以用面对学生的教育活动来划分。教育活动是教师劳动内容的核心，是教师劳动的集中体现。但是，直面劳动对象——学生的劳动仅占据教师劳动时间的一部分。为完成这一部分的劳动，教师须作好大量的准备工作，及事后的延续性工作。教师的劳动场所，是超越课堂、超越校园的。不仅教师的劳动时间、范围具有延续性，教师的角色也具有延续性。不能说教师在学校里是教师，走出校门不是教师。任何时候，教师在学生的心目中都是以教师的形象出现的。因此，教师劳动的时间界线是模糊的。

教师劳动的延续性，要求教师必须具有事业心和教师的原则性。要当一名好教师，必须以教育事业为重，不计较个人的利益得失，要有献身于教育事业的精神，全心全意地为着学生的健康成长而辛勤工作。教师的原则性，在于教师要以教育目的来统率自已的言行，保持教育的连贯性和一致性。

上述内容，仅反映了教师劳动的一些主要特点。劳动特点是劳动的内在性质和规律的体现。要当好一名教师，必须了解教师劳动的特点，以便于适应工作、胜任工作，并进而能利用和发挥教师劳动的特点。

四、教师与学生

教师与学生是构成教育活动的两个基本要素，如何处理教师与学生的关系，直接影响教育的结果，并体现不同社会的教育性质，这是教师必须正确认识的基本问题。

(一)学生的权利与义务

学生是教师的教育对象。作为一种专门的角色，学生有其受到法律保障的权利与义务。《中华人民共和国教育法》第 42 条规定，受教育者享有下列权利：

1. 参加教育教学计划安排的各种活动，使用教育教学设施、设备、图书资料；

2. 按照国家有关规定获得奖学金、贷学金、助学金；

3. 在学业成绩和品行上获得公正评价，完成规定的学业后获得相应的学业证书、学位证书；

4. 对学校给予的处分不服向有关部门提出申诉，对学校、教师侵犯其人身权、财产权等合法权益，提出申诉或者依法提起诉讼；

5. 法律、法规规定的其他权利。

《教育法》第 43 条规定，受教育者应当履行下列义务：

1. 遵守法律、法规；

2. 遵守学生行为规范，尊敬师长，养成良好的思想品德和行为习惯；

3. 努力学习，完成规定的学习任务；

4. 遵守所在学校或者其他教育机构的管理制度。

对于未满 18 周岁的公民，《中华人民共和国未成年人保护法》有专门的规定。比如，第 14 条规定：“学校应当尊重未成年学生的受教育权，不得随意开除未成年学生。”第15条规定：“学校、幼儿园的教职员应当尊重未成年人的人格尊严，不得对未成年学生和儿童实施体罚、变相体罚或者其他侮辱人格尊严的行为。”

教师必须在法律的规范下行使教师权利。

(二)中小学的学生组织

学生组织是学生在学校中按照一定的宗旨和体系建立起来的集体。我国中小学阶段的学生组织主要有：

1. 共青团。共青团组织是中国共产党领导的青年群众组织。一般在中学阶段才有共青团组织，初二年级起学生可以申请入团。中学设有校与班级的两级组织。

2. 少先队。中国少年先锋队，简称少先队，是党委托共青团直接领导的中国少年儿童的群众组织。少先队主要吸收小学至初一年级的学生入队，至初二离队，可进一步申请入团。少先队设有班级中队组织和学校大队组织。

3. 学生会。学生会主要是自中学阶段起设立的全体中学生自己的群众组织。凡是在校的学生都是其当然的会员。中学的学生会一般分两级，即校学生委员会和班学生委员会，简称班委会。中学的学生会与高等学校学生会联合组成“中华全国学生联合会”，并参加“中华全国青年联合会”，成为其团体会员。

学生组织是学生自己的组织，对团结学生，引导、帮助学生成长起着积极的作用。教师作为校方成员对学生组织有顾问、指导的职责。同时，学生组织是教师开展教育工作的得力助手。

(三)教师与学生的关系

在总体上，教师与学生是教育者与受教育者的关系，在制度化学校教育体制中，教师依据学校、国家的教育规定来行使教师的职责，学生主要代表个人或监管人的利益来接受教育。在此前提下，我们必须看到：

1. 教师与学生在人格上是平等的

虽然,在人的身心发展水平上,师生之间存在差异,在教育活动中两者各自处于不同的地位,教师是教育者,学生是受教育者。但是,在人格上两者是平等的。人格,在法律上指作为权利义务主体的资格,在伦理学上,指道德上的权利和义务的主体,作为社会的成员,每一个个体都享有平等的人格权利。对于未成年人,《中华人民共和国未成年人保护法》规定须保障其合法权益。因此,教师必须尊重学生的人格,实行教学民主。教师必须懂得学生的身心发展特点,这样才能理解学生,尊重学生。

2. 教师与学生的关系是多元的

我们必须看到,教师与学生的关系有着丰富的内涵。

首先,师生交流的内容具有多维性

教师与学生之间的交流,不单是知识的交流,还有心理上的交流。在学校教育中,教师依据教学计划、教学大纲和教科书的教学要求向学生传递知识,这是师生交流的基本的核心的内容。在此同时,师生之间在心理方面也会发生相互的影响作用。这种交流是相互的,但尤其是教师的情感、兴趣、志向、意志品质以及人格等因素会对学生产生深刻的影响。并且,知识与心理两种因素在师生的信息交流过程中是相互交织、相互作用的。因此,教师必须完整把握,使之相互交融、相互促进。

其二,师生交流的媒介具有多样性

在现代教育活动中,教师可以借助各种传播手段来传递信息,多媒体的使用已改变了粉笔加黑板的古老方式。在发展现代教育手段的同时,不可忽视的是,既使教师本身,向学生发出信息的媒介也是多样的。语言是信息传递的主要工具,但除此之外,还有非语言的交流,教师的表情、手势、体态等都是表达信息的渠道。作为一名好的教师,必须能熟练地使用各种传播信息的手段,使信息传递变得丰满、生动。

其三，师生交往的需要具有多重性

师生关系是为了满足教育与受教育的需要而建立起来的，这种师生关系与学校的教育目的相联系，是师生之间的教育关系。除了这种关系之外，不可忽视的是，师生之间还存在一般的人际关系。人际关系与教育关系是相互作用的。良好的师生人际关系，有助于教育活动的开展，提高教育的质量，而相反，学生如果对教师有抵触情绪就会影响教育的效果。因此，教师必须全面认识并正确处理师生关系。影响师生人际关系的因素是多方面的。改善师生关系的关键在于教师必须掌握科学的教育方法，并让学生理解，教师的一切努力是出于学生的利益，同时要提高学生的思想境界，使师生关系处于良性循环的状态。

3. 师生关系的辩证统一性

教师与学生在教育活动中是相互依存、相互作用的，两者共同构成统一的教育整体。没有学，就无所谓教，没有教就不存在教育。教师的教育是建立在学生的学的基础之上，并凭借学生的学习成果来显示其作用的。而学生的学习状况，是教师实施教育的依据。教育活动及其整体效应有赖于师生双方的共同配合。

在教育活动中，教师是教育的主导者，学生是学习的主体。教师闻道在先，“术业有专攻”①，并且懂得学生的心理和教育规律。教师的一切工作在于为了学生的成长，而学生的成长只有凭借自身的努力才会发生，这是任何人所不能代替的。在教育活动中，学生具有主观能动性，不是单纯的受动者。学生作为学习的主体，对外界表现出自主意识，反映在对待教师教育影响的态度上，表现为响应的状况，或积极或消极；反映在学习行为上，表现为在主体意识支配下能动地进行学习。教师必须培养学生形成正确的思想认识，提高求知欲望，激发起向上的主观能动性，这是主导与主体在

① 韩愈：《师说》。

教育目标下积极配合,达到统一的基础。

因此,在认识和处理师生关系时,我们必须持辩证统一的观点,不能孤立地看问题。

(四)学生的角色素质培养

学生是一种特定的角色,学生是在学校或其他教育机构中学习的人,学生的根本任务就是学习,并且,在教育活动中,学生是学习的主体,一切的教育影响必须通过学生本人的身心活动才能取得效果。

无论是教育活动的进行,还是学生完成角色任务,都要求学生具备良好的角色素质。对学生进行角色素质培养,是教师的教育任务之一,这对学生的在校学习与终身发展都具有重要的意义。

学生的角色素质,是学生在学校教育活动中作为学的一方所表现出的整体的内在特点。教师应从各个方面对学生进行培养,使之形成良好的角色素质水平。

1. 培养正确的学习指导思想

学习指导思想,是支配学习行为的思想因素,在学生的角色素质中居于核心的地位。

学生必须有正确的学习指导思想,这样才会有奋发向上的动力,积极端正的学习态度,刻苦自觉的学习行为。思想是人的灵魂,有正确的指导思想,学生的整个精神面貌就会变得统一、振作。

学习指导思想是基于对学习的意义、目的的认识之上形成的。为什么要学习,为什么目的而学习,教师必须让学生对这类根本性的问题有明确而深刻的认识。要用榜样的例子、具体的事实等,以符合学生心理特点的方式教育学生,让学生形成正确的价值观,树立崇高而远大的志向。心中有高远目标,行为才会自觉坚定。宋代的朱熹曾强调:“学者大要立志”,“问为学功夫,以何为先?曰:亦不过如前所说,专在人自立志”,“办得坚固心,一味向前,何患不进”,“立志不定,如何读书”①。

教师要培养学生树立社会责任心。要教育学生将个人利益与社会利益相联系,追求个人利益服从于社会利益的奉献精神,形成为社会、为国家而学习的思想境界。这样才能使他们成为胸有大志、勤奋好学的学生。

2. 传授科学的学习方法

学习方法,是在学习中采用的思路、手段、程序和策略等。掌握学习方法,是构成良好的学生角色素质的重要因素。

科学的学习方法,有助于提高学习效率,从而使学生增强学习自信心,提高学习兴趣。方法是学习的利器,同时会影响学生的精神面貌,只有善于学习,才会乐于学习。

学生自觉或不自觉地总以某种方式进行学习,但科学的学习方法,有赖于教师的言传身教。教师必须在教育中注意传授学习的方法,使他们既掌握知识,又掌握学习知识的方法,成为善于学习,乐于学习的学生。

关键在于,教师必须树立完整的教育观,把传授学习方法也视为教育的任务。同时要摈弃教育中的短期行为,学生是未来的建设者,要为学生的长远发展着想。

3. 训练良好的行为习惯

学生的行为习惯,是学生在学校教育中表现出的相对稳定的行为方式。行为习惯既有外显性,又具有内在性,是学生角色素质的构成因素。

与学生角色相关的行为习惯,包括在道德规范、文明礼仪、尊师爱友、遵守校纪校规等方面的表现。良好的行为习惯,既是维护学校教育秩序、建立校园文明的需要,也是学生自身健康发展的需要。

---

① 朱熹:《性理精义》卷七。

引导学生形成良好的行为习惯，是教师工作的职责。对行为习惯的培养，须遵循其形成规律，必须提高学生的思想认识，让他们掌握正确的行为方式，加强对其行为的评价和引导，直至形成习惯。应让每一个学生成为举止文明，知书达礼的人。

对学生进行角色素质培养，具有深远的意义。在现代社会，学生这一名词已成为每一个人的终身称号，活到老学到老。良好的学生角色素质，不仅有益于在校学习，而且对未来的发展都会产生积极的作用。

第三节　教师的素养

法国的卢梭曾在他的著作《爱弥儿》中指出："在敢于担当培养一个人的任务之前，自己就必须要造就成一个人，自己就必须是一个值得推崇的模范。"① 如同我国西汉哲学家杨雄所说的："师者，人之模范也。"②

教师既是教育者，又是被仿效者，要成为一名教师，必须具备一定的条件，并且，必须不断地提高修养。对教师职业素质的要求是多方面的，在根本上反映了教师的职业性质和劳动特点。

一、教师的思想素养

思想，亦称观念。人的思想是在认识的基础上形成的，是认识的积淀。但人的思想并不等同于知识。知识所解决的是知与不知的问题，而思想则还表现为观点的认同和持有，以及基本的思维方式。教师必须具备一定的思想素养，并不断提高自己的思想水平。

---

① 卢梭：《爱弥儿》(上)，商务印书馆 1979 年版，第 99 页。

② 杨雄：《法言·学行》，见于《教育大辞典》，上海教育出版社 1990 年版，第 3 页。

因为,人的思想是人的灵魂,它会外现为人的行为以及对问题的看法。教师的思想素养,在教师的职业素质结构中占据重要的地位,它不仅左右教师的整体表现,并且,作为一种根本性的因素,对学生产生潜移默化的影响作用。

在人的思想体系中,最根本的观念是人生观、世界观和价值观。人生观是对人生的总体看法,世界观是对世界的根本认识,价值观则是对客体与主体间意义关系的基本态度。教师必须不断提高自己的认识,形成科学的人生观、世界观和高尚的价值观。在这些基本问题上的认识将根本性地制约教师的人格特征。

作为制度化学校教育的教育者,教师必须不断提高自己的政治思想水平。教育与政治是相互影响的。国家主要借助学校教育来完成政治的社会化及培养政治管理者,而实现学校教育的政治功能有赖于教师的劳动。政治涉及国家生活和国际关系的各种问题。在我国,以经济建设为中心,努力实现物质文明和精神文明的现代化,是当前政治的核心内容。列宁曾经在一次教育工作会议上提出:"现在我们主要的政治应当是:从事国家的经济建设,收获更多的粮食,供应更多的煤炭,解决更恰当地利用这些粮食和煤炭的问题,消除饥荒,这就是我们的政治。"① 教师必须对我国实现现代化的基本国策具有高度的政治热情,并为之努力工作。教师必须具有强烈的爱国心,爱国思想是教师政治思想的重要内容。教师的工作是为国家培养未来的建设者,教师应该用自己的爱国之情去感染每一个学生。

思想源于认识,要提高思想素养必须不断进行学习,这种学习内容是超越教师所教的专业范围的。因此,要成为一名好的教师,

---

① 列宁:《在全俄省、县国民教育厅政治教育委员会工作会议上的讲话》,见上海师范大学教育系编《列宁论教育》,人民教育出版社 1979 年版,第 253—254 页。

必须广泛学习,深入思考,加强思想修养。

二、教师的道德素养

道德是依靠社会舆论和人的内心信念来维持的、调整人们相互关系的行为规范的总和。个体的道德品质与其思想相关,但不等同于思想,道德不仅表现为认识,还表现为行为。道德是由一定社会的经济基础所决定的,并为一定的经济基础服务,具有历史性和社会性。教师必须遵循教师的职业道德,教师的职业道德是指教师在从事教育活动、履行教师职责中所必须遵循的道德规范和行为准则。教师的职业道德品质,是教师整个道德品质的组成部分,是教师个体道德品质在职业活动中的体现。

教师必须具备一定的道德素养,不仅要遵循教师的职业道德规范,而且要不断提高道德品质的水平。“教师应该是道德卓异的优秀人物。”① “教师的人格是进行教育的基石。”② 无论是对学生的影响,还是支撑教育行为的动因,都与教师的道德素养密切相关。

教师必须具有事业心,要有献身于教育事业的精神。教师劳动的特殊性,决定了教师的工作难以用劳动的经济价值来衡量其意义。教师所面对的是活生生的学生,是国家的重托,教师有时必须舍弃个人的利益才能做好工作。关键在于要把教育作为自己的事业,视学生的进步为快乐,把自己的劳动意义与民族、国家的利益相联系,忠于教育事业。

教师必须具有责任心。马卡连柯曾说:“教师的威信首先建立

---

① 夸美纽斯,转引自《教师道德》,华东师范大学出版社 1982 年版,第 5 页。

② 苏霍姆林斯基:《和青年校长的谈话》,上海教育出版社 1983 年版,第 170 页。

在责任心上。”① 教师的劳动，将对学生的心灵，甚至终身发展产生影响作用。教师的劳动具有很大的灵活性、创造性，难以用时间等刻板的因素来衡量其工作量，唯有责任心是制约教师工作质量的根本因素。教师必须一丝不苟、认真负责地对待教育工作，这样才能真正实现教育的内在价值，体现一个人民教师的道德。

教师必须具有爱心，“当教师必不可少的、甚至几乎是最主要的品质，就是要热爱儿童”②。苏霍姆林斯基曾说过：“一个好教师意味着什么？首先意味着他是这样的人，他热爱孩子，感到跟孩子交往是一种乐趣，相信每个孩子都能成为一个好人，善于跟他们交朋友，关心孩子的快乐和悲伤，了解孩子的心灵，时刻都不忘记自己也曾是个孩子”。③ 没有教不好的学生，只有不去教好的教师。做一名教师，必须坚信每一个学生都是可以教育的，有了这样的信念才会去寻找千百种教育方法，直至找到适合教育自己学生的方式。而教师的这种工作动力，在于对学生的爱心，渴望自己的学生能够成才。爱心不仅是教育的基石，而且是教育的人道主义精神。因此，教师必须热爱自己的学生，要有宽广的胸怀和仁爱之心。教师对学生的爱心是有原则的，要与合理的教育要求相结合。

三、教师的知识素养

知识，是人类的认识成果。知识是教师赖以工作的基本手段。教师是传递人类智慧圣火的使者。在现代社会，知识的生产与再生产都离不开教师的劳动。从某种意义上讲，教师是知识工作者。

---

① 马卡连柯：《论共产主义教育》，人民教育出版社 1979 年版，第 384 页。

② 赞可夫：《和教师的谈话》，教育科学出版社 1980 年版，第 29 页。

③ 苏霍姆林斯基：《帕夫雷什中学》，教育科学出版社 1983 年版，第 44 页。

教师必须具有一定的知识素养，并不断提高自己的知识水平。苏霍姆林斯基曾说："我们这行职业的劳动工艺的精神基础和哲学基础就是这样：为了在学生眼前点燃一个知识的火花，教师本身就要吸取一个光的海洋，一刻也不能脱离那永远发光的知识和人类智慧的太阳。"①

教师必须具备合理的知识结构。知识对于教师，具有双重意义：其一，知识是教育的内容；其二，知识是教育方法的依据。现代教育科学研究表明，合理的教师知识结构应该包含三方面的内容：

1. 专业知识。这是需要教师向学生传递的知识。这类知识具有专门化的特点，其专门化程度与受教育者的知识发展层次及求学目标相关。但无论担任哪一种专门知识的教学工作，都要求教师具备全面而扎实的知识。

2. 教育科学知识。这是教师用以提高教育质量的知识。教育科学是关于教育规律的知识体系。作为一名教师，必须掌握教育方法，懂得教育规律，这样才能有效地开展工作。因此，教育科学知识是教育工作的基础知识，教师必须具备这方面的知识素养。

3. 广博的文化修养。教师的知识结构不仅要精而且要博，广博的文化修养不仅有助于加深对专业知识和教育科学知识的理解，而且，有助于全面提高教师的素质。教师的思想、道德、能力等等，都需要有广博的文化基础。教师在学生的心目中，是知识的象征。作为人类灵魂的工程师，教师必须不断提高自己的文化修养。

上述三方面，相互联系，构成教师职业的知识特点。教师必须不断完善自己的知识结构。同时，要强调的是，教师必须要有严谨

---

① 苏霍姆林斯基：《和青年校长的谈话》，上海教育出版社 1983 年版，第 79 页。

的治学态度，要辨明知识的科学性，不能以讹传讹，要真正掌握知识，不能一知半解，“记问之学，不足以为人师”。① 教师必须不断充实和更新知识，这是学校教育的特点对教师的要求。

四、教师的能力素养

能力是与顺利地完成某种活动有关的心理特征。能力与知识有关但有别，知识是对客观现实的反映，是对相应经验的概括，能力则是调节行动和活动的相应心理过程的概括化的结果。从事教育工作，需要有相应的工作能力。做一名教师，必须具备一定的能力素养，并应在工作中不断提高自己的能力水平。

教师的能力素养体现于同教育有关的各种活动。教育工作和教育科研工作，是教师的基本工作。其中，教育工作包括进行课堂教学、开展思想品德教育、行使班主任职责等等。教师必须以此为核心构筑自己的能力结构，以便能胜任工作，出色地完成工作任务。

教师的工作能力，是教师能力素养的综合体现。教师的能力结构，是与开展教师工作需要有关的多种特殊能力的有机组合。这种特殊能力是多样的，主要的有：

1．收集加工信息的能力。从某种意义上讲，教育就是为学生提供信息。教师必须善于以教材为核心收集各种信息，并进行教育化处理，使之变为可以向学生传输的信息。

2．运用各种教育方法和手段的能力。现代教育研究已使教育方法变得多样化科学化，现代科技发展不断提高教育手段的科技含量，教师必须学会善于熟练运用各种教育方法和手段，以增强教学效果。

3．语言表达能力。语言是教师的特殊工具，是教师表达信息

---

① 《学记》。

的最基本的途径。语言表达的逻辑性、完整性、节奏性，措辞的准确性、生动性，以及语音、语调、音量等，都会直接影响信息表达的效果。苏霍姆林斯基曾说："教师的言语——是一种什么也代替不了的影响学生心灵的工具。教育的艺术首先包括说话的艺术，同人心交流的艺术。"① 可以说，语言修养，是教师的基本功。

4．组织管理能力。组织，是营造教育活动；管理，则是对教育活动的监管和调控。需要教师进行组织管理的活动是多方面的，主要是课堂教学、课外活动、与社会各种教育力量的联系等。出色的组织管理能力是获得教育成功的保障。

5．科学研究能力。教师既是教育者，又是研究工作者。教师的科研活动包括进行专业研究和教育科学研究。开展科研活动会有效地提高教育质量，教师必须善于发现问题、研究问题、解决问题。科研能力是现代教师能力结构的重要组成部分。

上述能力仅是教师能力结构中的主要部分。教师必须不断完善自己的能力结构，提高能力水平，以便能出色地开展教育工作。

五、教师的心理素养

心理素养，是构成心理品质的各种要素，包括情感、意志、性格、兴趣、能力、智力等，在个体身上形成的综合的、相对稳定的内在特征，它既是由要素构成的，但已不等同于某一要素，而是一个有机的统一体，构成个体的整体面貌。

教师必须具备良好的心理素养，这不仅有助于使个人保持健康的心理，增强心理机能，胜任繁重的教师工作，同时，有利于教育活动的进行。因此，教师的心理素养，既具有一般的意义，又具有

① 苏霍姆林斯基：《教育的艺术》，湖南教育出版社 1983 年版，第 32 页。

特殊的意义。

教师所需要的心理素养是多方面的。对己,教师应具有较强的自制力,赞可夫曾说:“教师也是人,但同时他又是教师。而教师的这门职业要求一个人的东西很多,其中一条就是要求自制。我想起了康·谢·斯坦尼斯拉夫斯基就演员工作中的类似情况的话。斯坦尼斯拉夫斯基是用形象的方式表达他的思想的:当一个人回到家里的时候,他得把套鞋脱下留在室外的过道里;当演员来到剧院的时候,他也应当把自己个人的一切不快和痛苦留在剧院之外;在这里,在剧院里,他整个的人是属于艺术的。教师也应当这样:来到学校里,他整个的人就是属于儿童,属于儿童的教学和教育事业的。”① 自制力是一种综合的心理能力,包含人的意志、情感等各种因素的作用。对人,教师应养成利于表达、沟通的心理品质。教师工作的基本特点是与人进行交流,教师应具有开朗的性格、宽容的胸怀和健康向上的个性。

教师的心理素养具有丰富的内涵,作一名教师须从各个方面去提高自己的心理素质。关键是教师要热爱自己的工作,真正进入教师的角色。

中学教师与一般教师人格特征比较②

(优秀教师 $N_1 = 768$, 一般教师 $N_2 = 164$)

人格特征	优秀教师		一般教师		两者比较
1. 即使在困难处境中,我还是谈笑风生	219	29%	46	28%	1%
2. 在社交场合,我能谈吐自然	317	41%	56	43%	7%

① 赞可夫:《和教师的谈话》,教育科学出版社 1980 年版,第 246 页。

② 王邦佐、陆文龙主编:《中学优秀教师的成长与高师教改之探索》,人民教育出版社 1994 年版,第 35 页。

（续表）

人格特征	优秀教师		一般教师		两者比较
3. 有较强的人际交往能力	226	29%	39	24%	5%
4. 大家都认为我是一个说话很风趣的人	185	24%	30	18%	6%
5. 喜欢新奇的困难的任务，甚至不惜冒风险	218	28%	27	16%	12%**
6. 在能测量我工作能力的任务面前，我总跃跃欲试	391	51%	54	33%	18%***
7. 与学生关系融洽，又不失教师尊严	606	79%	105	64%	15%***
8. 无论是优秀生还是后进生，我都一样喜欢	466	61%	81	49%	12%**
9. 向学生许诺过的事情，我决不会忘记	609	76%	129	79%	0
10. 对学生既严格要求，又能适当宽容	580	76%	115	70%	6%
11. 对各种问题，我常有自己的观点	559	73%	117	71%	2%
12. 对处理事情或作决定时很果断	360	47%	74	45%	2%
13. 工作中无论遇到什么困难，总是尽力去克服，坚持把工作做好	595	77%	108	66%	11%**
14. 对学生提出的问题，总是能耐心地解答	622	81%	113	69%	12%***
15. 对自己的学习，工作总是安排得井井有条	396	52%	88	54%	-2%
16. 筹划工作时，愿意与别人合作	498	65%	110	67%	-2%

（续表）

人格特征	优秀教师		一般教师		两者比较
17. 相信许多事情只要经过努力一定能达到目的或取得成功	550	72%	110	67%	5%
18. 对工作一贯认真负责，把教育好学生看成教师应尽的责任，否则深感不安	645	84%	123	75%	9%**
19. 在事业上我不断进取，永不满足，有执着的追求	555	72%	79	48%	24%***
20. 敢于接受困难任务，并总是尽力把它做得很出色	480	63%	72	44%	19%***
21. 希望自己所从事的工作质量在全校是第一流的	586	76%	83	51%	25%***
22. 从不放松自学，不断更新知识	506	66%	88	54%	12%**
23. 经常学习其他教师的先进经验，促进自己的工作	582	76%	99	60%	16%***
24. 很注意自己的仪表和言行举止	491	64%	98	60%	4%
25. 对自己的能力充满自信	489	64%	94	57%	7%
26. 对学生，同事和领导的意见总是持欢迎的态度	461	60%	93	57%	3%
27. 在自己很生气时，也能克制自己，不轻易发脾气	288	38%	58	35%	3%
28. 经常进行反省，检查自己的优缺点	402	52%	80	49%	3%
29. 对自己的弱点，常用一些名言警句告诫自己	272	35%	63	38%	-3%
30. 我自己是一个自尊心很强的人	510	66%	109	66%	0

（续表）

人格特征	优秀教师		一般教师		两者比较
31. 对工作总是充满热情	583	76%	98	60%	16%***
32. 对同事、朋友总是热情洋溢，很重友情	608	79%	118	72%	7%
33. 我的理智与情感能平衡发展	439	57%	99	60%	-3%
34. 对学生非常关心爱护	523	68%	102	62%	6%
35. 常为一些生活与工作中的具体问题而焦虑	261	34%	72	44%	-10%*
36. 对生活能经常保持一种兴致勃勃的美好的情感	358	47%	75	46%	1%
37. 注意美化自己的形象(仪容，风度，言语等等)	351	46%	70	43%	3%
38. 在处事待人中能经常注意采取优雅美好的形式	276	36%	59	36%	0
39. 注意美化自己的活动环境(家庭，教室，办公室)	258	34%	72	44%	-10%*
40. 在教育和教学中，喜欢采用新的方法	475	62%	71	43%	19%***
41. 对学生提出的不同观点或意见，持欢迎态度	603	79%	101	62%	17%***
42. 在教学中，鼓励学生多角度回答问题	652	85%	114	70%	15%***
43. 在教学中，对学生提出的新颖独特的设想予以赞扬	682	89%	112	68%	21%***

注：*为 $P<0.05$；**为 $P<0.01$；***为 $P<0.001$

六、教师的仪表风度

仪表风度，是以形象特点为主要内容的人的外部表现，包括人的衣着打扮、言谈举止、精神态度等。人的仪表风度虽然与人的生理条件有关，但更与人的社会性因素有关。是自然与人为两种因素在个体身上的综合体现。

教师必须注意自己的仪表风度，因为，仪表风度作为一种视觉形象，不仅会使学生产生相应的心理反应，影响师生交流，同时，仪表风度本身包含教育的信息，人的外表是人内在品质的流露。

因此，教师应使自己具有良好的仪表风度，衣着打扮要整洁端庄，言谈举止应稳重儒雅，精神须饱满振作，态度要和蔼认真。教师应给人以端正、高雅、可信、亲切的感觉，关键是教师必须提高自身的内在修养，提高自己的审美情趣，提高修饰自我的能力。

附录

1. 教师的职业道德规范

教师的职业道德规范，是教师在职业道德生活中必须遵循的行为准则。它既具有一般道德规范的共同性，又具有行业的特殊性，反映了教师职业行为的特点。

教师的职业道德规范具有社会性，它是特定社会条件下对教师职业行为提出的要求，与社会性质相关。制定并遵循教师职业道德规范，有利于规范教师的职业行为。关于中小学教师的职业道德规范，我国已有规定，其内容如下：

中小学教师职业道德规范：①

一、热爱社会主义祖国，拥护中国共产党的领导，学习和宣传马列主义、毛泽东思想，热爱教育事业，发扬奉献精神；

二、执行教育方针，遵循教育规律，尽职尽责，教书育人；

---

① 国家教委、全国教育工会颁发，载 1991 年 8 月 27 日《中国教育报》。

三、不断提高科学文化和教育理论水平,钻研业务,精益求精,实事求是,勇于探索;

四、面向全体学生,热爱、尊重、了解和严格要求学生,循循善诱,诲人不倦,保护学生身心健康;

五、热爱学校,关心集体,谦虚谨慎,团结协作,遵纪守法,作风正派;

六、衣着整洁、大方,举止端庄,语言文明,礼貌待人,以身作则,为人师表。

2. 教师的资格、聘任与进修

教师的职业资格,是国家对从事教师工作所应具备的基本条件的规定,凡经国家规定的教师资格认定程序认定,获得教师资格的,方可获准从事教师职业。

教师职业资格制度在一些发达国家已实施多年,如美国已经有近两个世纪的历史。这一制度的实施,有效地规范了教师的职业水平,使学校教育有了基本的质量保障。我国于 1993 年 10 月 31 日颁发的《中华人民共和国教师法》规定,自 1994 年 1 月起实施教师资格制度。

我国公民取得教师资格证书的途径有两种:其一,经师范教育并获得规定的学历即可取得证书。国家规定的教师资格有:幼儿园教师资格、小学教师资格、初级中等学校教师资格、高级中等学校教师资格、职业学校实习指导教师资格,以及高等学校教师资格。对各类资格的获取都规定了相应的学历要求;其二,对不具备法律规定的教师最低任职学历要申请教师资格的公民,实行教师资格考试,经过法定的国家考试者可以获得教师资格证书。国家发放的教师资格证书在全国范围内有效,非依法律规定不能取消。

获得教师资格不等于获得教师职务。我国实行教师职务聘任制。1986 年国家教育委员会制定了《中学教师职务试行条例》、《小学教师职务试行条例》及《关于中小学教师职务试行条例的实施意见》等文件，对教师职务聘任进行规定。此外，1991 年在《关于当前做好中小学教师职务聘任工作的几点意见》中进一步指出："聘任或任命教师职务，应按照中、小学教师职务试行条例第八条的要求，对教师的政治表现和师德修养等方面进行考核，严格掌握思想政治条件，坚持德才兼备，择优聘任或任命。对政治上不能坚持四项基本原则，或思想品德方面犯有严重错误的，不予聘任或任命职务，对已聘任或任命的教师要进行帮助教育，个别问题严重的应解聘或改做其他工作。"

我国目前中学教师的职务有：中学高级教师、中学一级教师、中学二级教师、中学三级教师。中学高级教师为高级职务，中学一级教师为中级职务，中学二级、三级教师为初级职务。中学教师职务的评审工作，由省、地、县三级教育行政部门领导，并分别设立中学教师职务评审委员会，学校设立评审小组。小学教师职务设：小学高级教师、小学一级教师、小学二级教师、小学三级教师。小学高级教师为高级职务，小学一级教师为中级职务，小学二级、三级教师为初级职务。小学教师职务的评审工作，由省、地、县三级教育行政部门分级领导，并在地、县两级分别设立小学教师职务评审委员会，学校或学区设立评审小组。中小学的新教师在见习期满后欲取得职称，或已有职称者欲晋升职称，都须先个人申报，然后接受评审。

国家对教师实行培训制度。培训目的主要有两种：其一，对已任职但学历未达标者进行学历培训；其二，正常的在职进修。《中华人民共和国教师法》第 19 条规定："各级人民政府教育行政部门、学校主管部门和学校应当制定教师培训规划，对教师进行多种形式的思想政治、业务培训。"上海目前对中学教师实施"240"和"540"培训制度，即规定中级职称以下的教师须参加 240 课时的在职进修，高级职称的教师须参加 540 课时的在职进修。同时组织部分骨干教师，参加硕士课程进修班的学习。教师在职进修，有助于充实和更新教师的知识结构，提高师资水平，从而使学校教育的质量得到保障。

思考题

1．简述教师的性质。

2．简述教师的职责与角色。

3．简述教师的劳动特点。

4．简述学生的权利与义务。

5．试析教师与学生的关系。

6．试析学生的角色素质培养。

7．试述教师的素养。

8．请结合实际谈谈你心目中优秀教师的形象。

参考文献

1．[苏]列·符·赞可夫:《和教师的谈话》，杜殿坤译，教育科学出版社 1980 年版。

2．[苏]瓦·阿·苏霍姆林斯基:《给教师的建议》(上、下)，杜殿坤编译，教育科学出版社 1980 年版。

3．[苏]瓦·阿·苏霍姆林斯基:《教育的艺术》，肖勇译，湖南教育出版社 1983 年版。

4．万明春、杜萍:《新世纪育才者》，四川教育出版社 1997 年版。

5．上海市教育委员会师资处主持编写:《教师道德修养读本》，上海人民出版社 1998 年版。

6．郑其恭、李冠乾主编:《教师的能力结构》，广东教育出版社 1993 年版。

7．顾兴义、陈运森主编《教师的知识结构》，广东教育出版社 1993 年版。

8．郑其恭、周康年主编:《教书育人新探》,广东教育出版社1993年版。

9．蒋超文、刘树谦主编:《教师人际关系》,广东教育出版社1993年版。

10．王邦佐、陆文龙主编:《中学优秀教师的成长与高师教改之探索》,人民教育出版社1994年版。

11．全国协作组编:《普通学校教师管理》,陕西人民出版社1987年版。

12．孙灿成主编:《学校管理学概论》,人民教育出版社1993年版。

13．《最新中小学教师政策问答》编写组编:《最新中小学教师政策问答》,新华出版社1994年版。

14．刘问岫编:《中国师范教育简史》,人民教育出版社1984年版。

第十章　教　育　法

［提要］　以法来维护和规范教育，是现代教育的重要特点，作为未来的教育工作者就必须具备法的意识和知识。本章介绍教育法的一般特点，及我国教育法的基本内容和实施方法。

第一节　教育法概述

一、什么是教育法

早在两千多年前，我国战国时期的孟子就曾经说过："规矩，方圆之至也"，"不以规矩，不能成方圆。"意即，圆规和角尺是校正圆形和方形的标准，不用圆规和角尺就画不出圆形和方形。比孟子更早的法家先躯管仲，则用"规矩"来比喻法，，认为"尺寸也，绳墨也，规矩也，衡石也，斗斛也，角量也，谓之法"，就是说，法像规矩一样，是判断人们行为的是非曲直的标准。法的古体字为"灋"（音凡），据《说文解字》的解释，是惩罚、公平、伸张正义之意。

在现代社会，法发挥着重要的作用，并有了法学意义上的解释。法是指由国家制定或认可并由国家强制力保证实施的行为规范的总和。法有广义和狭义之分。广义的法，泛指国家制定的法律、行政法规、地方性的条例和规章等。在狭义上使用时，系指法律，是享有立法权的国家机关依照立法程序制定的法，并形成规范性的文件。教育法是法的一种形式，是社会法规体系中的一个组成部分。它是由国家制定或认可并由国家强制力保证实施的有关教育的行为规范的总和。教育法也可以从广义和狭义两种角度来理解，狭义的教育法系指教育法律，广义则还包括国家行政机关制定的行政法规。属于前者的，比如《义务教育法》、《教育法》、《教师法》等。另外，比如《中共中央关于普及小学教育若干问题的决定》、《江苏省普及初等义务教育暂行条例》等则属于广义的教育法。

教育法，同其他的法一样，是一种约束力，“法律是肯定的，明确的、普遍的规范”①，它对社会的教育行为具有规范作用。并且，作为法的约束力，教育法具有普适性、公平性、强制性和稳定性等基本特点。普适性，即在其规定的适用范围内，对每一对象都适用，每一对象都不可违背其法的规定。公平性，即对其适用的每一对象都持同样的法的标准，不受对象的身份和地位等因素的影响。强制性，即法的实施由国家的强制力量作保证。稳定性，即自产生始至废除前，法的标准和效力不会改变，法的更改必须经过一定的程序。举例来说，《中华人民共和国教育法》第 42 条规定：受教育者享有的权利包括“在学业成绩和品行上获得公正评价，完成规定的学业后获得相应的学业证书、学位证书”，这条法律规定只要存在，便适用所有的受教育者，任何人不可剥夺受教育者的权利，任何人不可违反这一规定，不可享有特权或通过不正当的手段获得学业证书、学位证书。

教育法，同其他的法一样，其性质是一种国家意志，属于社会上层建筑的范畴。所谓国家意志，是说：一，法在表现形式上不是某个人或某些人的规定，而是国家的规定；二，法已经将人的意志上升为国家的意志；三，国家需要利用法来强化国家机器。然而，国家意志所反映的毕竟是人的意志，但这不是具体的人的意志，“国家是一定阶级的统治机关”。② 法所反映的是占统治地位的阶

① 《马克思恩格斯全集》第 1 卷，第 71 页。

② 《列宁选集》第 3 卷，第 176 页。

级的要求,这种要求所代表的利益关系,与社会性质相关。马克思在《〈政治经济学批判〉序言》中指出:“人们在自己生活的社会生产中发生一定的、必然的、不以他们的意志为转移的关系,即同他们的物质生产力的一定发展阶段相适合的生产关系。这些生产关系的总和构成社会的经济结构,即有法律的和政治的上层建筑竖立其上并有一定的社会意识形式与之相适应的现实基础。”① 因此,法律是社会上层建筑的组成部分,它是从属于社会的经济基础的,有怎样的经济基础即决定了相应的法的性质,法一旦形成便为经济基础服务,并跟随经济基础的变革而发生变化。在我国,以公有制为主体的社会主义经济基础的性质,决定了我国教育法所代表的是占绝大多数的国民的意志,是为社会主义社会的发展服务的。

二、教育法的制定及其意义

教育法是怎么制定的?教育法的制定方式与国家的性质和体制直接相关。在我国,教育法的制定体现了立法权属于人民的基本原则。教育法的制定机制可以从纵横两方面来认识。纵向存在不同层次法规之间的法源关系。我国的最高法律是宪法,其他形式的法律、法规都必须依据宪法制定。横向依据教育法的种类,可将制定部门分为两类。一类是狭义的教育法,即教育法律的制定部门。这类法律依据不同的层次分别由全国或地方的人民代表大会或人民代表大会常务委员会制定。并且,制定过程须经完整的立法程序,即:1.提出议案;2.审议;3.表决通过;4.公布。另一类是广义教育法,即除法律之外的行政法规的制定。行政法规是关于国家行政管理及其事务的各种法律规范的总称。根据我国宪法规定,这类行政法规由国家各级有制定权的行政机关制定,但必须依据有关法律,内容不能超过制定机关的职权范围。

---

① 《马克思恩格斯选集》第2卷,人民出版社1972年版,第82页。

教育法的制定，对教育发展具有重要意义。

首先，确立了教育的法律地位

教育法使教育具有法的保障，可以使教育具有权威性和稳定性。法与一般的规定不同，规定可以具有灵活性。法与政策也不一样，政策缺乏法所具有的强制性和森严的惩戒体系。法的形成，代表了人们的共同意志，同时意味着法律面前人人平等，必须遵循。用教育法的形式来规范教育，把形成共同意志的内容规定下来，赋予法的性质，从而使教育具有法的依据，并得到法的维护，保证了教育的权威性和稳定性，使之健康发展。

其二，保证教育事务中不同主体的权利和义务

明确权利和义务，是教育法的重要内容，我国的教育法对有关教育的不同主体的权利和义务作了明确的规定。《中华人民共和国教育法》第 9 条规定："中华人民共和国公民有受教育的权利和义务。"《中华人民共和国义务教育法》第 4 条规定："国家、社会、学校和家庭依法保障适龄儿童、少年接受义务教育的权利"，第 9 条规定："地方各级人民政府应当合理设置小学、初级中等学校，使儿童、少年就近入学"，等等。教育法所规定的权利和义务关系，不仅存在于教育者和受教育者之间，还存在于与自然人相对的法人之间，以及国家或政府与教育法人之间。由于法的严肃性和强制性，可以保证权利和义务的实现。

其三，规范教育，提供法律依据

用法来规范教育，是对教育秩序的强制规定。使教育在教育法规定的框架体系内运行，同时为教育行为提供了法律依据。教育法是教育管理的重要依据，教育法使教育管理减少人治的成份，增加法治的力度。教育法也是教育者和受教育者的共同依据，授受教育要依据法律，违法者将被追究责任。我国的教育法体系在发展完善之中，以法治教、以法行教、以法受教是当代教育的重要特征，是我国教育法制建设的目的。

三、教育法的产生和发展

法作为一种以国家强制力保证实施的行为规范，是在人类社会产生国家机器后出现的。法产生的根本原因，正如恩格斯所说，就是“在社会发展某个很早的阶段，产生了这样的一种需要：把每天重复着的生产、分配和交换产品的行为用一个共同规则概括起来，设法使个人服从生产和交换的一般条件。这个规则首先表现为习惯，后来便成了法律。”① 法的产生，有其深刻的经济根源和阶级根源。在出现阶级后的第一个社会形态——奴隶社会，占统治地位的奴隶主阶级为维护本阶级的利益，制定了各种制度和行为规则，于是就产生了最早的法律。在人类历史上，比较早的成文法有：古巴比伦王国的《汉穆拉比法典》，古希腊的《德拉古法》，古罗马的《十二铜表法》，以及我国春秋后期的《刑书》、《法经》等。早先，人类关于教育并无专门的法律。但客观上与教育有关的强制规定是存在的。我国西周的国学规定只有国子和贵胄之子才能入学。在奴隶制的古代印度，曾明文规定，谁若让低贱的首陀罗阶级接受文化知识教育，即处以死刑。从法律的角度来看，古代涉及教育的法规，主要是直接出自国家统治者的法令，并无专门的有体系的教育法，或表现为不成文的习惯法。关于教育的规定，内容主要围绕受教育权与选士方法。从近代开始，为了推行普及教育政策，各国或直接由政府制定，或通过立法颁布有关教育的法规。在16世纪欧洲宗教改革运动中，新教国家为推行宗教教育，提倡广设学校。1619年德意志魏玛联邦公布学校法令，规定父母应送6至12岁男女儿童入学，否则政府强迫其履行义务。这是一个带有宗教色彩的强迫教育法令。现代意义的教育立法是在机器大工业和现代工厂制度出现后产生的。英国议会于1802年和1833年分别通过了《学徒健康和道德法》及《工厂法草案》，其中关于教育的条款，

---

① 《马克思恩格斯选集》第2卷，第538—539页。

是最早的通过现代教育立法的形式产生的教育法规。① 在这一时期，一些主要的资本主义国家，先后开始颁布义务教育法令，例如，美国在 19 世纪 30 至 40 年代，各州相继颁布义务教育法。法国于 1882 年颁布法令，规定所有 6 至 13 岁儿童须入学受七年义务教育。日本于 1880 年颁布义务教育法令。

进入本世纪后，教育法受到世界各国的重视，从而在教育法的涉及面、立法程序和法制建设等方面都有了很大的发展，以教育立法来规范教育成为发展教育的重要手段。一些国家纷纷制定严密的教育基本法，如英国的《1944 年教育法》，日本 1947 年通过的《日本教育基本法》等。同时还制定一系列具体的教育法规，如美国 1907 年制定了《残疾儿童教育法》，1946 年制定了《学校午餐法》，1965 年制定了《初等和中等教育法》，1965 年制定了《全国职业学生贷款保险法》，等等。在当代，教育法已发展到对与教育活动相关的各种法律关系的规定，这种关系涉及政府内部的教育职权分配关系、学校与学生的关系、学校与社会的关系、学校与教职员工的关系，等等。建立完整的教育法体系，是各国努力的方向。

教育进入法治化是一种历史的必然，在现代社会，教育已不再是个别人享有的专利，而成为被大规模普及的社会活动，教育对国家发展起着至关重要的作用。只有用法律来规范教育，才能保证国家对教育的控制，维护社会成员的教育权利，强化教育的社会性质和效益。在当代，由于国际教育合作的重要性被普遍认同以及国际教育交流的日益频繁，甚至产生了国际教育法规。联合国及联合国教科文组织，为促进国际教育合作、规范各国的教育政策、解决国家间的教育纷争，制定了一系列公约性的文件，并制定判断

① 成有信主编：《教育法学概论》，湖北教育出版社 1996 年版，第 12 页。

各成员国执行公约的程序、定期审查其报告等。① 可以说，教育法已成为保障和促进当代教育发展的不可缺少的重要因素。

第二节　我国的教育法

一、我国教育法的建设

我国在漫长的古代社会并无专门的教育法，教育受帝王的旨意规范，违令者由王法处置。公元607年，隋文帝在中央设置国子寺，内设祭酒一人，总管教育，从此在我国历史上开始有了专门管理教育的政府机构和官员。至清末，在废科举兴学堂的教育变革中，1902年，清政府公布了由管学大臣张百熙拟定的《钦定学堂章程》，但未能实行，1903年又由张百熙、张之洞、荣庆拟订《奏定学堂章程》，这个颁布并实施的教育制度，是我国由古代教育向近代教育转变的第一个教育法规，其中同时规定实施五年的义务教育。1906年又颁布了《强迫教育章程》，计10条，规定“幼童至7岁须令入学，及岁不入学者，罪其父兄”。② 1911年，辛亥革命结束了中国两千多年的封建统治。1912年，孙中山在南京就任中华民国临时大总统，成立南京临时政府。为改革旧教育制度，由当时的教育部颁布了《普通教育暂行办法》、《普通教育暂行课程标准》、《学校系统令》等一系列教育法规。此后，在国民党统治时期，颁布了各种教育行政法规和教育法律，其性质反映了旧中国的政治经济特点。

中华人民共和国成立前夕，1949年1月，中国共产党发表了

---

① 张维平主编：《平衡与制约——20世纪的教育法》，山东教育出版社1995年版，第269页、第314页。

② 舒新城编：《近代中国教育史料》第2册，中华书局1928年版，第148—149页。

《废除伪宪法、伪法统等八项条件的声明》,2月又发布了《关于废除国民党六法全书与确定解放区的司法原则的指示》,宣布废除旧法、建立新法。建国后,公布了一系列关于教育的行政法规。1950年12月,政务院颁布了《关于处理接收美国津贴的文化教育救济机关及宗教团体的方针的决定》。1951年10月,政务院颁布了《关于改革学制的决定》。还陆续颁布了幼儿园、小学、中学、中等专业学校及高等教育的暂行规程。1980年2月,第五届全国人民代表大会常务委员会第十三次会议通过了《中华人民共和国学位条例》,这是建国以后,由最高权力机关制定的第一部有关教育的法律。从此,我国的教育法建设,翻开了新的一页。改革开放以来,我国在教育法建设方面已取得很大成绩,形成了具有一定体系的教育法规。但是,随着经济体制改革的深入,教育领域产生的许多新问题,需要我们进一步研究,并完善法规体系。同时,必须完善执法监督措施,建立更加完整的教育法制系统。我们还必须进一步加强教育法的宣传,不仅让教育工作者,而且让每一个国民懂法用法,使教育在教育法的规范下,更好地发挥作用。

二、我国的教育法体系

教育法规是根据一定的适用对象制定的,从一般到具体所制定的不同层次的法规之间具有法源关系,即下一层次的法规是上一层次法规的具体化和补充,由此,形成上下联系的法规体系。我们可以对照国家的法规体系来认识教育法体系。

我国的最高法律是宪法。宪法是国家的根本法,它规定一个国家最根本的原则性问题,如国家制度、社会经济制度、国家机构、政权组织形式、公民的基本权利和义务等。宪法具有最大的权威性和最高的法律效力,是其他立法活动的根据和基础,违反宪法的法律是无效的。我国的宪法,是由全国人民代表大会这一国家最高权力机关制定的。我国1982年制定的宪法规定:"本宪法以法律的形式确认了中国各族人民奋斗的成果，规定了国家的根本制度和根本任务，是国家的根本法，具有最高的法律效力。全国各族人民、一切国家机关和武装力量、各政党和各社会团体、各企事业组织，都必须以宪法为根本的活动准则，并且负有维护宪法尊严、宪法实施的职责。”宪法对于教育法的意义表现为两个方面，一是规定了教育法的基本指导思想和立法依据，是教育法的根本法源；二是从大的方面对教育作了法律规范。我国宪法中直接论及教育的条款是第19条关于国家发展社会主义教育事业的规定和第46条关于公民教育权利和我国教育目的的规定。间接论及教育的条款很多，如第23条对国家培养为社会主义服务的各种专业人才的规定；第49条对父母有抚养教育未成年子女的义务的规定；以及第70条、第89条和第107条关于教育管理机构的规定等。宪法是国家的最高法，也是教育的根本法源。

在此之下，教育法的第一层次是《中华人民共和国教育法》，这是教育的基本法，是其他教育法规的立法依据。它由全国人民代表大会制定。宪法第26条规定，全国人民代表大会有权制定和修改刑事、民事、国家机构和其他的基本法律。在宪法之下，同属这一层次的其它领域的基本法律有《刑法》、《民法》、《婚姻法》、《全国人民代表大会组织法》以及《国务院组织法》等等。

在教育基本法之下第二层次的法律是部门法律，如《义务教育法》、《教师法》、《职业教育法》、《成人教育法》、《高等教育法》以及《特殊教育法》等。这类法律各自适用于某一教育部门，它们由全国人民代表大会常务委员会制定。宪法第27条规定，全国人民代表大会常务委员会有权制定和修改应当由全国人民代表大会制定的法律以外其他的法律。同属这一层次的其他领域的部门法律有《文物保护法》、《环境保护法》，等等。

教育法的第三层次，是由国务院或国务院所属各部委制定和发布的规范性文件，这属于行政法规一类的教育法。宪法第89条规定，国务院有权根据宪法和法律，规定行政措施，制定行政法规，发布决定和命令。宪法第90条规定，国务院各部、各委员会根据法律和国务院的行政法规、决定、命令，在本部门的权限内，发布命令、指示和规章。属于这类的法规，比如：《国务院关于推广普通话的指示》(1956年)、《中共中央、国务院关于教育工作的指示》(1958年)、《教育部关于出国预备研究生经费的暂行规定》(1982年)等等。这类法规的性质是为实施教育基本法和部门法而制定的。虽然不是由人民代表大会或其常务委员会制定，但它符合宪法的规定，同样具有法的效力，代表着国家的意志。

教育法的第四层次，是地方性教育法规。这可以分为两类，一类是由地方人民代表大会及其常务委员会制定的地方性法律，一类是由地方政府制定的行政法规。宪法第100条规定："省、直辖市的人民代表大会和它们的常务委员会，在不同宪法、法律、行政法规相抵触的前提下，可以制定地方性法规，报全国人民代表大会常务委员会备案。"《地方各级人民代表大会和各级人民政府组织法》第35条第1款规定："省、自治区、直辖市以及省、自治区的人民政府所在地和经国务院批准的较大的市的人民政府，还可以根据法律和国务院的行政法规，制定规章。"属于这类的法规，如《上海市普及义务教育条例》等。这类法规是为了更好地实施教育基本法、部门法及中央行政法规，根据各地区的需要而制定的。

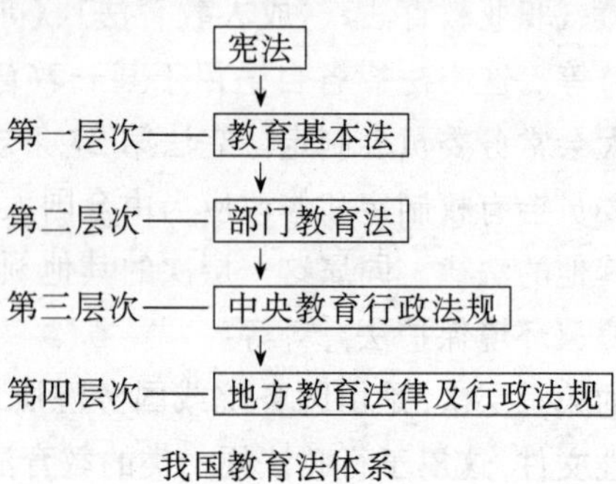

我国教育法体系

以上是我国教育法体系的基本轮廓，不同层次的教育法规贯彻同一条主线，即，以代表人民共同意志的法律来规范教育，使教育能按照既定的共同意愿，合理而科学地运行。

三、我国教育法的内容

1．教育法文件的内容结构

教育法同其他的法一样，是由若干部分构成的，这些被称作构成要件的组成部分通常包括下列几个部分：

其一，法的名称。每一个法规文件都有名称，以反映该法规文件的性质。在我国，教育法的名称有多种，如法、法律、规章、条例、规定、命令等等。从性质上可以分为两类，一类是由立法机构制定的法律，另一类是由行政机关制定的行政法规。前者的制定机关是国家各级人民代表大会或其常务委员会，后者的制定机关是中央或地方有制定权的各级行政机关。关于如何使法规文件名称规范化、科学化，是我国法学界目前正在重视并需要研究的问题。

其二，法的制定单位，时间规定。制定单位在文件名称下的方括号内标明，显示该法规的层次和效力。例如，由全国人民代表大会制定的，表明该法规是全国性的法律，由地方人民代表大会制定的，则表明该法规是地方性法律。时间规定包括通过、公布和生效起始日三项。前两项在文件名称下的方括号内表达，后者一般在文件最末用专门条款写明。

其三，法的规范。这是所表达的法的标准内容。必须内容完整、明确。涉及法的规范的主要有三个问题。一是适用的条件和范围。整个文件的运用范围一般在文件的开端部分，以专条规定下来。例如《中华人民共和国教育法》第 2 条规定："在中华人民共和国境内的各级各类教育，适用本法。"其中各条款的适用条件和范围，在条款中加以表达，例如我国《义务教育法》第 5 条规定："凡年满 6 周岁的儿童，不分性别、民族、种族，应当入学接受规定年限的义务教育。”条件和范围必须表达明确，否则会影响法的适用。二是对行为的肯定与否定的表达，即对某种行为作出允许、禁止或要求的表达。例如《义务教育法》第6条规定：“学校应当推广使用全国通用的普通话”，这是规定应当做什么；“招收少数民族学生为主的学校，可以用少数民族通用的语言文字教学”，这是规定允许做什么；第16条规定：“任何组织或者个人不得侵占、克扣、挪用义务教育经费，不得扰乱教学秩序，不得侵占、破坏学校的场地、房屋和设备”，这是规定禁止做什么。三是表达奖惩。例如《义务教育法》第14条规定：“全社会应当尊重教师。国家保障教师的合法权益，采取措施提高教师的社会地位，改善教师的物质待遇，对优秀的教育工作者给予奖励，”而《义务教育法》的实施细则的罚则部分，则规定对种种妨碍义务教育实施的有关责任人员，由地方人民政府或者有关部门依照管理权限给予行政处分。关于奖惩的规定，有时不一定在同一文件中表达出来，需要到其他法规中去寻找依据。

2. 主要教育法规的内容概述

如前所述，我国的教育法体系，是由各种相互之间具有法源关系的教育法规组成的。不同性质的教育法规，由相应的内容来表达。这里对若干最基本的教育法规作概要的介绍。

《中华人民共和国教育法》，是1995年3月18日通过，1995年9月1日起施行。该法是在宪法指导下，根据我国实际制定的教育基本法。全文共十章八十四条，对我国教育的基本性质、根本任务、教育制度、教育者与受教育者的权利与义务，以及教育与社会、教育投入等基本问题作了法律规定。也即对我国的教育作了整体性的基本法律规定，使我国的教育活动有了基本的法律依据。《中华人民共和国教育法》的主要特点是其基本性与概括性。基本性是指所涉及的问题，都是教育的根本问题。例如，第3条规定：“国家坚持以马克思列宁主义、毛泽东思想和建设有中国特色社会主义理论为指导，遵循宪法确定的基本原则，发展社会主义的教育事业”，这规定了我国教育的根本性质。概括性是该法概要地涉及了我国教育的主要问题。《中华人民共和国教育法》是我国教育的母法，是制定其它教育法的基本依据。

《中华人民共和国义务教育法》，是1986年4月12日通过，同年7月1日起施行。该法的根本精神，是规定我国适龄儿童、少年有接受九年义务教育的权利。围绕这一规定，对教育要求、父母或监护人及教师的义务、教育财政、地区特点等等问题作了法律规定。《义务教育法》是教育基本法之下的部门法律，是关于义务教育问题的总体法律规定。我国于1992年2月29日又制定了《中华人民共和国义务教育法实施细则》，这是经国务院批准，于同年3月14日由国家教育委员会令第19号发布的行政法规。这是对义务教育法的具体操作问题的补充。该文件对从实施义务教育的一般问题至对违法者的处罚问题作了较为详细的规定。《义务教育法》及其《实施细则》是我国实施义务教育的主要法律依据，对发展我国义务教育具有重要意义。

《中华人民共和国教师法》，是1993年10月31日通过，1994年1月1日起施行。该法共九章四十三条，对教师的权利和义务、任职资格、培养与考核等等问题作了法律规定。教师是教育工作的主要承担者，教师的职业素质水平和教育行为，直接关系到国家的教育质量。因此，用法的形式来规范教师职业，对于保证国家教师队伍的质量，维护国家的教育及教师的权益具有重要意义。《教师法》不仅教师需要掌握，社会其他成员也有了解的必要。

在教育法体系中还有许多其它的法规，各法规既是独立的，又相互具有联系。教育法的内容具有稳定性，但随着国家的发展，对不适用的条款可经过一定程序加以修正。各地在执行国家法规时，在不与之抵触的前题下，可制定地方性法规对其内容进行补充。事实上，我国地域辽阔，各地区发展状况存在不平衡现象，例如,《教师法》第11条第2款规定:"取得小学教师资格,应当具备中等师范学校毕业及其以上学历",而在上海已经取消中等师范学校,小学教师由高等学校培养。类似的情况,可通过制定地方性法律或行政法规来进行内容上的补充说明。从根本上讲,教育法体系及其具体内容,随国家的发展而不断修正完善是客观规律的反映。

第三节 教育法的实施

一、概述

法的制定,不是为了立法本身。教育法的制定,是为了以法的形式来规范教育,使教育活动能够按照教育法所代表的人们共同认可的准则运行。因此,实施教育法的实质,就是使教育法在现实的教育及与教育相关的活动中产生作用,成为人们共同的依据。从这个角度讲,实施教育法的方式是多样的。在现实中,实施教育法的主要而且需要强调的途径是:

1. 守法。守法是实施教育法的一种积极方式。使参与或与教育有关的自然人或法人都能遵守教育法,这是制定教育法的目的。守法的基础在于懂法并能自觉地依法行事。因此,"懂"与"自觉"是实现守法的两个基本因素,我们应进行普及教育法的宣传和教育,使教育法转化为人们自觉的行为准则。

2. 用法。当发生与教育法相违背的行为时,需要运用法来加以制止。用法,是维护自然人或法人的权利与义务的法律手段。教育法明确规定了各种权利和义务关系,当受到损害时,可以用法来加以维护,而不能以与法相违背的行为来维护自己的权益,造成新的违法。用法来维护正义是公民的职责。无论个人或他人的权益受到侵害,都可以运用法律加以维护。我国宪法赋予每一个公民伸张正义的权利。用法,必须依据合法的途径,即在法律规定的程序内行使用法权利。具体方法有多种，主要的有申诉和诉讼。

3. 监督。对行使法律的行为进行监督，是维护法律的不可缺少的重要环节，也是实施法律的内容之一。法律监督的主体是多元的，可以分为两大类。一类是国家机关的监督。国家机关包括国家权力机关，即各级人民代表大会；国家行政机关；司法机关，即法院、检察院等。一类是社会监督，即国家机关以外的各种组织及群众。法律监督，可以经过一定的法律程序来抵制违法现象。

二、申诉与诉讼

在需要寻求法律途径来解决问题时，申诉与诉讼是两种重要方法。

1. 申诉。这是向国家机关申述理由，请求处理的行为。有两种不同性质的申诉，一是对已经发生法律效力的判决或裁定认为确有错误时，依法向法院提出申诉，请求重新处理，法院是行使审判权的国家机关；另一种，是指向行政机关或权力机关提出的申诉。这类机关包括各级共产党纪律检查委员会、政府行政监察部门、人民代表大会常务委员会、上一级行政机关或其设置的专门机构等等。

《中华人民共和国教师法》第 39 条规定："教师对学校或者其他教育机构侵犯其合法权益的，或者对学校或者其他教育机构作出的处理不服的，可以向教育行政部门提出申诉，教育行政部门应当在接到申诉的三十日内，作出处理"，"教师认为当地人民政府有关行政部门侵犯其根据本法规定享有的权利的，可以向同级人民政府或者上一级人民政府有关部门提出申诉，同级人民政府或者上一级人民政府有关部门应当作出处理"。

《中华人民共和国教育法》第 42 条第 4 款规定，学生可以"对学校给予的处分不服向有关部门提出申诉，对学校、教师侵犯其人身权、财产权等合法权益，提出申诉或者依法提起诉讼"。

这种对非司法机关提出的申诉，是建立在对行政机关信任的基础之上的，申诉的解决，是行政机关依据法律来处理，而不经过由司法部门主持的法律程序。

2. 诉讼。这是司法机关和案件当事人在其他诉讼参与人的配合下为解决案件依法定诉讼程序所进行的全部活动。狭义的诉讼，指始于起诉、终于审理判决的过程。广义的诉讼还包括执行过程，刑事案件还包括侦查。起诉是诉讼的开始，所谓起诉，是指向法院提起诉讼的行为，请求法院对特定案件进行审判。起诉人，既可以是自然人，如教师、学生、家长等；也可以是法人，如学校组织等。起诉需向法院递交起诉文书。广义的诉讼由起诉、审判和执行三个环节组成。诉讼与非法院审理的申诉不同，前者具有严格的法律程序。

诉讼依据所要解决的案件的性质，可分为民事诉讼、刑事诉讼及行政诉讼三种。

民事诉讼，是民事诉讼法律关系主体所进行的诉讼活动。刑事诉讼，是指国家司法机关处理刑事案件的活动。行政诉讼是行政管理相对人，即公民、法人或者其他组织，认为行政机关或法律、法规授权的组织所实施的具体行政行为侵犯其合法权益，依法向法院起诉，法院对行政机关行政行为的合法性进行审查，依法作出裁决的活动，即行政诉讼是解决行政争议的一种法律活动。

上述是三种主要的不同性质的诉讼，其共同点是向法院提出诉讼，由法院审理并作出判决。教育中产生的法律纠纷，如果需要向法院提出诉讼的，应视案件的性质采用相应性质的诉讼。

三、追究法律责任

教育活动中产生的纠纷，可以向同级或上级行政部门提出申诉，以寻求公正的解决，制止和纠正不当行为。如果对处理不服，可进一步提请行政复议。如果需要，或者严重的，可以向法院提起诉讼，让法院来裁决并追究法律责任。

法律责任是违反法律规定所应承担的法律后果。违法者应承担怎样的法律责任，视违法行为的性质和程度来判定。所谓违法，有两种解释，广义的违法泛指违反法律或行政法规的规定，狭义的违法则不包括犯罪行为。广义的违法行为的法律责任，分民事法律责任、行政法律责任和刑事法律责任三种。

违法行为的性质是触犯刑法的，依据刑法来审理。刑法是规定什么行为是犯罪，适用何种刑罚的法律。狭义的刑法指系统的刑事法律，如《中华人民共和国刑法》；广义的刑法还包括刑事单行法规和附属刑法。对犯罪行为者，依据刑法进行刑事制裁。制裁方式包括主刑和附加刑两种，主刑有管制、拘役、有期徒刑、无期徒刑以及死刑五种；附加刑包括罚金、剥夺政治权利和没收财产三种。

违法行为的性质是违反了民法规定的，则依据民法来审理。民法是调整平等主体的公民之间、法人之间，公民和法人之间的财产关系和人身关系的法律规范的总称。民事制裁的方式包括停止侵害，排除妨碍，消除危险，返还财产，恢复原状，修理、重作、更换，赔偿损失，支付违约金，消除影响，恢复名誉，赔礼道歉等。

违法行为的性质是属于行政违法的则依据行政法来审理。行政法是调整行政关系的法律规范的总称。行政制裁包括行政处分和行政处罚两种。行政处分是国家机关、学校、企业、事业等组织对其内部工作人员予以的惩戒措施，包括警告、记过、记大过、降级、降职、撤职、开除留用和开除。行政处罚是国家有关管理机关在管理活动中，对有关直接责任人员予以的警告、罚款、没收、停业停办、扣押或吊销许可证、拘留和劳动教养等涉及公民、法人及其他社会组织人身权、财产权及有关能力、资格方面的制裁措施。

我国教育法对教育活动中的违法行为有追究法律责任的规定。例如，《中华人民共和国教育法》第73条规定："明知校舍或者教育教学设施有危险,而不采取措施,造成人员伤亡或者重大财产损失的,对直接负责的主管人员和其他直接责任人员,依法追究刑事责任。”《中华人民共和国教师法》第35条规定:“侮辱、殴打教师的,根据不同情况,分别给予行政处分或者行政处罚;造成损害的,责令赔偿损失;情节严重,构成犯罪的,依法追究刑事责任。”

教育活动是一种复杂的社会活动,其中产生的法律纠纷,需依据教育法和相关法律来裁定是与非、违法的性质和程度,并作出制裁判决。例如,某市某中学教师因发现学生钱包中藏有情书,在对其进行教育时双方发生争执,学生将情书塞入口中,教师抠其嘴。学生试从三楼窗户逃脱时摔伤。学生状告学校,索要赔偿。该市法院审理后,依据《中华人民共和国民法通则》,判定教师虽教育方法欠妥当但属于职务行为,因此学生医药费等须自理。学生不服,上诉至该市中级人民法院,经该法院审理认为,教师擅自拆学生信件及抠其嘴,已侵害学生的合法权益,于是重新改判由教师所在校方承担学生的损失费,学生不守校规承担部分费用。①

附录

1.《中华人民共和国教育法》

2.《中华人民共和国教师法》

3.《中华人民共和国义务教育法》

4.《中华人民共和国义务教育法实施细则》

5.《中华人民共和国未成年人保护法》

思考题

1. 什么是教育法。

2. 简述教育法的制定及其意义。

---

① 最高人民法院编:《人民法院案例选》,人民法院出版社1997年版。

3. 简述教育法的产生和发展。

4. 简述我国教育法的形成。

5. 简述我国的教育法体系。

6. 简述我国主要的教育法。

7. 简述教育法的实施。

8. 请结合实际谈如何在教育实践中贯彻教育法。

参考文献

1. 成有信主编:《教育法学概论》,湖北教育出版社 1996 年版。

2. 国家教委师范教育司组编:《教育法导读》,北京师范大学出版社 1996 年版。

3. 全国人大常委会法制工作委员会研究室编写组编:《中华人民共和国教育法辅导讲话》,教育科学出版社 1995 年版。

4. 张维平主编:《平衡与制约——20 世纪的教育法》,山东教育出版社 1995 年版。

5. 张云秀主编:《法学概论》,北京大学出版社 1995 年版。

附录一

中华人民共和国教育法

（1995年3月18日第八届全国人民代表大会第三次会议通过　1995年3月18日中华人民共和国主席令第45号公布　1995年9月1日起施行）

第一章　总　　则

第一条　为了发展教育事业，提高全民族的素质，促进社会主义物质文明和精神文明建设，根据宪法，制定本法。

第二条　在中华人民共和国境内的各级各类教育，适用本法。

第三条　国家坚持以马克思列宁主义、毛泽东思想和建设有中国特色社会主义理论为指导，遵循宪法确定的基本原则，发展社会主义的教育事业。

第四条　教育是社会主义现代化建设的基础，国家保障教育事业优先发展。

全社会应当关心和支持教育事业的发展。

全社会应当尊重教师。

第五条　教育必须为社会主义现代化建设服务，必须与生产劳动相结合，培养德、智、体等方面全面发展的社会主义事业的建设者和接班人。

第六条　国家在受教育者中进行爱国主义、集体主义、社会主义的教育，进行理想、道德、纪律、法制、国防和民族团结的教育。

第七条　教育应当继承和弘扬中华民族优秀的历史文化传统，吸收人类文明发展的一切优秀成果。

第八条 教育活动必须符合国家和社会公共利益。

国家实行教育与宗教相分离。任何组织和个人不得利用宗教进行妨碍国家教育制度的活动。

第九条 中华人民共和国公民有受教育的权利和义务。

公民不分民族、种族、性别、职业、财产状况、宗教信仰等,依法享有平等的受教育机会。

第十条 国家根据各少数民族的特点和需要,帮助各少数民族地区发展教育事业。

国家扶持边远贫困地区发展教育事业。

国家扶持和发展残疾人教育事业。

第十一条 国家适应社会主义市场经济发展和社会进步的需要,推进教育改革,促进各级各类教育协调发展,建立和完善终身教育体系。

国家支持、鼓励和组织教育科学研究,推广教育科学研究成果,促进教育质量提高。

第十二条 汉语言文字为学校及其他教育机构的基本教学语言文字。少数民族学生为主的学校及其他教育机构,可以使用本民族或者当地民族通用的语言文字进行教学。

学校及其他教育机构进行教学,应当推广使用全国通用的普通话和规范字。

第十三条 国家对发展教育事业做出突出贡献的组织和个人,给予奖励。

第十四条 国务院和地方各级人民政府根据分级管理、分工负责的原则,领导和管理教育工作。

中等及中等以下教育在国务院领导下,由地方人民政府管理。

高等教育由国务院和省、自治区、直辖市人民政府管理。

第十五条 国务院教育行政部门主管全国教育工作,统筹规划、协调管理全国的教育事业。

县级以上地方各级人民政府教育行政部门主管本行政区域内的教育工作。

县级以上各级人民政府其他有关部门在各自的职责范围内，负责有关的教育工作。

第十六条 国务院和县级以上地方各级人民政府应当向本级人民代表大会或者其常务委员会报告教育工作和教育经费预算、决算情况，接受监督。

第二章 教育基本制度

第十七条 国家实行学前教育、初等教育、中等教育、高等教育的学校教育制度。

国家建立科学的学制系统。学制系统内的学校和其他教育机构的设置、教育形式、修业年限、招生对象、培养目标等，由国务院或者由国务院授权教育行政部门规定。

第十八条 国家实行九年制义务教育制度。

各级人民政府采取各种措施保障适龄儿童、少年就学。

适龄儿童、少年的父母或者其他监护人以及有关社会组织和个人有义务使适龄儿童、少年接受并完成规定年限的义务教育。

第十九条 国家实行职业教育制度和成人教育制度。

各级人民政府、有关行政部门以及企业事业组织应当采取措施，发展并保障公民接受职业学校教育或者各种形式的职业培训。

国家鼓励发展多种形式的成人教育，使公民接受适当形式的政治、经济、文化、科学、技术、业务教育和终身教育。

第二十条 国家实行国家教育考试制度。

国家教育考试由国务院教育行政部门确定种类，并由国家批准的实施教育考试的机构承办。

第二十一条 国家实行学业证书制度。

经国家批准设立或者认可的学校及其他教育机构按照国家有关规定,颁发学历证书或者其他学业证书。

第二十二条 国家实行学位制度。

学位授予单位依法对达到一定学术水平或者专业技术水平的人员授予相应的学位,颁发学位证书。

第二十三条 各级人民政府、基层群众性自治组织和企业事业组织应当采取各种措施,开展扫除文盲的教育工作。

按照国家规定具有接受扫除文盲教育能力的公民,应当接受扫除文盲的教育。

第二十四条 国家实行教育督导制度和学校及其他教育机构教育评估制度。

第三章 学校及其他教育机构

第二十五条 国家制定教育发展规划,并举办学校及其他教育机构。

国家鼓励企业事业组织、社会团体、其他社会组织及公民个人依法举办学校及其他教育机构。

任何组织和个人不得以营利为目的举办学校及其他教育机构。

第二十六条 设立学校及其他教育机构,必须具备下列基本条件:

(一) 有组织机构和章程;

(二) 有合格的教师;

(三) 有符合规定标准的教学场所及设施、设备等;

(四) 有必备的办学资金和稳定的经费来源。

第二十七条 学校及其他教育机构的设立、变更和终止,应当按照国家有关规定办理审核、批准、注册或者备案手续。

第二十八条 学校及其他教育机构行使下列权利:

（一）按照章程自主管理；

（二）组织实施教育教学活动；

（三）招收学生或者其他受教育者；

（四）对受教育者进行学籍管理，实施奖励或者处分；

（五）对受教育者颁发相应的学业证书；

（六）聘任教师及其他职工，实施奖励或者处分；

（七）管理、使用本单位的设施和经费；

（八）拒绝任何组织和个人对教育教学活动的非法干涉；

（九）法律、法规规定的其他权利。

国家保护学校及其他教育机构的合法权益不受侵犯。

第二十九条 学校及其他教育机构应当履行下列义务：

（一）遵守法律、法规；

（二）贯彻国家的教育方针，执行国家教育教学标准，保证教育教学质量；

（三）维护受教育者、教师及其他职工的合法权益；

（四）以适当方式为受教育者及其监护人了解受教育者的学业成绩及其他有关情况提供便利；

（五）遵照国家有关规定收取费用并公开收费项目；

（六）依法接受监督。

第三十条 学校及其他教育机构的举办者按照国家有关规定，确定其所举办的学校或者其他教育机构的管理体制。

学校及其他教育机构的校长或者主要行政负责人必须由具有中华人民共和国国籍、在中国境内定居、并具备国家规定任职条件的公民担任，其任免按照国家有关规定办理。学校的教学及其他行政管理，由校长负责。

学校及其他教育机构应当按照国家有关规定，通过以教师为主体的教职工代表大会等组织形式，保障教职工参与民主管理和监督。

第三十一条 学校及其他教育机构具备法人条件的，自批准设立或者登记注册之日起取得法人资格。

学校及其他教育机构在民事活动中依法享有民事权利，承担民事责任。

学校及其他教育机构中的国有资产属于国家所有。

学校及其他教育机构兴办的校办产业独立承担民事责任。

第四章 教师和其他教育工作者

第三十二条 教师享有法律规定的权利，履行法律规定的义务，忠诚于人民的教育事业。

第三十三条 国家保护教师的合法权益，改善教师的工作条件和生活条件，提高教师的社会地位。

教师的工资报酬、福利待遇，依照法律、法规的规定办理。

第三十四条 国家实行教师资格、职务、聘任制度，通过考核、奖励、培养和培训，提高教师素质，加强教师队伍建设。

第三十五条 学校及其他教育机构中的管理人员，实行教育职员制度。

学校及其他教育机构中的教学辅助人员和其他专业技术人员，实行专业技术职务聘任制度。

第五章 受教育者

第三十六条 受教育者在入学、升学、就业等方面依法享有平等权利。

学校和有关行政部门应当按照国家有关规定，保障女子在入学、升学、就业、授予学位、派出留学等方面享有同男子平等的权利。

第三十七条 国家、社会对符合入学条件、家庭经济困难的儿童、少年、青年，提供各种形式的资助。

第三十八条 国家、社会、学校及其他教育机构应当根据残疾人身心特性和需要实施教育，并为其提供帮助和便利。

第三十九条 国家、社会、家庭、学校及其他教育机构应当为有违法犯罪行为的未成年人接受教育创造条件。

第四十条 从业人员有依法接受职业培训和继续教育的权利和义务。

国家机关、企业事业组织和其他社会组织，应当为本单位职工的学习和培训提供条件和便利。

第四十一条 国家鼓励学校及其他教育机构、社会组织采取措施，为公民接受终身教育创造条件。

第四十二条 受教育者享有下列权利：

（一）参加教育教学计划安排的各种活动，使用教育教学设施、设备、图书资料；

（二）按照国家有关规定获得奖学金、贷学金、助学金；

（三）在学业成绩和品行上获得公正评价，完成规定的学业后获得相应的学业证书、学位证书；

（四）对学校给予的处分不服向有关部门提出申诉，对学校、教师侵犯其人身权、财产权等合法权益，提出申诉或者依法提起诉讼；

（五）法律、法规规定的其他权利。

第四十三条 受教育者应当履行下列义务：

（一）遵守法律、法规；

（二）遵守学生行为规范，尊敬师长，养成良好的思想品德和行为习惯；

（三）努力学习，完成规定的学习任务；

（四）遵守所在学校或者其他教育机构的管理制度。

第四十四条 教育、体育、卫生行政部门和学校及其他教育机构应当完善体育、卫生保健设施，保护学生的身心健康。

第六章　教育与社会

第四十五条　国家机关、军队、企业事业组织、社会团体及其他社会组织和个人，应当依法为儿童、少年、青年学生的身心健康成长创造良好的社会环境。

第四十六条　国家鼓励企业事业组织、社会团体及其他社会组织同高等学校、中等职业学校在教学、科研、技术开发和推广等方面进行多种形式的合作。

企业事业组织、社会团体及其他社会组织和个人，可以通过适当形式，支持学校的建设，参与学校管理。

第四十七条　国家机关、军队、企业事业组织及其他社会组织应当为学校组织的学生实习、社会实践活动提供帮助和便利。

第四十八条　学校及其他教育机构在不影响正常教育教学活动的前提下，应当积极参加当地的社会公益活动。

第四十九条　未成年人的父母或者其他监护人应当为其未成年子女或者其他被监护人受教育提供必要条件。

未成年人的父母或者其他监护人应当配合学校及其他教育机构，对其未成年子女或者其他被监护人进行教育。

学校、教师可以对学生家长提供家庭教育指导。

第五十条　图书馆、博物馆、科技馆、文化馆、美术馆、体育馆(场)等社会公共文化体育设施，以及历史文化古迹和革命纪念馆(地)，应当对教师、学生实行优待，为受教育者接受教育提供便利。

广播、电视台(站)应当开设教育节目，促进受教育者思想品德、文化和科学技术素质的提高。

第五十一条　国家、社会建立和发展对未成年人进行校外教育的设施。

学校及其他教育机构应当同基层群众性自治组织、企业事业组织、社会团体相互配合，加强对未成年人的校外教育工作。

第五十二条 国家鼓励社会团体、社会文化机构及其他社会组织和个人开展有益于受教育者身心健康的社会文化教育活动。

第七章 教育投入与条件保障

第五十三条 国家建立以财政拨款为主、其他多种渠道筹措教育经费为辅的体制,逐步增加对教育的投入,保证国家举办的学校教育经费的稳定来源。

企业事业组织、社会团体及其他社会组织和个人依法举办的学校及其他教育机构,办学经费由举办者负责筹措,各级人民政府可以给予适当支持。

第五十四条 国家财政性教育经费支出占国民生产总值的比例应当随着国民经济的发展和财政收入的增长逐步提高。具体比例和实施步骤由国务院规定。

全国各级财政支出总额中教育经费所占比例应当随着国民经济的发展逐步提高。

第五十五条 各级人民政府的教育经费支出,按照事权和财权相统一的原则,在财政预算中单独列项。

各级人民政府教育财政拨款的增长应当高于财政经常性收入的增长,并使按在校学生人数平均的教育费用逐步增长,保证教师工资和学生人均公用经费逐步增长。

第五十六条 国务院及县级以上地方各级人民政府应当设立教育专项资金,重点扶持边远贫困地区、少数民族地区实施义务教育。

第五十七条 税务机关依法足额征收教育费附加,由教育行政部门统筹管理,主要用于实施义务教育。

省、自治区、直辖市人民政府根据国务院的有关规定,可以决定开征用于教育的地方附加费,专款专用。

农村乡统筹中的教育费附加,由乡人民政府组织收取,由县级人民政府教育行政部门代为管理或者由乡人民政府管理，用于本乡范围内乡、村两级教育事业。农村教育费附加在乡统筹中所占具体比例和具体管理办法，由省、自治区、直辖市人民政府规定。

第五十八条 国家采取优惠措施，鼓励和扶持学校在不影响正常教育教学的前提下开展勤工俭学和社会服务，兴办校办产业。

第五十九条 经县级人民政府批准，乡、民族乡、镇的人民政府根据自愿、量力的原则，可以在本行政区域内集资办学，用于实施义务教育学校的危房改造和修缮、新建校舍，不得挪作他用。

第六十条 国家鼓励境内、境外社会组织和个人捐资助学。

第六十一条 国家财政性教育经费、社会组织和个人对教育的捐赠，必须用于教育，不得挪用、克扣。

第六十二条 国家鼓励运用金融、信贷手段，支持教育事业的发展。

第六十三条 各级人民政府及其教育行政部门应当加强对学校及其他教育机构教育经费的监督管理。提高教育投资效益。

第六十四条 地方各级人民政府及其有关行政部门必须把学校的基本建设纳入城乡建设规划，统筹安排学校的基本建设用地及所需物资，按照国家有关规定实行优先、优惠政策。

第六十五条 各级人民政府对教科书及教学用图书资料的出版发行，对教学仪器、设备的生产和供应，对用于学校教育教学和科学研究的图书资料、教学仪器、设备的进口，按照国家有关规定实行优先、优惠政策。

第六十六条 县级以上人民政府应当发展卫星电视教育和其他现代化教学手段，有关行政部门应当优先安排，给予扶持。

国家鼓励学校及其他教育机构推广运用现代化教学手段。

第八章　教育对外交流与合作

第六十七条 国家鼓励开展教育对外交流与合作。

教育对外交流与合作坚持独立自主、平等互利、相互尊重的原则，不得违反中国法律，不得损害国家主权、安全和社会公共利益。

第六十八条 中国境内公民出国留学、研究、进行学术交流或者任教，依照国家有关规定办理。

第六十九条 中国境外个人符合国家规定的条件并办理有关手续后，可以进入中国境内学校及其他教育机构学习、研究、进行学术交流或者任教，其合法权益受国家保护。

第七十条 中国对境外教育机构颁发的学位证书、学历证书及其他学业证书的承认，依照中华人民共和国缔结或者加入的国际条约办理，或者按照国家有关规定办理。

第九章 法律责任

第七十一条 违反国家有关规定，不按照预算核拨教育经费的，由同级人民政府限期核拨；情节严重的，对直接负责的主管人员和其他直接责任人员，依法给予行政处分。

违反国家财政制度、财务制度，挪用、克扣教育经费的，由上级机关责令限期归还被挪用、克扣的经费，并对直接负责的主管人员和其他直接责任人员，依法给予行政处分；构成犯罪的，依法追究刑事责任。

第七十二条 结伙斗殴，寻衅滋事，扰乱学校及其他教育机构教育教学秩序或者破坏校舍、场地及其他财产的，由公安机关给予治安管理处罚；构成犯罪的，依法追究刑事责任。

侵占学校及其他教育机构的校舍、场地及其他财产的，依法承担民事责任。

第七十三条 明知校舍或者教育教学设施有危险，而不采取措施，造成人员伤亡或者重大财产损失的，对直接负责的主管人员和其他直接责任人员，依法追究刑事责任。

第七十四条 违反国家有关规定，向学校或者其他教育机构收取费用的，由政府责令退还所收费用；对直接负责的主管人员和其他直接责任人员，依法给予行政处分。

第七十五条 违反国家有关规定，举办学校或者其他教育机构的，由教育行政部门予以撤销；有违法所得的，没收违法所得；对直接负责的主管人员和其他直接责任人员，依法给予行政处分。

第七十六条 违反国家有关规定招收学员的，由教育行政部门责令退回招收的学员，退还所收费用；对直接负责的主管人员和其他直接责任人员，依法给予行政处分。

第七十七条 在招收学生工作中徇私舞弊的，由教育行政部门责令退回招收的人员；对直接负责的主管人员和其他直接责任人员，依法给予行政处分；构成犯罪的，依法追究刑事责任。

第七十八条 学校及其他教育机构违反国家有关规定向受教育者收取费用的，由教育行政部门责令退还所收费用；对直接负责的主管人员和其他直接责任人员，依法给予行政处分。

第七十九条 在国家教育考试中作弊的，由教育行政部门宣布考试无效，对直接负责的主管人员和其他直接责任人员，依法给予行政处分。

非法举办国家教育考试的，由教育行政部门宣布考试无效；有违法所得的，没收违法所得；对直接负责的主管人员和其他直接责任人员，依法给予行政处分。

第八十条 违反本法规定，颁发学位证书、学历证书或者其他学业证书的，由教育行政部门宣布证书无效，责令收回或者予以没收；有违法所得的，没收违法所得；情节严重的，取消其颁发证书的资格。

第八十一条 违反本法规定，侵犯教师、受教育者、学校或者其他教育机构的合法权益，造成损失、损害的，应当依法承担民事责任。

第十章　附　　则

第八十二条　军事学校教育由中央军事委员会根据本法的原则规定。

宗教学校教育由国务院另行规定。

第八十三条　境外的组织和个人在中国境内办学和合作办学的办法，由国务院规定。

第八十四条　本法自 1995 年 9 月 1 日起施行。

附录二

中华人民共和国教师法

（1993年10月31日第八届全国人民代表大会常务委员会第四次会议通过　1993年10月31日中华人民共和国主席令第15号公布　1994年1月1日起施行）

第一章　总　　则

第一条　为了保障教师的合法权益,建设具有良好思想品德修养和业务素质的教师队伍,促进社会主义教育事业的发展,制定本法。

第二条　本法适用于在各级各类学校和其他教育机构中专门从事教育教学工作的教师。

第三条　教师是履行教育教学职责的专业人员,承担教书育人、培养社会主义事业建设者和接班人、提高民族素质的使命。教师应当忠诚于人民的教育事业。

第四条　各级人民政府应当采取措施,加强教师的思想政治教育和业务培训,改善教师的工作条件和生活条件,保障教师的合法权益,提高教师的社会地位。

全社会都应当尊重教师。

第五条　国务院教育行政部门主管全国的教师工作。

国务院有关部门在各自职权范围内负责有关的教师工作。

学校和其他教育机构根据国家规定，自主进行教师管理工作。

第六条　每年九月十日为教师节。

第二章 权利和义务

第七条 教师享有下列权利:

(一) 进行教育教学活动,开展教育教学改革和实验;

(二) 从事科学研究、学术交流,参加专业的学术团体,在学术活动中充分发表意见;

(三) 指导学生的学习和发展,评定学生的品行和学业成绩;

(四) 按时获取工资报酬,享受国家规定的福利待遇以及寒暑假期的带薪休假;

(五) 对学校教育教学、管理工作和教育行政部门的工作提出意见和建议,通过教职工代表大会或者其他形式,参与学校的民主管理;

(六) 参加进修或者其他方式的培训。

第八条 教师应当履行下列义务:

(一) 遵守宪法、法律和职业道德,为人师表;

(二) 贯彻国家的教育方针,遵守规章制度,执行学校的教学计划,履行教师聘约,完成教育教学工作任务;

(三) 对学生进行宪法所确定的基本原则的教育和爱国主义、民族团结的教育,法制教育以及思想品德、文化、科学技术教育,组织、带领学生开展有益的社会活动;

(四) 关心、爱护全体学生,尊重学生人格,促进学生在品德、智力、体质等方面全面发展;

(五) 制止有害于学生的行为或者其他侵犯学生合法权益的行为,批评和抵制有害于学生健康成长的现象;

(六) 不断提高思想政治觉悟和教育教学业务水平。

第九条 为保障教师完成教育教学任务,各级人民政府、教育行政部门、有关部门、学校和其他教育机构应当履行下列职责:

(一) 提供符合国家安全标准的教育教学设施和设备;

（二）提供必需的图书、资料及其他教育教学用品；

（三）对教师在教育教学、科学研究中的创造性工作给以鼓励和帮助；

（四）支持教师制止有害于学生的行为或者其他侵犯学生合法权益的行为。

第三章 资格和任用

第十条 国家实行教师资格制度。

中国公民凡遵守宪法和法律，热爱教育事业，具有良好的思想品德，具备本法规定的学历或者经国家教师资格考试合格，有教育教学能力，经认定合格的，可以取得教师资格。

第十一条 取得教师资格应当具备的相应学历是：

（一）取得幼儿园教师资格，应当具备幼儿师范学校毕业及其以上学历；

（二）取得小学教师资格，应当具备中等师范学校毕业及其以上学历；

（三）取得初级中学教师、初级职业学校文化、专业课教师资格，应当具备高等师范专科学校或者其他大学专科毕业及其以上学历；

（四）取得高级中学教师资格和中等专业学校、技工学校、职业高中文化课、专业课教师资格，应当具备高等师范院校本科或者其他大学本科毕业及其以上学历；取得中等专业学校、技工学校和职业高中学生实习指导教师资格应当具备的学历，由国务院教育行政部门规定；

（五）取得高等学校教师资格，应当具备研究生或者大学本科毕业学历；

（六）取得成人教育教师资格，应当按照成人教育的层次、类别，分别具备高等、中等学校毕业及其以上学历。

不具备本法规定的教师资格学历的公民,申请获取教师资格,必须通过国家教师资格考试。国家教师资格考试制度由国务院规定。

第十二条 本法实施前已经在学校或者其他教育机构中任教的教师,未具备本法规定学历的,由国务院教育行政部门规定教师资格过渡办法。

第十三条 中小学教师资格由县级以上地方人民政府教育行政部门认定。中等专业学校、技工学校的教师资格由县级以上地方人民政府教育行政部门组织有关主管部门认定。普通高等学校的教师资格由国务院或者省、自治区、直辖市教育行政部门或者由其委托的学校认定。

具备本法规定的学历或者经国家教师资格考试合格的公民,要求有关部门认定其教师资格的,有关部门应当依照本法规定的条件予以认定。

取得教师资格的人员首次任教时,应当有试用期。

第十四条 受到剥夺政治权利或者故意犯罪受到有期徒刑以上刑事处罚的,不能取得教师资格;已经取得教师资格的,丧失教师资格。

第十五条 各级师范学校毕业生,应当按照国家有关规定从事教育教学工作。

国家鼓励非师范高等学校毕业生到中小学或者职业学校任教。

第十六条 国家实行教师职务制度,具体办法由国务院规定。

第十七条 学校和其他教育机构应当逐步实行教师聘任制。教师的聘任应当遵循双方地位平等的原则,由学校和教师签订聘任合同,明确规定双方的权利、义务和责任。

实施教师聘任制的步骤、办法由国务院教育行政部门规定。

第四章 培养和培训

第十八条 各级人民政府和有关部门应当办好师范教育,并采取措施,鼓励优秀青年进入各级师范学校学习。各级教师进修学校承担培训中小学教师的任务。

非师范学校应当承担培养和培训中小学教师的任务。

各级师范学校学生享受专业奖学金。

第十九条 各级人民政府教育行政部门、学校主管部门和学校应当制定教师培训规划,对教师进行多种形式的思想政治、业务培训。

第二十条 国家机关、企业事业单位和其他社会组织应当为教师的社会调查和社会实践提供方便,给予协助。

第二十一条 各级人民政府应当采取措施,为少数民族地区和边远贫困地区培养、培训教师。

第五章 考 核

第二十二条 学校或者其他教育机构应当对教师的政治思想、业务水平、工作态度和工作成绩进行考核。

教育行政部门对教师的考核工作进行指导、监督。

第二十三条 考核应当客观、公正、准确,充分听取教师本人、其他教师以及学生的意见。

第二十四条 教师考核结果是受聘任教、晋升工资、实施奖惩的依据。

第六章 待 遇

第二十五条 教师的平均工资水平应当不低于或者高于国家公务员的平均工资水平,并逐步提高。建立正常晋级增薪制度,具体办法由国务院规定。

第二十六条 中小学教师和职业学校教师享受教龄津贴和其他津贴,具体办法由国务院教育行政部门会同有关部门制定。

第二十七条 地方各级人民政府对教师以及具有中专以上学历的毕业生到少数民族地区和边远贫困地区从事教育教学工作的,应当予以补贴。

第二十八条 地方各级人民政府和国务院有关部门,对城市教师住房的建设、租赁、出售实行优先、优惠。

县、乡两级人民政府应当为农村中小学教师解决住房提供方便。

第二十九条 教师的医疗同当地国家公务员享受同等的待遇;定期对教师进行身体健康检查,并因地制宜安排教师进行休养。

医疗机构应当对当地教师的医疗提供方便。

第三十条 教师退休或者退职后,享受国家规定的退休或者退职待遇。

县级以上地方人民政府可以适当提高长期从事教育教学工作的中小学退休教师的退休金比例。

第三十一条 各级人民政府应当采取措施,改善国家补助、集体支付工资的中小学教师的待遇,逐步做到在工资收入上与国家支付工资的教师同工同酬,具体办法由地方各级人民政府根据本地区的实际情况规定。

第三十二条 社会力量所办学校的教师的待遇,由举办者自行确定并予以保障。

第七章 奖 励

第三十三条 教师在教育教学、培养人才、科学研究、教学改革、学校建设、社会服务、勤工俭学等方面成绩优异的,由所在学校予以表彰、奖励。

国务院和地方各级人民政府及其有关部门对有突出贡献的教师,应当予以表彰、奖励。

对有重大贡献的教师,依照国家有关规定授予荣誉称号。

第三十四条 国家支持和鼓励社会组织或者个人向依法成立的奖励教师的基金组织捐助资金,对教师进行奖励。

第八章 法 律 责 任

第三十五条 侮辱、殴打教师的,根据不同情况,分别给予行政处分或者行政处罚;造成损害的,责令赔偿损失;情节严重,构成犯罪的,依法追究刑事责任。

第三十六条 对依法提出申诉、控告、检举的教师进行打击报复的,由其所在单位或者上级机关责令改正;情节严重的,可以根据具体情况给予行政处分。

国家工作人员对教师打击报复构成犯罪的,依照刑法第一百四十六条的规定追究刑事责任。

第三十七条 教师有下列情形之一的,由所在学校、其他教育机构或者教育行政部门给予行政处分或者解聘:

(一) 故意不完成教育教学任务给教育教学工作造成损失的;

(二) 体罚学生,经教育不改的;

(三) 品行不良、侮辱学生,影响恶劣的。

教师有前款第(二)项、第(三)项所列情形之一,情节严重,构成犯罪的,依法追究刑事责任。

第三十八条 地方人民政府对违反本法规定,拖欠教师工资或者侵犯教师其他合法权益的,应当责令其限期改正。

违反国家财政制度、财务制度,挪用国家财政用于教育的经费,严重妨碍教育教学工作,拖欠教师工资,损害教师合法权益的,由上级机关责令限期归还被挪用的经费,并对直接责任人员给予行政处分;情节严重,构成犯罪的,依法追究刑事责任。

第三十九条 教师对学校或者其他教育机构侵犯其合法权益的,或者对学校或者其他教育机构作出的处理不服的,可以向教育行政部门提出申诉,教育行政部门应当在接到申诉的三十日内,作出处理。

教师认为当地人民政府有关行政部门侵犯其根据本法规定享有的权利的,可以向同级人民政府或者上一级人民政府有关部门提出申诉,同级人民政府或者上一级人民政府有关部门应当作出处理。

第九章 附 则

第四十条 本法下列用语的含义是:

(一) 各级各类学校,是指实施学前教育、普通初等教育、普通中等教育、职业教育、普通高等教育以及特殊教育、成人教育的学校。

(二) 其他教育机构,是指少年宫以及地方教研室、电化教育机构等。

(三) 中小学教师,是指幼儿园、特殊教育机构、普通中小学、成人初等中等教育机构、职业中学以及其他教育机构的教师。

第四十一条 学校和其他教育机构中的教育教学辅助人员,其他类型的学校的教师和教育教学辅助人员,可以根据实际情况参照本法的有关规定执行。

军队所属院校的教师和教育教学辅助人员,由中央军事委员会依照本法制定有关规定。

第四十二条 外籍教师的聘任办法由国务院教育行政部门规定。

第四十三条 本法自 1994 年 1 月 1 日起施行。

附录三

中华人民共和国义务教育法

（1986年4月12日第六届全国人民代表大会第四次会议通过　1986年4月12日中华人民共和国主席令第38号公布　1986年7月1日起施行）

第一条　为了发展基础教育，促进社会主义物质文明和精神文明建设，根据宪法和我国实际情况，制定本法。

第二条　国家实行九年制义务教育。省、自治区、直辖市根据本地区的经济、文化发展状况，确定推行义务教育的步骤。

第三条　义务教育必须贯彻国家的教育方针，努力提高教育质量，使儿童、少年在品德、智力、体质等方面全面发展，为提高全民族的素质，培养有理想、有道德、有文化、有纪律的社会主义建设人才奠定基础。

第四条　国家、社会、学校和家庭依法保障适龄儿童、少年接受义务教育的权利。

第五条　凡年满六周岁的儿童，不分性别、民族、种族，应当入学接受规定年限的义务教育。条件不具备的地区，可以推迟到七周岁入学。

第六条　学校应当推广使用全国通用的普通话。

招收少数民族学生为主的学校，可以用少数民族通用的语言文字教学。

第七条　义务教育可以分为初等教育和初级中等教育两个阶段。在普及初等教育的基础上普及初级中等教育。初等教育和初级中等教育的学制，由国务院教育主管部门制定。

第八条 义务教育事业，在国务院领导下，实行地方负责，分级管理。

国务院教育主管部门应当根据社会主义现代化建设的需要和儿童、少年身心发展的状况，确定义务教育的教学制度、教学内容、课程设置，审订教科书。

第九条 地方各级人民政府应当合理设置小学、初级中等学校，使儿童、少年就近入学。

地方各级人民政府为盲、聋哑和弱智的儿童、少年举办特殊教育学校(班)。

国家鼓励企业、事业单位和其他社会力量，在当地人民政府统一管理下，按照国家规定的基本要求，举办本法规定的各类学校。

城市和农村建设发展规划必须包括相应的义务教育设施。

第十条 国家对接受义务教育的学生免收学费。

国家设立助学金，帮助贫困学生就学。

第十一条 父母或者其他监护人必须使适龄的子女或者被监护人按时入学，接受规定年限的义务教育。

适龄儿童、少年因疾病或者特殊情况，需要延缓入学或者免予入学的，由儿童、少年的父母或者其他监护人提出申请，经当地人民政府批准。

禁止任何组织或者个人招用应该接受义务教育的适龄儿童、少年就业。

第十二条 实施义务教育所需事业费和基本建设投资，由国务院和地方各级人民政府负责筹措，予以保证。

国家用于义务教育的财政拨款的增长比例，应当高于财政经常性收入的增长比例，并使按在校学生人数平均的教育费用逐步增长。

地方各级人民政府按照国务院的规定，在城乡征收教育事业费附加，主要用于实施义务教育。

国家对经济困难地区实施义务教育的经费，予以补助。

国家鼓励各种社会力量以及个人自愿捐资助学。

国家在师资、财政等方面，帮助少数民族地区实施义务教育。

第十三条 国家采取措施加强和发展师范教育，加速培养、培训师资，有计划地实现小学教师具有中等师范学校毕业以上水平，初级中等学校的教师具有高等师范专科学校毕业以上水平。

国家建立教师资格考核制度，对合格教师颁发资格证书。

师范院校毕业生必须按照规定从事教育工作。国家鼓励教师长期从事教育事业。

第十四条 全社会应当尊重教师。国家保障教师的合法权益，采取措施提高教师的社会地位，改善教师的物质待遇，对优秀的教育工作者给予奖励。

教师应当热爱社会主义教育事业，努力提高自己的思想、文化、业务水平，爱护学生，忠于职责。

第十五条 地方各级人民政府必须创造条件，使适龄儿童、少年入学接受义务教育。除因疾病或者特殊情况，经当地人民政府批准的以外，适龄儿童、少年不入学接受义务教育的，由当地人民政府对他的父母或者其他监护人批评教育，并采取有效措施责令送子女或者被监护人入学。

对招用适龄儿童、少年就业的组织或者个人，由当地人民政府给予批评教育，责令停止招用；情节严重的，可以并处罚款、责令停止营业或者吊销营业执照。

第十六条 任何组织或者个人不得侵占、克扣、挪用义务教育经费，不得扰乱教学秩序，不得侵占、破坏学校的场地、房屋和设备。

禁止侮辱、殴打教师，禁止体罚学生。

不得利用宗教进行妨碍义务教育实施的活动。

对违反第一款、第二款规定的，根据不同情况，分别给予行政处分，行政处罚；造成损失的，责令赔偿损失；情节严重构成犯罪的，依法追究刑事责任。

第十七条 国务院教育主管部门根据本法制定实施细则，报国务院批准后施行。

省、自治区、直辖市人民代表大会常务委员会可以根据本法，结合本地区的实际，制定具体实施办法。

第十八条 本法自一九八六年七月一日起施行。

附录四

中华人民共和国义务教育法实施细则

(1992年2月29日国务院批准　1992年3月14日国家教育委员会令第19号发布)

第一章　总　　则

第一条　根据中华人民共和国义务教育法(以下简称义务教育法)第十七条的规定,制定本细则。

第二条　义务教育法第四条所称适龄儿童、少年,是指依法应当入学至受完规定年限义务教育的年龄阶段的儿童、少年。

适龄儿童、少年接受义务教育的入学年龄和年限,以及因缓学或者其他特殊情况需延长的在校年龄,由省级人民政府依照义务教育法的规定和本地区实际情况确定。

盲、聋哑、弱智儿童和少年接受义务教育的入学年龄和在校年龄可适当放宽。

第三条　实施义务教育,在国务院领导下,由地方各级人民政府负责,按省、县、乡分级管理。

各级教育主管部门在本级人民政府领导下,具体负责组织、管理本行政区域内实施义务教育的工作。

第四条　省级人民政府根据本地区经济和社会发展状况,因地制宜,分阶段、有步骤地推行九年制义务教育。

第五条　实施义务教育,城市以市或者市辖区为单位组织进行;农村以县为单位组织进行,并落实到乡(镇)。

工矿区、农垦区、林区等组织实施义务教育的行政区划单位,由省级人民政府规定。

第六条 承担实施义务教育任务的学校为:地方人民政府设置或者批准设置的全日制小学,全日制普通中学,九年一贯制学校,初级中等职业技术学校,各种形式的简易小学或者教学点(班或者组),盲童学校,聋哑学校,弱智儿童辅读学校(班)、工读学校等。

文艺、体育和特种工艺等单位,应当保证招收的适龄儿童、少年接受义务教育。上述单位自行实施义务教育教学工作,需经县级以上教育主管部门批准。

第二章 实施步骤

第七条 实施九年制义务教育,可以分为两个阶段。第一阶段,实施初等义务教育;第二阶段,在实施初等义务教育的基础上实施初级中等义务教育。初等教育达到义务教育法规定要求的,可直接实施初级中等义务教育。

第八条 实施义务教育,应当具备下列基本条件:

(一)与适龄儿童、少年数量相适应的校舍及其他基本教学设施;

(二)具有按编制标准配备的教师和符合义务教育法规定要求的师资来源;

(三)具有一定的经济能力,能够按照规定标准逐步配置教学仪器、图书资料和文娱、体育、卫生器材。

地方各级人民政府和其他办学单位应当积极采取措施,不断改善实施义务教育的条件。

第九条 直接实施初等义务教育有困难、需要分两步实施的,由设区的市级或者县级人民政府提出报告,报省级人民政府决定或者依照地方性法规规定办理。

第十条 各级人民政府应当努力在本世纪末普及初等义务教

育。在全国大部分地区应当基本普及九年义务教育或者初级中等义务教育。

省级人民政府应当制定义务教育实施规划,规定实施义务教育的目标、完成规划期限和措施等。设区的市级或者县级人民政府应当根据省级人民政府的规划制定实施义务教育的具体方案。

第三章　就　　学

第十一条　当地基层人民政府或者其授权的实施义务教育的学校至迟在新学年始业前十五天,将应当接受义务教育的儿童、少年的入学通知发给其父母或者其他监护人。

适龄儿童、少年的父母或者其他监护人必须按照通知要求送子女或者其他被监护人入学。

第十二条　适龄儿童、少年需免学、缓学的,由其父母或者其他监护人提出申请,经县级以上教育主管部门或者乡级人民政府批准。因身体原因申请免学、缓学的,应当附具县级以上教育主管部门指定的医疗机构的证明。

缓学期满仍不能就学的,应当重新提出缓学申请。

第十三条　父母或者其他监护人不送其适龄子女或者其他被监护人入学的,以及其在校接受义务教育的适龄子女或者其他被监护人辍学的,在城市由市或者市辖区人民政府及其教育主管部门,在农村由乡级人民政府,采取措施,使其送子女或者其他被监护人就学。

第十四条　适龄儿童、少年到非户籍所在地接受义务教育的,经户籍所在地的县级教育主管部门或者乡级人民政府批准,可以按照居住地人民政府的有关规定申请借读。

借读的适龄儿童、少年接受义务教育的年限,以其户籍所在地的规定为准。

第十五条　对受完规定年限义务教育的儿童、少年,由学校发给完成义务教育的证书。完成义务教育证书的格式由省级教育主管部门统一制定。

受完当地规定年限义务教育获得的毕业证书或者结业证书，可视为完成义务教育的证书。

第十六条 适龄儿童、少年因学业成绩优异而提前达到与规定年限义务教育相应的初等教育或者初级中等教育毕业程度的，视为完成义务教育。

第十七条 实施义务教育的学校可收取杂费。收取杂费的标准和具体办法，由省级教育、物价、财政部门提出方案，报省级人民政府批准。已规定免收杂费的，其规定可以继续执行。

对家庭经济困难的学生，应当酌情减免杂费。

其他行政机关和学校不得违反国家有关规定，自行制定收费的项目及标准；不得向学生乱收费用。

第十八条 依照义务教育法第十条第二款规定享受助学金的贫困学生是指：初级中等学校、特殊教育学校的家庭经济困难的学生，少数民族聚居地区、经济困难地区、边远地区的小学及其他寄宿小学的家庭经济困难的学生。实行助学金制度的具体办法，由省级人民政府规定。

第四章 教育教学

第十九条 实施义务教育必须贯彻国家的教育方针，坚持社会主义方向，实行教育与生产劳动相结合，对学生进行德育、智育、体育、美育和劳动教育。

第二十条 实施义务教育的学校必须按照国务院教育主管部门发布的指导性教学计划、教学大纲和省级教育主管部门制定的教学计划，进行教育教学活动。

第二十一条 实施义务教育的学校应当选用经国务院教育主管部门审定或者其授权的省级教育主管部门审定的教科书。非经审定的教科书不得使用。但国家另有规定的除外。

第二十二条 实施义务教育学校的教育教学工作，应当适应全体学生身心发展的需要。

学校和教师不得对学生实施体罚、变相体罚或者其他侮辱人格尊严的行为；对品行有缺陷、学习有困难的儿童、少年应当给予帮助，不得歧视。

第二十三条 实施义务教育的学校可根据城乡经济、社会发展和学生自身发展的实际情况，有计划地对学生进行职业指导教育和职业预备教育或者劳动技艺教育。

第二十四条 实施义务教育的学校在教育教学和各种活动中，应当推广使用全国通用的普通话。

师范院校的教育教学和各种活动应当使用普通话。

第二十五条 民族自治地方应当按照义务教育法及其他有关法律规定组织实施本地区的义务教育。实施义务教育学校的设置、学制、办学形式、教学内容、教学用语，由民族自治地方的自治机关依照有关法律决定。

用少数民族通用的语言文字教学的学校，应当在小学高年级或者中学开设汉语文课程，也可以根据实际情况适当提前开设。

第五章 实 施 保 障

第二十六条 实施义务教育学校的设置，由设区的市级或者县级人民政府统筹规划，合理布局。

小学的设置应当有利于适龄儿童、少年就近入学。寄宿制小学设置可适当集中。普通初级中学和初级中等职业技术学校的设置，应当根据人口分布状况和地理条件相对集中。

盲童学校(班)的设置，由省级或者设区的市级人民政府统筹安排。聋哑学校(班)和弱智儿童辅读学校(班)的设置，由设区的市级或者县级人民政府统筹安排。

第二十七条 省级人民政府应当制订实施义务教育各类学校的经费开支定额,并制订按照学生人数平均的公用经费开支标准、教职工编制标准和校舍建设、图书资料、仪器设备配置等标准。

地方各级人民政府应当制订实施规划,使学校分期分批达到前款所列的办学条件标准,并进行检查验收。

第二十八条 地方各级人民政府设置的实施义务教育学校的事业费和基本建设投资,由地方各级人民政府负责筹措。用于义务教育的财政拨款的增长比例,应当高于财政经常性收入的增长比例,并使按在校学生人数平均的教育费用逐步增长。

社会力量举办实施义务教育学校的事业费和基本建设投资,由办学单位或者经国家批准的私人办学者负责筹措。

中央和地方财政视具体情况,对经济困难地区和少数民族聚居地区实施义务教育给予适当补助。

地方各级人民政府应当鼓励各种社会力量以及个人自愿捐资助学。

第二十九条 依法征收的教育费附加,城市的,纳入预算管理,由教育主管部门统筹安排,提出分配方案,经同级财政部门同意后,用于改善中小学办学条件;农村的,由乡级人民政府负责统筹安排,主要用于支付国家补助、集体支付工资的教师的工资,改善办学条件和补充学校公用经费等。

学校的勤工俭学收入,部分应当用于改善办学条件。

第三十条 实施义务教育各类学校的新建、改建、扩建,应当列入城乡建设总体规划,并与居住人口和义务教育实施规划相协调。

实施义务教育的学校新建、改建、扩建所需资金,在城镇由当地人民政府负责列入基本建设投资计划,或者通过其他渠道筹措;在农村由乡、村负责筹措,县级人民政府对有困难的乡、村可酌情予以补助。

第三十一条 地方各级人民政府应当采取切实措施,保证实施义务教育各类学校教科书和文具纸张按时、按质、按量供应。

第三十二条 省级人民政府应当制定规划、采取措施,加强和发展师范教育,并组织其他高等学校为实施义务教育培养师资。

盲、聋哑、弱智儿童学校的师资,由省级人民政府根据实际情况组织培养。

第三十三条 各级教育主管部门应当加强实施义务教育学校的教师培训工作,使教师的思想政治素质和业务水平达到义务教育法规定的要求。

各级人民政府应当加强培训工作,提高实施义务教育学校校长的思想政治素质和管理水平。

校长和教师的在职培训工作,由县级以上地方各级教育主管部门负责组织。

第六章 管理与监督

第三十四条 地方各级人民政府及其教育主管部门应当建立实施义务教育的目标责任制,把实施义务教育的情况作为对有关负责人员政绩考核的重要内容。

第三十五条 县级以上各级人民政府应当建立对实施义务教育的工作进行监督、指导、检查的制度。

第三十六条 实施义务教育的学校及其他机构,在实施义务教育工作上,接受当地人民政府及其教育主管部门的管理、指导和监督。

第三十七条 地方各级人民政府对为实施义务教育作出突出贡献的企业事业单位、学校、社会团体、部队、居(村)民组织和公民,给予奖励。

第七章 罚则

第三十八条 有下列情形之一的,由地方人民政府或者有关部门依照管理权限对有关责任人员给予行政处分：

（一）因工作失职未能如期实现义务教育实施规划目标的；

（二）无特殊原因，未能如期达到实施义务教育学校办学条件要求的；

（三）对学生辍学未采取必要措施加以解决的；

（四）无正当理由拒绝接收应当在该地区或者该学校接受义务教育的适龄儿童、少年就学的；

（五）将学校校舍、场地出租、出让或者移作他用，妨碍义务教育实施的；

（六）使用未经依法审定的教科书，造成不良影响的；

（七）其他妨碍义务教育实施的。

第三十九条　有下列情形之一的，由地方人民政府或者有关部门依照管理权限对有关责任人员给予行政处分；情节严重，构成犯罪的，依法追究刑事责任：

（一）侵占、克扣、挪用义务教育款项的；

（二）玩忽职守致使校舍倒塌，造成师生伤亡事故的。

第四十条　适龄儿童、少年的父母或者其他监护人未按规定送子女或者其他被监护人就学接受义务教育的，城市由市、市辖区人民政府或者其指定机构，农村由乡级人民政府，进行批评教育；经教育仍拒不送其子女或者其他被监护人就学的，可视具体情况处以罚款，并采取其他措施使其子女或者其他被监护人就学。

第四十一条　招用应当接受义务教育的适龄儿童、少年做工、经商或者从事其他雇佣性劳动的，按照国家有关禁止使用童工的规定处罚。

第四十二条　有下列行为之一的，由有关部门给予行政处分；违反《中华人民共和国治安管理处罚条例》的，由公安机关给予行政处罚；构成犯罪的，依法追究刑事责任；

（一）扰乱实施义务教育学校秩序的；

（二）侮辱、欧打教师、学生的；

（三）体罚学生情节严重的；

（四）侵占或者破坏学校校舍、场地和设备的。

第四十三条 当事人对行政处罚决定不服的，可以依照法律、法规的规定申请复议。当事人对复议决定不服的，可以依照法律、法规的规定向人民法院提起诉讼。当事人在规定的期限内不申请复议，也不向人民法院提起诉讼，又不履行处罚决定的，由作出处罚决定的机关申请人民法院强制执行，或者依法强制执行。

第八章 附 则

第四十四条 适龄儿童的入学年龄以新学年始业前达到的实足年龄为准。

第四十五条 本细则由国家教育委员会负责解释。

第四十六条 本细则自发布之日起施行。

附录五

中华人民共和国未成年人保护法

(1991年9月4日第七届全国人民代表大会常务委员会第二十一次会议通过 1991年9月4日中华人民共和国主席令第50号公布 1992年1月1日起施行)

第一章 总 则

第一条 为了保护未成年人的身心健康,保障未成年人的合法权益,促进未成年人在品德、智力、体质等方面全面发展,把他们培养成为有理想、有道德、有文化、有纪律的社会主义事业接班人,根据宪法,制定本法。

第二条 本法所称未成年人是指未满十八周岁的公民。

第三条 国家、社会、学校和家庭对未成年人进行理想教育、道德教育、文化教育、纪律和法制教育,进行爱国主义、集体主义和国际主义、共产主义的教育,提倡爱祖国、爱人民、爱劳动、爱科学、爱社会主义的公德,反对资本主义的、封建主义的和其他的腐朽思想的侵蚀。

第四条 保护未成年人的工作,应当遵循下列原则:

(一) 保障未成年人的合法权益;

(二) 尊重未成年人的人格尊严;

(三) 适应未成年人身心发展的特点;

(四) 教育与保护相结合。

第五条 国家保障未成年人的人身、财产和其他合法权益不受侵犯。

保护未成年人，是国家机关、武装力量、政党、社会团体、企业事业组织、城乡基层群众性自治组织、未成年人的监护人和其他成年公民的共同责任。

对侵犯未成年人合法权益的行为，任何组织和个人都有权予以劝阻、制止或者向有关部门提出检举或者控告。

国家、社会、学校和家庭应当教育和帮助未成年人运用法律手段，维护自己的合法权益。

第六条 中央和地方各级国家机关应当在各自的职责范围内做好未成年人保护工作。

国务院和省、自治区、直辖市的人民政府根据需要，采取组织措施，协调有关部门做好未成年人保护工作。

共产主义青年团、妇女联合会、工会、青年联合会、学生联合会、少年先锋队及其他有关的社会团体，协助各级人民政府做好未成年人保护工作，维护未成年人的合法权益。

第七条 各级人民政府和有关部门对保护未成年人有显著成绩的组织和个人，给予奖励。

第二章 家庭保护

第八条 父母或者其他监护人应当依法履行对未成年人的监护职责和抚养义务，不得虐待、遗弃未成年人；不得歧视女性未成年人或者有残疾的未成年人；禁止溺婴、弃婴。

第九条 父母或者其他监护人应当尊重未成年人接受教育的权利，必须使适龄未成年人按照规定接受义务教育，不得使在校接受义务教育的未成年人辍学。

第十条 父母或者其他监护人应当以健康的思想、品行和适当的方法教育未成年人，引导未成年人进行有益身心健康的活动，预防和制止未成年人吸烟、酗酒、流浪以及聚赌、吸毒、卖淫。

第十一条 父母或者其他监护人不得允许或者迫使未成年人

结婚，不得为未成年人订立婚约。

第十二条 父母或者其他监护人不履行监护职责或者侵害被监护的未成年人的合法权益的，应当依法承担责任。

父母或者其他监护人有前款所列行为，经教育不改的，人民法院可以根据有关人员或者有关单位的申请，撤销其监护人的资格；依照民法通则第十六条的规定，另行确定监护人。

第三章 学 校 保 护

第十三条 学校应当全面贯彻国家的教育方针，对未成年学生进行德育、智育、体育、美育、劳动教育以及社会生活指导和青春期教育。

学校应当关心、爱护学生；对品行有缺点、学习有困难的学生，应当耐心教育、帮助，不得歧视。

第十四条 学校应当尊重未成年学生的受教育权，不得随意开除未成年学生。

第十五条 学校、幼儿园的教职员应当尊重未成年人的人格尊严，不得对未成年学生和儿童实施体罚、变相体罚或者其他侮辱人格尊严的行为。

第十六条 学校不得使未成年学生在危及人身安全、健康的校舍和其他教育教学设施中活动。

任何组织和个人不得扰乱教学秩序，不得侵占、破坏学校的场地、房屋和设备。

第十七条 学校和幼儿园安排未成年学生和儿童参加集会、文化娱乐、社会实践等集体活动，应当有利于未成年人的健康成长，防止发生人身安全事故。

第十八条 按照国家有关规定送工读学校接受义务教育的未成年人，工读学校应当对其进行思想教育、文化教育、劳动技术教育和职业教育。

工读学校的教职员应当关心、爱护、尊重学生，不得歧视、厌弃。

第十九条 幼儿园应当做好保育、教育工作，促进幼儿在体质、智力、品德等方面和谐发展。

第四章 社会保护

第二十条 国家鼓励社会团体、企业事业组织和其他组织及公民，开展多种形式的有利于未成年人健康成长的社会活动。

第二十一条 各级人民政府应当创造条件，建立和改善适合未成年人文化生活需要的活动场所和设施。

第二十二条 博物馆、纪念馆、科技馆、文化馆、影剧院、体育场(馆)、动物园、公园等场所，应当对中小学生优惠开放。

第二十三条 营业性舞厅等不适宜未成年人活动的场所，有关主管部门和经营者应当采取措施，不得允许未成年人进入。

第二十四条 国家鼓励新闻、出版、广播、电影、电视、文艺等单位和作家、科学家、艺术家及其他公民，创作或者提供有益于未成年人健康成长的作品。出版专门以未成年人为对象的图书、报刊、音像制品等出版物，国家给予扶持。

第二十五条 严禁任何组织和个人向未成年人出售、出租或者以其他方式传播淫秽、暴力、凶杀、恐怖等毒害未成年人的图书、报刊、音像制品。

第二十六条 儿童食品、玩具、用具和游乐设施，不得有害于儿童的安全和健康。

第二十七条 任何人不得在中小学、幼儿园、托儿所的教室、寝室、活动室和其他未成年人集中活动的室内吸烟。

第二十八条 任何组织和个人不得招用未满十六周岁的未成年人，国家另有规定的除外。

任何组织和个人依照国家有关规定招收已满十六周岁未满十

八周岁的未成年人的，应当在工种、劳动时间、劳动强度和保护措施等方面执行国家有关规定，不得安排其从事过重、有毒、有害的劳动或者危险作业。

第二十九条 对流浪乞讨或者离家出走的未成年人，民政部门或者其他有关部门应当负责交送其父母或者其他监护人；暂时无法查明其父母或者其他监护人的，由民政部门设立的儿童福利机构收容抚养。

第三十条 任何组织和个人不得披露未成年人的个人隐私。

第三十一条 对未成年人的信件，任何组织和个人不得隐匿、毁弃；除因追查犯罪的需要由公安机关或者人民检察院依照法律规定的程序进行检查，或者对无行为能力的未成年人的信件由其父母或者其他监护人代为开拆外，任何组织或者个人不得开拆。

第三十二条 卫生部门和学校应当为未成年人提供必要的卫生保健条件，做好预防疾病工作。

第三十三条 地方各级人民政府应当积极发展托幼事业，努力办好托儿所、幼儿园，鼓励和支持国家机关、社会团体、企业事业组织和其他社会力量兴办哺乳室、托儿所、幼儿园，提倡和支持举办家庭托儿所。

第三十四条 卫生部门应当对儿童实行预防接种证制度，积极防治儿童常见病、多发病，加强对传染病防治工作的监督管理和对托儿所、幼儿园卫生保健的业务指导。

第三十五条 各级人民政府和有关部门应当采取多种形式，培养和训练幼儿园、托儿所的保教人员，加强对他们的政治思想和业务教育。

第三十六条 国家依法保护未成年人的智力成果和荣誉权不受侵犯。

对有特殊天赋或者有突出成就的未成年人，国家、社会、家庭和学校应当为他们的健康发展创造有利条件。

第三十七条　未成年人已经受完规定年限的义务教育不再升学的，政府有关部门和社会团体、企业事业组织应当根据实际情况，对他们进行职业技术培训，为他们创造劳动就业条件。

第五章　司法保护

第三十八条　对违法犯罪的未成年人，实行教育、感化、挽救的方针，坚持教育为主、惩罚为辅的原则。

第三十九条　已满十四周岁的未成年人犯罪，因不满十六周岁不予刑事处罚的，责令其家长或者其他监护人加以管教；必要时，也可以由政府收容教养。

第四十条　公安机关、人民检察院、人民法院办理未成年人犯罪的案件，应当照顾未成年人的身心特点，并可以根据需要设立专门机构或者指定专人办理。

公安机关、人民检察院、人民法院和少年犯管教所，应当尊重违法犯罪的未成年人的人格尊严，保障他们的合法权益。

第四十一条　公安机关、人民检察院、人民法院对审前羁押的未成年人，应当与羁押的成年人分别看管。

对经人民法院判决服刑的未成年人，应当与服刑的成年人分别关押、管理。

第四十二条　十四周岁以上不满十六周岁的未成年人犯罪的案件，一律不公开审理。十六周岁以上不满十八周岁的未成年人犯罪的案件，一般也不公开审理。

对未成年人犯罪案件，在判决前，新闻报道、影视节目、公开出版物不得披露该未成年人的姓名、住所、照片及可能推断出该未成年人的资料。

第四十三条　家庭和学校及其他有关单位，应当配合违法犯罪未成年人所在的少年犯管教所等单位，共同做好违法犯罪未成年人的教育挽救工作。

第四十四条 人民检察院免予起诉、人民法院免除刑事处罚或者宣告缓刑以及被解除收容教养或者服刑期满释放的未成年人，复学、升学、就业不受歧视。

第四十五条 人民法院审理继承案件，应当依法保护未成年人的继承权。

人民法院审理离婚案件，离婚双方因抚养未成年子女发生争执，不能达成协议时，应当根据保障子女权益的原则和双方具体情况判决。

第六章 法律责任

第四十六条 未成年人的合法权益受到侵害的，被侵害人或者其监护人有权要求有关主管部门处理，或者依法向人民法院提起诉讼。

第四十七条 侵害未成年人的合法权益，对其造成财产损失或者其他损失、损害的，应当依法赔偿或者承担其他民事责任。

第四十八条 学校、幼儿园、托儿所的教职员对未成年学生和儿童实施体罚或者变相体罚，情节严重的，由其所在单位或者上级机关给予行政处分。

第四十九条 企业事业组织、个体工商户非法招用未满十六周岁的未成年人的，由劳动部门责令改正，处以罚款；情节严重的，由工商行政管理部门吊销营业执照。

第五十条 营业性舞厅等不适宜未成年人活动的场所允许未成年人进入的，由有关主管部门责令改正，可以处以罚款。

第五十一条 向未成年人出售、出租或者以其他方式传播淫秽的图书、报刊、音像制品等出版物的，依法从重处罚。

第五十二条 侵犯未成年人的人身权利或者其他合法权利，构成犯罪的，依法追究刑事责任。

虐待未成年的家庭成员，情节恶劣的，依照刑法第一百八十二条的规定追究刑事责任。

司法工作人员违反监管法规，对被监管的未成年人实行体罚虐待的，依照刑法第一百八十九条的规定追究刑事责任。

对未成年人负有抚养义务而拒绝抚养，情节恶劣的，依照刑法第一百八十三条的规定追究刑事责任。

溺婴的，依照刑法第一百三十二条的规定追究刑事责任。

明知校舍有倒塌的危险而不采取措施，致使校舍倒塌，造成伤亡的，依照刑法第一百八十七条的规定追究刑事责任。

第五十三条 教唆未成年人违法犯罪的，依法从重处罚。

引诱、教唆或者强迫未成年人吸食、注射毒品或者卖淫的，依法从重处罚。

第五十四条 当事人对依照本法作出的行政处罚决定不服的，可以先向上一级行政机关或者有关法律、法规规定的行政机关申请复议，对复议决定不服的，再向人民法院提起诉讼；也可以直接向人民法院提起诉讼。有关法律、法规规定应当先向行政机关申请复议，对复议决定不服再向人民法院提起诉讼的，依照有关法律、法规的规定办理。

当事人对行政处罚决定在法定期限内不申请复议，也不向人民法院提起诉讼，又不履行的，作出处罚决定的机关 可以申请人民法院强制执行，或者依法强制执行。

第七章 附 则

第五十五条 国务院有关部门可以根据本法制定有关条例，报国务院批准施行。

省、自治区、直辖市的人民代表大会常务委员会可以根据本法制定实施办法。

第五十六条 本法自 1992 年 1 月 1 日起施行。

后 记

教育是使人成其为人的社会活动，而教育思想则是教育的灵魂。本书力图为未来的人民教师提供一本学习教育理论的教材，全书着力于从原理的层次分析教育问题，从实用的角度构筑内容的框架体系。

教师的工作事关下一代的成长，乃至国家的未来。如何培养教师，是世界各国都在探讨的重要问题。与以往传统的公共课教育学课程思想不同，在新的师范专业课程体系中，教育类课程的性质是师范专业的基础课程。其中，《教育原理》是属于教育基本理论范畴的一门课程，它的主要教学目标是使学生对教育现象形成基本认识，并产生初步的教育理念。

本书围绕这一基本目的，着力于突出正确的思想观点、辩证的思维方式和实事求是、追求真理的科学精神。从结构到内容作了相应的改革尝试。除了准确叙述基本的事实、概念和原理之外，还设计了基本知识与拓展性知识相结合的开放性结构，在正文中阐明基本的相对稳定的内容，在附录部分介绍与正文主题相关的知识性内容，或在正文主题范围内的重要但仍处于探索阶段的问题。使学生既能掌握基本知识，又能开阔视野，不迷信权威，树立教育理论的发展观。

教育基本理论的教材内容往往容易使学生感到抽象空洞，为此本书在编写时，充分考虑了学生的学习特点。章节的展开以师范生对教育现象的认识发展过程为线索，从介绍教育是什么、教育有什么作用、如何科学实现教育的基本功能，至介绍教育主体、教育的保障体系等，使教材内容脉络清晰，便于掌握。再如，关于教育与社会关系部分，以往一直采用介绍教育与政治、教育与经济的相互关系的叙述方式，枯燥乏味、难教难学，本书则采用探讨教育对社会有什么作用、如何实现其作用的功能叙述方式，使内容相对变得具体、实用。

本书还引进了新的研究成果及相关学科的知识，例如，教育社会学的研究成果、教育法律知识、关于教育督导及教师评聘的相关内容等等，其中有些与未来的教师工作有直接的关系。同时，还开辟了从中观层面探讨学校性质及其教育活动特点的新视角，这不仅有助于学生了解学校教育的特性，而且对完善教育原理的理论体系具有一定的价值。本书对教育原理的理论范畴作了探讨，并尽力使教材反映这门学科的特色。

本书力图做到文字简练，叙述有较强的逻辑性，观点鲜明，要点突出。在内容的阐述程度上考虑教学用书的特点，简明扼要，为教师的教学留有余地。

上述仅是作者的设想和努力，能否达到目的，忐忑不安。并且，由于水平所限，时间仓促，书中难免有不妥之处，谨请读者和同行不吝斧正。

本书在写作过程中，参考了许多专家、学者的有关著作，得到上海师范大学的校、院两级领导的关心、指导，原教育科学学院院长古人伏教授多次组织专题会议，就提纲和部分内容提出宝贵意见。本书还得到上海教育出版社编辑龚东生、毛玲玲的帮助，在此一并表示衷心的感谢。

陈焕章

1999年11月于上海

责任编辑 龚东生 毛玲玲
封面设计 张国梁

高等师范院校教育科学丛书
教育原理
陈焕章

出版发行 上海世纪出版股份有限公司
上 海 教 育 出 版 社
易文网 www.ewen.cc
地 址 上海永福路123号
邮 编 200031
经 销 各地新华书店
印 刷 上海中华印刷有限公司
开 本 850×1156 1/32 印张 10 插页 2
版 次 1999年12月第1版
印 次 2011年7月第6次印刷
书 号 ISBN 978-7-5320-6536-3/G·6691
定 价 12.40元

(如发现质量问题，读者可向工厂调换)